Peter Konopka · Radsport

6. neubearbeitete Auflage

BLV

Peter Konopka

RADSPORT

Der Ratgeber für Ausrüstung, Technik, Training, Ernährung, Wettkampf und Medizin

Die Deutsche Bibliothek – CIP-Einheitsaufnahme

Konopka, Peter

Radsport: der Ratgeber für Ausrüstung, Technik, Training, Ernährung, Wettkampf und Medizin / Peter Konopka. [Grafiken: Barbara von Damnitz]. – 6., neubearb. Aufl. – München; Wien; Zürich: BLV, 1994

ISBN 3-405-14622-4

Bildnachweis

Birkner: S. 118
Brügelmann-Radsport: S. 42, 60
Heckmair: S. 18
Kahlich: S. 2/3, 6, 7, 8/9, 11, 16, 17 (3), 18 (2), 21, 22 (2), 27, 28, 29 (2), 30, 31, 35 (2), 36, 37, 38 (2), 39 (4), 40, 44 (3), 46 (5), 47 (12), 48 (2), 49 (9), 50 (6), 51 (4), 54 (3), 55 (2), 56 (3), 57 (2), 58 (4), 59, 62, 64 (2), 65, 69, 75, 76/77, 78, 79, 83, 84, 85 (2), 86/87, 95, 99, 103, 107, 111, 124/125, 127, 130, 131, 133, 134, 135, 136, 138/139, 144, 147, 148, 149, 150/151, 154/155
Konopka: S. 6, 16, 22, 25, 26, 28, 29, 34 (3), 36, 39, 40, 42, 43 (3), 44, 45, 55, 56, 114/115 (12), 116/117 (12), 120/121 (12), 123, 140
Reinhard: S. 6 (2), 7 (2), 10, 15, 20 (2), 27, 41, 52/53, 58, 59, 60/61, 62, 63, 73, 76, 78, 80, 91, 93, 95, 159
Schuschke/Öttinger: S. 18/19
Vespa GmbH: S. 23, 39
Witek: S. 143

Umschlagfotos:
Vorderseite: Agentur Focus
Rückseite: Konopka (1x), Negele (1x), Witek (5x)

Die Abbildungen auf Seite 12, 13 und 14 wurden von W. Gronen zur Verfügung gestellt. Die Verwendung der Abbildungen auf Seite 46–51 wurde freundlicherweise von der atlas Verlag und Werbung GmbH genehmigt.

Umschlaggestaltung: Zero Grafik & Design
Grafiken: Barbara von Damnitz
Layout: Anton Walter
Herstellung: Friedrich Wilhelm Bonhagen

BLV Verlagsgesellschaft mbH
München Wien Zürich

80797 München

Satz: Typodata GmbH, München
Druck: Appl, Wemding
Bindung: Conzella, Urban Meister, München

Printed in Germany · ISBN 3-405-14622-4

Dr. med. Peter Konopka (geb. 1940) studierte Medizin an den Universitäten in Erlangen, Tübingen und München. Die praktische ärztliche Ausbildung begann er als Pathologe an der Universität München. Anschließend sammelte er als Assistent des Vereinsarztes beim FC Bayern München wertvolle sportärztliche Erfahrungen. In den folgenden Jahren widmete er sich einer umfassenden medizinisch-internistischen Ausbildung. Seit 1977 ist er als Oberarzt in der II. Medizinischen Klinik am Zentralklinikum in Augsburg tätig. Schon seit Beginn seines Studiums galt seine besondere Aufmerksamkeit der Gesunderhaltung des Menschen durch richtige Lebensweise, Bewegung und richtige Ernährung. Eine logische Folge seiner ärztlichen und sportlichen Interessen war seine über zehnjährige Tätigkeit als Verbandsarzt im Bund Deutscher Radfahrer (BDR) und im Präsidium des Bayerischen Sportärzteverbandes, wo er eine große Zahl von Kongressen und Seminaren organisierte und leitete und sich als Initiator von Selbsthilfegruppen (Herzgruppen) einen Namen gemacht hat. Beim BDR betreute er von 1972 bis 1982 die Nationalmannschaften der Straßen- und Querfeldeinfahrer bei allen Trainingslagern, Weltmeisterschaften und Olympiaden. Schließlich hat er auch eine Ausbildung als Yogalehrer abgeschlossen und leitet seit 1991 die Yoga-Schule Augsburg. Um seine Erfahrungen weiterzugeben, hat er bereits eine Vielzahl von Büchern, Broschüren und Artikeln veröffentlicht, die sich vorwiegend mit der richtigen Ernährung und Regeneration des Sportlers, dem Radsport, der Gesundheit und Prävention sowie dem Ausdauertraining beschäftigen. Außerdem ist er ständiger Mitarbeiter der größten Radsport-Fachzeitschriften. Darüber hinaus ist Dr. Peter Konopka selbst aktiver Radsportler gewesen. Er wurde zum Beispiel 1979 Schwäbischer Meister seiner Altersklasse. Auch heute noch ist er regelmäßig mit dem Rennrad unterwegs; denn – wie er selbst schreibt – »wer einmal vom Radsport fasziniert ist, kommt nicht mehr davon los«.

Grußwort

Das Fahrrad ist schon seit vielen Jahren ein fester Bestandteil des Freizeitverhaltens der überwiegenden Anzahl unserer Bundesbürger. Der »alte Drahtesel« ist selbstverständlich immer noch ein wichtiges Verkehrsmittel im Alltag. Dies gilt in erster Linie für fast alle deutschen Städte und größeren Gemeinden, da es wegen des enorm gestiegenen Verkehrsaufkommens in den Zentren immer schwerer wird, einen Parkplatz zu finden. Der deutliche Anstieg der Fahrradbenutzung auf dem Weg von und zur Arbeitsstätte hängt sicherlich auch mit dem gesteigerten Umweltbewußtsein zusammen. Der muskelbetriebene Drahtesel ist absolut umweltfreundlich und seine Nutzung sogar gesundheitsfördernd!
In den letzten zwei Jahrzehnten hat das Fahrrad eine geradezu boomartige Entwicklung mitgemacht. Hierfür verantwortlich ist neben der gesteigerten Anzahl an Radwanderern und Tourenfahrern vor allem die Zunahme der Freizeitsportler, die das Fahrrad mehr und mehr in ihre Aktivitäten integrierten. Das sind einmal die Benutzer sogenannter Normalfahrräder, zum andern aber die geradezu explosionsartig gewachsene Zahl des Mountain-Bikes. Diese neue Art des Fahrrads ist nicht nur zu einem äußerst beliebten Sportgerät geworden, das in überraschend kurzer Zeit schon bei den Olympischen Spielen in Atlanta benützt wird, sondern hat in ganz Deutschland unzählige Freunde gefunden.
Neben dem gesteigerten Umwelt- und Gesundheitsbewußtsein der Bevölkerung sind es die großen Radsportidole Rudi Altig, Didi Thurau und die neuen erfolgreichen Pedalritter Olaf Ludwig, Andreas Kappes und der frischgebackene Weltmeister Jens Ulrich, die den Radsportfan motivieren.

Allein das Nacheifern genügt nicht. Soll der Radsport in all seinen vielfältigen Möglichkeiten wirklich Spaß und Freude bereiten, dann ist es erforderlich, daß man gleich von Anfang an »richtig« in das Metier einsteigt. Das beginnt beim Fahrradkauf und geht über den richtigen Service, die erforderliche Kleidung bis hin zu vernünftigem und sinnvollem Training und schließt natürlich auch Fragen der Medizin und Ernährung ein. Auch der Freizeitsportler sollte sich des sach- und fachkundigen Rates versichern. Eine gute Hilfestellung bietet hier das nunmehr in sechster Auflage vorliegende Werk von Dr. Peter Konopka, das sowohl für den Neuling als auch für den »alten Hasen« eine Vielzahl von wichtigen Informationen, praktischen Tips und ausgezeichneten Vorschlägen enthält. Dr. Peter Konopka, der als erfahrenes Mitglied des Ärzteteams des Bundes Deutscher Radfahrer weitreichende und umfassende Kenntnisse sowohl als Arzt als auch als aktiver Radsportler erworben hat, gibt seine Erfahrungen in dieser Veröffentlichung einschließlich der wertvollen aktuellen Ergänzungen gegenüber früheren Auflagen an die Freunde des Radsports weiter. Das Buch »Radsport« darf mit Fug und Recht als Standardwerk dieser großartigen Sportart bezeichnet werden. Ich bin überzeugt, es trägt dazu bei, für den Radsport neue Anhänger zu werben.

Werner Göhner

Werner Göhner
Präsident des
Bundes Deutscher Radfahrer e. V.

Inhalt

Einführung

Ausrüstung

Fahrtechnik

Training

Inhalt

Regeneration

Ernährung

Wettkampf

Radfahren und Medizin

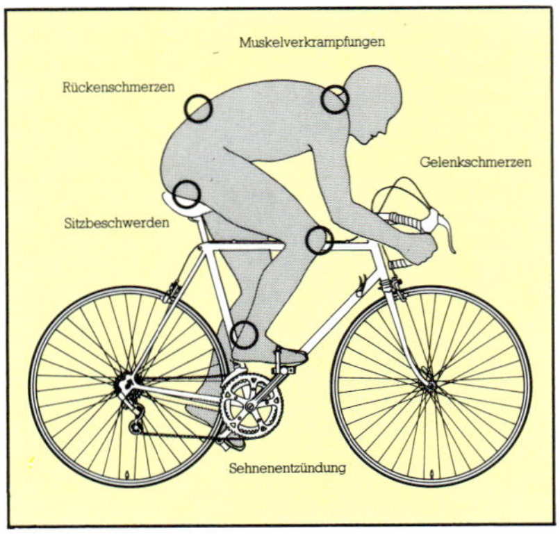

Vorwort

Als ich Anfang der 70er Jahre zur ärztlichen Betreuung der deutschen Nationalmannschaft der Straßenradrennfahrer herangezogen wurde, ahnte ich noch nicht, wie sehr das Radfahren und der Radsport mein Leben bestimmen und bereichern würde. In meiner Jugend war ich zwar schon einige Radrennen gefahren – aber diese Zeit war zu kurz, um ohne Anleitung tiefer in die Geheimnisse des Radsportes eindringen zu können.
Eingeweiht in diese Geheimnisse hat mich in den langen Jahren unserer Zusammenarbeit mein Freund Karl Ziegler, damals Bundestrainer der Straßen- und Querfeldeinfahrer. Daneben hat mir Rudi Altig, das Radsportidol meiner Jugendzeit, wertvolle Erfahrungen aus seiner Zeit als Berufsradrennfahrer mitgeteilt. Solche praktischen Erfahrungen sind Gold wert – man kann sie in keinem Buch lesen. Schließlich brachte mir Bundestrainer Karl Link auch den Bahnradsport näher.
Die Berufung zum Mannschaftsarzt der Nationalmannschaft war für mich damals Anreiz zu neuen Aktivitäten: Ich nahm das Radsporttraining wieder auf, fuhr Seniorenrennen – und nahm alles in mich auf, was mein zunehmendes Radsportbewußtsein interessierte. In meinen zahlreichen Einsätzen bei Weltmeisterschaften, Olympiaden, Etappenrennen und Trainingslagern in Europa, Afrika und Südamerika konnte ich als Arzt und Radsportler Erfahrungen sammeln, für die ich dem Bund Deutscher Radfahrer nicht genug dankbar sein kann.
Mich faszinierte nicht nur die sportmedizinische Seite des Radsportes, sondern alles, was mit dieser Sportart zusammenhing: Das Geheimnis der Tretgeschwindigkeit, Fragen des Trainingsaufbaues, Stärkung der Abwehrkräfte des Körpers, der Regeneration, der richtigen Lebensweise und Ernährung – aber auch die der Ausrüstung und das Fahrrad als Sportgerät selbst. So manches konnte ich dabei den bewährten Mechanikern der Nationalmannschaft, Manfred Otte und Klaus Lauer, abschauen.
Beim Niederschreiben meiner Erfahrungen bemerkte ich – vor allem bei technischen Details – wie schwierig es sein kann, Dinge, die zunächst klar erscheinen, in die richtigen Worte zu kleiden. Dabei haben mir meine Freunde Peter Krauss, Sportleiter und Trainer der RSG Augsburg, und der frühere Radprofi Willi Singer oftmals geholfen. Im richtigen Augenblick, nämlich als ich mich mit der Geschichte des Rades und des Radsportes befaßte, vermittelte mir Karl Ziegler die Bekanntschaft eines Mannes, der als »Computergehirn des Radsportes« in Radsportkreisen weltweit bekannt ist: Wolfgang Gronen. Auch er hat mir wichtige Tips gegeben.
Schließlich lernte ich aus Mitteilungen und Korrespondenzen mit Radsportlern aus aller Welt, wie stark der Radsport gerade in der heutigen Zeit in der Lage ist, die Lebensqualität der Menschen zu verbessern. Oftmals konnte ich erleben, wie Menschen ihr Schicksal selbst in die Hand nahmen und durch körperliche Aktivität ihre Krankheit besiegten – mit dem Fahrrad. Das macht einem Arzt mehr Freude, als nur Medikamente zu verschreiben.
Das Instrument Fahrrad – ob als Zweckgerät, Erlebnis- oder Sportgerät eingesetzt – kann jedem etwas bieten, gleichgültig ob er eine Möglichkeit zum Breiten- und Gesundheitssport, zum Leistungs- oder Hochleistungssport – oder zum therapeutischen Sport sucht.
Doch das Fahrrad ist komplizierter als ein Laufschuh oder ein Tennis-

schläger. Die biologische Maschine »Mensch« muß mit der technischen Maschine »Fahrrad« harmonisch zusammenarbeiten, um den besten Effekt zu erzielen.
Dieses Buch ist gewachsen aus Erfahrungen, die mir andere Erfahrene vermittelt haben und die sich in meiner eigenen Radsportpraxis als richtig erwiesen haben. Möge dieses Buch den Leser in die faszinierende Welt des Radfahrens und des Radsportes einführen – auf daß er durch diese Sportart den gleichen Nutzen erfahre wie ich selbst!

Dr. med. Peter Konopka

Radfahren in der Natur – eine ideale Möglichkeit der Entspannung und Regeneration in der heutigen Zeit.

Radfahren als Freizeit- und Erholungssport

Die fortschreitende Motorisierung, Technisierung und Automation unserer Zeit führt zu einem zunehmenden Bewegungsmangel. Dieser Bewegungsmangel gehört zu den wichtigsten Risikofaktoren für das Auftreten von Zivilisationskrankheiten. Der Mensch unterliegt wie alle anderen Lebewesen dem Naturgesetz, nach dem Struktur und Funktion der Organe vom Erbgut sowie von der Quantität und Qualität ihrer Beanspruchung abhängen. Mit anderen Worten: jeder Mensch kann durch geeignete sportliche Betätigung unabhängig von seinem Alter die Qualität und Funktion seiner Organe und seines gesamten Körpers verbessern. Das ist eine sehr hoffnungsvolle wissenschaftliche Erkenntnis! Bewegungsmangel ist für den Menschen unbiologisch, nachteilig und fördert seine Degeneration.
Um die Folgen des Bewegungsmangels zu beseitigen, muß man keinen Leistungssport betreiben. Vor allem die nervösen Störungen, unter denen heutzutage viele Menschen leiden, können durch sportliche Aktivität ausgeglichen werden. Den größten Nutzen hat man von Sportarten, die vor allem die Ausdauerqualitäten des Organismus entwickeln. Unter ihnen nimmt das Radfahren eine Sonderstellung ein – neben dem Laufen, dem Skilanglauf und dem Schwimmen.
Ein entscheidender Vorteil des Radfahrens als Freizeit- und Erholungssport beruht darauf, daß das Körpergewicht durch den Sattel getragen wird. Diese Tatsache ist für untrainierte und insbesondere für übergewichtige Menschen sehr wesentlich. Dadurch kann man über mehrere Stunden körperlich aktiv sein – ohne Gelenke, Sehnen und Bänder zu überlasten. Wer unter Gelenkbeschwerden und Arthrosen der Hüft-, Knie- oder Sprunggelenke leidet, kann noch lange Zeit auf dem Fahrrad aktiv sein, auch wenn ihm ein Waldlauf oder bloßes Spazierengehen schon nicht mehr möglich ist.
Schließlich kann man beim Radfahren die Intensität der Belastung sehr einfach steuern. Richtig dosiert ist Radfahren für jedes Alter geeignet.
In frischer Luft sportlich aktiv zu sein, bedeutet zudem eine allgemeine Abhärtung und Kräftigung des Immunsystems.
Es sind auch einige körperbildende, ästhetische Gesichtspunkte, die vor allem bei den immer zahlreicher radfahrenden Frauen als Argumente zählen.
Der Fahrtwind entfaltet eine natürliche kosmetische Wirkung auf die Haut. Insbesondere Frauen bemerken, daß Fettpölsterchen an unerwünschten Stellen – vor allem an den Hüften und Beinen – durch das Radfahren hinwegschmelzen wie Butter an der Sonne. Man bekommt schlanke und schöne Beine.
Um die gewünschten Wirkungen zu erzielen, sollte man ganzjährig körperlich aktiv sein. Das ist auch mit dem Fahrrad möglich. Wenn die Straßen aber verschneit oder vereist sind, sollte man auf eine andere Sportart, z. B. Skilanglauf oder Waldlauf, ausweichen. Radfahren ist besonders zu Anfang geeignet, körperlich inaktiven Menschen Freude an der körperlichen Aktivität zu vermitteln und sie für andere Sportarten vorzubereiten.
Der Radsport als Freizeit- und Erholungssport kann auch zum Erlebnissport werden. Ganze Familien können in Gruppen radwandern, wobei sich die unterschiedlichen Trainingsgrade leicht ausgleichen lassen. Das Rad mit Gepäcktaschen bestückt – oder gar mit einem Mountain-Bike ausgerüstet – lassen sich Gebiete erschließen, die man mit dem Auto niemals erreichen würde.
Nach den Erfahrungen vieler Tausender fahrradbegeisterter Menschen lohnen sich Anschaffung und Pflege eines qualitativ hochwertigen Fahrrades – und sogar die Anschaffung eines Zweitfahrrades für einen besonderen Zweck. Regelmäßige körperliche Aktivität vermittelt körperliches und seelisches Wohlbefinden, fördert

die nervliche Entspannung und verhindert überflüssigen Fettansatz. Bei Schulkindern vermag Radfahren die körperliche und geistige Entwicklung zu fördern sowie Aggressionen abzubauen, so daß Konzentrationsfähigkeit und Belastbarkeit verbessert werden. In ganz besonderem Maße wirkt sich regelmäßig betriebener Ausdauersport mit zunehmendem Alter günstig aus. Stabile Gesundheit und erhöhte Widerstandskraft vermitteln ein neues Lebensgefühl.

Radsport als Leistungs- und Hochleistungssport

Unter den Ausdauersportlern nehmen die Straßenradrennfahrer eine gewisse Sonderstellung ein. Wenn man es richtig betrachtet, sind sie die »Kaiser der Athleten«. Sie sind leistungsfähiger als alle anderen Sportler. Bei Etappenrennen wie der Tour de France, dem härtesten Radrennen der Welt, müssen die Fahrer bis zu drei Wochen lang täglich Höchstleistungen über viele Stunden vollbringen. Untersuchungen belegen, daß Straßenradrennfahrer allen anderen Sportlern in der Ausdauerleistungsfähigkeit überlegen sind. Sie müssen ausdauernd sein wie Marathonläufer, schnell wie Sprinter und kräftig wie Ruderer.
Straßenradrennfahrer haben die größte maximale Sauerstoffaufnahmefähigkeit pro Kilogramm Körpergewicht, das größte Herzvolumen und die größte Lungenkapazität in einem einzigen Organismus vereint. Jedes Jahr legen die Giganten der Landstraße 20 000 bis 40 000 km auf dem Rennrad zurück. Drei bis sechs Millionen Pedalumdrehungen sind dazu notwendig – ohne daß es zu Gelenkschäden kommt. Gelenkschonend führt der Radsport zu allen gesundheitlich wertvollen Anpassungserscheinungen im menschlichen Körper. Der Radsport ist ein Beispiel dafür, zu welchen Anpassungen der menschliche Organismus fähig ist, ein interessantes Phänomen gerade in der heutigen Zeit der Degeneration durch Bewegungsarmut. Daneben bietet der Straßenradsport auch spezifische Besonderheiten, die es in anderen Sportarten nicht gibt, die aber Erkenntnisse vermitteln, welche auf andere Sportarten übertragbar sind. Dazu zählt z. B. die Ernährung eines höchstbelasteten Menschen, die Ver-

Allein an der Spitze und Sieger bei einem großen Rad-Klassiker – das ist der Traum aller Radsport-Profis.

pflegung während höchster Belastungen, die Folgen einer akuten Entlastung in einem Höchst-Trainingszustand, die Unterschiede in der Anpassungsfähigkeit des Organismus von Männern und Frauen sowie Probleme und Engpässe bei Belastungsserien wie Etappenrennen.
Obwohl Radfahren so einfach aussieht, gibt es auch heute noch einige Geheimnisse der Leistungsentfaltung. Schon die miteinander konkurrierenden Eigenschaften »Ausdauer« und »Kraft« stellen Radsportler immer wieder vor Probleme in Training und Wettkampf, zumal wenn es um die Frage geht, welche Übersetzungen man mit welcher Tretgeschwindigkeit benützen soll. Neuere Untersuchungen über Muskelfaserstruktur und Stoffwechsel helfen heute dem Radsportler, alte Erfahrungen großer Radrennfahrer aus früherer Zeit wissenschaftlich zu untermauern. Ein Ziel dieses Buches ist es u. a., diese alten Erfahrungen im Radsport mit modernen wissenschaftlichen Erkenntnissen in Einklang zu bringen, um den Trainingsprozeß zu optimieren. Optimales Training bedeutet, mit möglichst geringem Zeitaufwand das bestmögliche Ergebnis zu erzielen. Dabei ist es notwendig, den Trainingsprozeß bewußt zu erleben – viel zu wissen, um das Richtige zu tun.

Radsport zur Rehabilitation und Wiederherstellung

Sportler aller Disziplinen können nach Verletzungen und Operationen schon frühzeitig mit dem Fahrrad trainieren – noch bevor sie ein Lauftraining absolvieren können. Durch das Radfahren ist eine echte Frühmobilisation nach Operationen, z. B. nach Meniskusoperationen, möglich, so daß man den Trainingsverlust gering halten und die Gelenkfunktion frühzeitig wieder verbessern kann.

Immer mehr Menschen entdecken den Radsport als Ausgleichssport; auch Rallye-Weltmeister Walter Röhrl (Mitte), hier mit Radquerfeldeinweltmeister Klaus-Peter Thaler u. a.

Radsport als Ausgleichssport

Schließlich haben viele aktive Sportler anderer Disziplinen den Radsport entdeckt, z. B. Skilangläufer, Skifahrer, Eisschnellläufer, Tennisspieler (Ivan Lendl besitzt 8 Rennräder!), Autorennfahrer u. a. Sie betreiben mit Vorteil den Radsport als Ausgleichs- oder Sommertraining, um ihre Ausdauer zu verbessern.

Radsport – Faszination und Leidenschaft

Die besondere Faszination des Radsportes, gleichgültig ob als Freizeit- oder Leistungssport betrieben, liegt in der Harmonie zwischen Sportgerät und menschlichem Organismus, zwischen der technischen Maschine, dem Fahrrad, und der biologischen Maschine, dem menschlichen Organismus.

Wer das Gefühl für diese Harmonie einmal entwickelt hat, wird den Radsport mit Leidenschaft betreiben und von ihm nicht mehr loskommen. Um den Radsport ganz auskosten zu können, muß man zwei Dinge kennen: Das Fahrrad – und sich selbst. So wird man bemerken, daß der Radsport nicht nur körperliche, sondern auch besondere geistige Anforderungen stellt, die zunächst für den Laien nicht ohne weiteres erkennbar sind. Dieses Buch soll helfen, die Liebe zum Radsport zu wecken. Dabei befindet man sich in bester Gesellschaft; denn berühmte Erfinder, oft die schlauesten Köpfe ihrer Zeit, Künstler, Akademiker, Barone und Könige waren von der Entwicklung des Fahrrades fasziniert und an ihr beteiligt. Durch dieses Buch soll der Leser alles erfahren, was er vom Radsport wissen muß, wenn er auf Dauer Freude an ihm haben will. Im Fahrrad hat man ein zuverlässiges Sportgerät, das einen viele Jahre durch dick und dünn begleitet – und mit dessen Hilfe man ein Leben lang gesund und leistungsfähig bleiben kann!

Einführung

Kurze Geschichte des Rades und des Radsportes

Wenn man es recht überlegt, ist das Rad an sich eine der größten Erfindungen der Menschheit. Denn es gibt für das Rad kein Vorbild in der Natur. Das kommt daher, daß es unmöglich ist, ein Rad aus lebenden Zellen, das sich ständig um eine Achse dreht, zu ernähren. Aus der Technik ist das Rad überhaupt nicht wegzudenken. Man kann sogar sagen: Ohne die Erfindung des Rades wäre die Weltgeschichte anders verlaufen.
Zunächst bestand das Rad aus einer vollen, zwei- bis dreiteiligen Scheibe, die mit der Achse fest verbunden war. Damals fand das Rad ausschließlich Verwendung als Wagenrad. Die älteste erhaltene Wagendarstellung läßt sich etwa 5000 Jahre zurückverfolgen. Von Wagenrädern mit Speichen wird vor etwa 4000 Jahren aus Mesopotamien berichtet. In China jedoch soll es schon vor 6000 Jahren Räder mit schräg eingesetzten Speichen gegeben haben. Niemand kam auf den Gedanken, statt zwei Räder nebeneinander diese hintereinander zu montieren und ein solches Gefährt zur Fortbewegung zu benutzen. Der heute so einleuchtende Gedanke war in der Tat auch schwer zu finden; denn vor der stabilisierenden Kreiselwirkung sich drehender Räder hatte man noch keine Vorstellung.

Rennmaschine (Michauline) aus dem Jahre 1869.

Einfachste Formen von Rädern, die mit Stangen verbunden waren, finden sich aber schon in alten ägyptischen und chinesischen Zeichnungen um 1300 vor Christus. Mit der Möglichkeit, sich durch ein technisches Gerät aus eigener Kraft fortzubewegen, beschäftigt sich der Mensch schon seit mindestens 3000 Jahren.

Im allgemeinen beginnt die Geschichte des Fahrrades im Jahre 1818 als Carl Friedrich Christian Ludwig Freiherr Drais von Sauerbronn sein lenkbares Laufrad, das man ihm zu Ehren später »Draisine« nannte, zum Patent anmeldete. Niemand konnte ahnen, daß das Fahrrad, bei seiner Geburt belächelt, heute im technschen Zeitalter als »Auto des kleinen Mannes« bezeichnet und einen derartigen Aufschwung erleben würde. Rund 170 Jahre ist es her, seit sich der badische Forstmeister mit seinem zum eigenen Vergnügen konstruierten zweirädrigen Gespann in Karlsruhe auf die Straße wagte. Die Mitmenschen lächelten, und die Karikaturisten spotteten, als der Erfinder mit seiner Laufmaschine durch die

Draisine: Zeichnung aus dem Patentantrag des Baron Drais an das Badische Ministerium (1818).

Gegend rollte. Das Gerät bestand aus einem hölzernen Gestell mit zwei hölzernen Rädern, die er »laufend« in Bewegung setzte. Immerhin legte er, wie die Karlsruher Zeitung damals berichtete, auf diese Weise eine Strecke, für die eine Postkutsche vier Stunden gebraucht hätte, in einem Viertel der Zeit zurück.
Um 1845 konstruierte der Mechaniker Mylius ein Fahrrad, das am Vorderrad durch Tretkurbeln angetrieben wurde. Der Instrumentenmacher Philipp Moritz Fischer aus Schweinfurt konstruierte um 1853 ein ähnliches Tretkurbelrad. Seinen ersten Durchbruch erreichte das Zweirad, als der französische Mechaniker Pierre Michaux sein Tretkurbelrad, »Velociped« genannt, 1897 auf der Weltausstellung vorführte. Es wurde seinem Erfinder zu Ehren »Michauline« genannt. Da man sich zunächst auf das Vorderrad als Antriebsrad konzentrierte, mußte man es ständig größer gestalten, wenn man mit einer Pedalumdrehung eine größere Wegstrecke zurücklegen wollte. Dadurch erklärt sich die Entwicklung des Hochrades. Mit der Zeit nahm das Vorderrad immer größere Dimensionen an, während das Hinterrad immer kleiner wurde. Der Mechaniker Victor Renard aus Paris konstruierte z. B. ein Hochrad mit einem Vorderraddurchmesser von 3 m und einem Gewicht von 65 kg! Man kann sich vorstellen, daß es bei Hochrädern dieser Dimension gefährliche Stürze gab. So verlor das Hochrad schnell seinen anfänglichen Reiz, und sein Erfinder starb 1893 im Armenhaus.
Erfinder aus verschiedenen Ländern waren an der weiteren Entwicklung beteiligt. Das erste mit Tretkurbeln versehene, am Hinterrad angetriebene Niederrad baute André Guilmet um 1868. Das Fahrrad wurde vom hölzernen zum eisernen Gefährt durch die Verwendung eiserner Tangentialspeichen, von W. A. Cowper um 1870 konstruiert, und der Felge, von J. Truffauts 1875 erfunden. Der wesentlichste Fortschritt war die Verwendung des Kettenantriebes zum Hinterrad durch H. J. Lawson um 1879. Die seit 1869 benutzten Vollgummi-

B. Zierfuß, Berlin, Deutscher Meister 1893 mit seinem Hochrad.

Einführung

G. P. Mills, erster Bordeaux–Paris-Sieger 1891.

reifen wurden 1888 durch Luftreifen abgelöst, die von dem schottischen Tierarzt John Boyd Dunlop erfunden worden waren. Der Deutsche Ernst Sachs erfand um die Jahrhundertwende die Freilaufnabe und kurz darauf die Rücktrittbremse. Nun war der Siegeszug des Fahrrades nicht mehr aufzuhalten.
Eine charakteristische Eigenschaft der menschlichen Natur ist das Verlangen, die eigenen Kräfte im Wettkampf mit anderen zu messen. Schon zwei Jahre nach Erfindung des Laufrades fanden 1819 in Paris die ersten Wettkämpfe auf Draisinen statt. 1865 veranstaltete man in Amiens ein erstes Straßenrennen, allerdings nur über eine Strecke von 500 m. Das erste internationale Straßenrennen der Welt war 1869 die Fernfahrt von Paris nach Rouen über 130 km. Sogar Frauen nahmen schon damals an diesem Rennen teil. 1880 wird von einem Rennen über die Alpen von Paris nach Mailand und zurück berichtet. Auch bei den ersten Olympischen Spielen 1896 wurde ein Straßenrennen ausgetragen, und zwar über 87 km. Radrennen auf der Bahn gibt es seit 1868 in England, seit 1882 in Deutschland. Das erste 6-Tage-Rennen der Welt wurde 1891 in New York, das erste europäische 1909 in Berlin gefahren.
Schon damals war Radfahren durchaus hoffähig: Nicht nur Mechaniker, Techniker, Ingenieure und Uhrmacher waren von diesem Fortbewegungsgerät fasziniert, sondern es sind auch Kaiser, Könige und Adelige mit der Geschichte des Radsportes eng verbunden. So stiftete Kaiser Napoleon III. 1868 eine Goldmedaille für ein Radrennen und Kaiser Wilhelm I. einen Wanderpokal für Hochradfahrer. Seitdem fuhr man jedes Jahr um den »Kaiserpreis«. Die fünf Gebrüder von Opel machten auf sich aufmerksam, als sie nacheinander die Radsportmeisterschaft von Hessen gewannen. Ludwig von Opel war sogar Vizeweltmeister im Sprint 1898 in Wien! Auch Künstler wie Graf Henri de Toulouse-Lautrec, Claude Monet, Pablo Picasso, Max Ernst und viele andere beschäftigten sich mit dem Radsport, indem sie durch gemalte Radsportmotive das Fahrrad in der Kunstgeschichte verewigten.
Viele intelligente Köpfe befaßten sich mit dem Radsport: Der Franzose Albert Champion, der 1899 das erste klassische Straßenradrennen Paris–Roubaix hinter Automobilführung gewann, ist der Erfinder der Zündkerze, die heute noch seinen Namen trägt. Die Gebrüder Orville und Wilbur Wright, denen die ersten gesteuerten Menschenflüge gelangen, waren Straßen- und Bahnradfahrer, besaßen ein Fahrradgeschäft und stellten Fahrräder her.
Die Geschichte des Radsportes wurde vor allem durch die großen Etappenrennen in fast allen Ländern Europas geprägt. Am berühmtesten ist die Tour de France, die 1903 von dem Journalisten Henri Desgranges gegründet wurde. Er wollte den Franzosen ein Drama von simpler Grandiosität im heißesten Monat des Jahres anbieten, »wenn die Kühe auf der Weide vor Durst brüllen und das Gras am Wegesrand verdorrt«. In seinem Leitartikel der Sportzeitung »L'auto« vom 1. Juli 1903 heißt es: »Mit dem mächtigen Elan, den Emile Zola in seinem Roman »La Terre« seinen Bauern gibt, lanciert »L'auto« als Zeitung mit avantgardistischem Mut heute das größte Rennen der Welt mit den prächtigsten und unerschrockensten aller Athleten. Während der 2400 km werden sie auf staunende Faulpelze treffen, die sich ihrer Bequemlichkeit schämen und aufgeweckt werden von der Kraft und der unbezähmbaren Energie dieser außergewöhnlichen Männer.« Das Faible für die großen Radrundfahrten wurzelt im Volkscharakter der radsportbegeisterten Nationen.

Berühmte Radrennfahrer

Es ist nicht leicht, die größten Radrennfahrer aller Zeiten aufzuzählen. Eine solche Auswahl muß immer etwas subjektiv bleiben, obwohl sie sich an den Leistungen und Erfolgen der Champions zu orientieren hat. Einige von ihnen hatten es schwerer, andere leichter, je nachdem, ob sie zu ihrer Zeit auf eine große Zahl gleichwertiger Gegner trafen oder allein einsame Spitzenklasse waren. Neben der Tour de France mußten sie sich in anderen klassischen Etappenrennen bewähren, wie dem Giro d'Italia und der Tour de Suisse, bei den Straßenweltmeisterschaften und den großen klassischen Radrennen. So wurde die Radsportgeschichte geschrieben von großen Namen wie Gino Bartali, Fausto Coppi, Felice Gimondi, Francesco Moser und Giuseppe Saronni aus Italien, Louison Bobet, Jacques Anquetil, Bernard Hinault und Raymond Poulidor aus Frankreich, Rik van Steenbergen, Rik von Looy und Eddy Merckx aus Belgien, Jan Janssen aus Holland, Ferdi Kübler und Hugo Coblet aus der Schweiz, Frederico Bahamontes und jetzt Miguel Indurain aus Spanien. Die besten deutschen Radrennfahrer nach dem 2. Weltkrieg waren ohne Zweifel Rudi Altig, Hennes Junkermann und Rolf Wolfshohl. Sehr erfolgreich waren auch Klaus-Peter Thaler, Dietrich Thurau und Gregor Braun. In neuerer Zeit machten Radrennfahrer wie Rolf Gölz, Raimund Dietzen, Andreas Kappes und Olaf Ludwig von sich reden. Europa ist nach wie vor das Eldorado der Straßenradrennfahrer. Zunehmend schließen aber auch Straßenradrennfahrer zur Weltspitze auf, die aus Ländern kommen, in denen der Radsport weniger Bedeutung hat, wie Stephen Roche und Jean Kelly aus Irland, Phil Anderson aus Australien und Greg Lemond aus USA. Manche Radrennfahrer waren zu ihrer Zeit so populär, daß man sie sogar auf Briefmarken verewigte, z. B. Bartali, Kübler, Bobet, Janssen, Anquetil, Morelon, Gimondi und Merckx. Nach einigen Radrennfahrern sind auch Straßen, Plätze und Stadien benannt worden, wie z. B. nach Robel, Timoner, Moeskops und Linart. Die Vormachtstellung der Länder Italien, Frankreich, Belgien, Holland, Schweiz und Spanien im Radsport ist unverkennbar. In diesen Ländern ist aber auch die Radsportbegeisterung größer – und die Begeisterung ist es, die einen zum Radsportler macht!

Miguel Indurain im gelben Trikot (Tour de France).

Das richtige Fahrrad zum richtigen Zweck

Natürlich ist bei der Anschaffung eines Fahrrades zu überlegen, wozu man es braucht. Vielleicht genügt auch das Fahrrad, das man bereits besitzt. Grundsätzlich bestimmt jedoch der geplante Einsatzbereich den Radtyp – und nicht umgekehrt. Gleichzeitig wird bei dieser Überlegung offenbar, wie vielseitig ein Fahrrad eingesetzt werden kann – und welche neuen Lebensbereiche es erschließt. Warum sollte man sich nicht auch, wie es manche beim Auto tun, ein Zweit- oder gar ein Drittfahrzeug anschaffen?

Modernes Trekkingrad mit Schutzblechen, Kettenschutz, Gepäckträger und Beleuchtung.

Das Fahrrad als Erlebnisgerät

Mit dem Fahrrad kann man ein in der heutigen motorisierten Zeit sehr ungewöhnliches Gefühl erleben, nämlich wie mit eigener Körperkraft relativ mühelos und verhältnismäßig schnell ganz respektable Strecken zurückgelegt werden können. Dabei nimmt man anders als im Auto wieder die Atmosphäre einer Landschaft aus direkter Nähe auf und ist ganz überrascht, wie gut die Luft außerhalb der Städte ist. Manche sagen sogar: Man riecht die Landschaft. Tatsache ist, daß es mit dem Fahrrad möglich wird, der Natur wieder näherzukommen, sich mit ihr in Einklang zu bringen – und den Rhythmus der Jahreszeiten viel intensiver zu erleben. Diese Eindrücke kann man umso besser auf sich wirken lassen, je weniger man von dem Fortbewegungsmittel Fahrrad abgelenkt wird. Deswegen ist es wichtig, sich für solche Tourenfahrten ein richtiges Touren-Fahrrad oder beser noch ein modernes leichteres Touren-Sportrad zuzulegen. Weil auf der Tour eine größere Geschwindigkeit als beispielsweise in der Stadt und in der freien Landschaft häufig ein stärkerer Gegenwind spürbar ist, sollte die Körperhaltung etwas mehr nach vorne gebeugt als beim »Einkaufs«- und normalen »Gebrauchsrad« sein. Nabenschaltungen genügen auch im Gelände – aber ihre Abstufungen sind oft so groß, daß man sich Zwischengänge wünscht. Es ist daher gut, sich für eine sportliche Fünf- oder Sechsgangschaltung zu entscheiden, damit das Tourenfahren mehr Spaß macht. Die Schaltung ist jedoch nicht dazu da, um mit großen Gängen möglichst schnell vorwärts zu kommen, sondern um auch im schwierigen Gelände leicht und locker treten zu können. Denn nur so kommt man in den Genuß der gesundheitlich bedeutsamen Anpassungserscheinungen (siehe auch S. 97 f.).

Das Touren-Sportrad oder das sportliche Tourenrad ist bereits durch einige sportlichere Komponenten ausgezeichnet:

- Wegen des höheren Tempos gut funktionierende Felgen- oder auch Trommelbremsen,
- am Hinterrad Freilauf ohne Rücktrittbremse und eine Fünf- oder Sechsgangschaltung.

Mit einem doppelten Kettenblatt vorne und mit fünf bis sechs Kränzen am

Das Fahrrad läßt die Landschaft wieder zum Erlebnis werden.

Zahnkranz hinten hat man bereits eine Zehn- oder Zwölfgangschaltung – zumindest theoretisch, da man praktisch wegen der guten Kettenführung nur sechs bis acht Gänge davon benutzt (siehe auch S. 33). Der Sattel sollte jetzt nicht mehr ein bequemer »Sitz-Sattel«, sondern mehr ein funktioneller »Tret-Sattel« sein. Man sitzt weniger auf dem Gesäß als vielmehr etwas vornübergebeugt auf den Sitzknorren des Beckens – und die sind bei allen Menschen gleich. Das bedeutet: auch breit gebaute Menschen kommen mit einem schmalen Sattel aus. Die Sattelspitze sollte nicht zu breit sein, damit eine enge Beinführung und ein guter Fahrstil möglich ist, ohne daß die Oberschenkelinnenseiten an der Sattelspitze scheuern. Beim Lenker genügt ein bequemer Sportlenker. Ein Rennlenker bringt keine weitere Verbesserung. Nicht einmal Radrennfahrer fahren ausschließlich in der unteren Lenkergriffhaltung. Es ist nicht notwendig, sich als sportlicher Tourenfahrer zu zwingen, eine verkrampfte Körperhaltung einzunehmen, nur damit man nach außen hin als Rennfahrer erscheint. Es wird dadurch nur die Atmung behindert, und die Lokkerheit geht verloren. Auch wegen der Fahrsicherheit ist es nicht günstig, wenn man bei der relativ hohen Geschwindigkeit nur die nächsten fünf Meter Straße überblickt. Nicht selten hat es deswegen schon Auffahrunfälle und Zusammenstöße zwischen Radfahrern gegeben – ganz zu schweigen von den Nackenbeschwerden und Verkrampfungen der Muskulatur im Schulterbereich. Überlegenswert ist jedoch, schon beim sportlichen Tourenrad die Pedale mit Rennhaken zu versehen, weil man damit einen besseren Halt an den Pedalen hat und so leichter rund treten kann (siehe auch S. 70).

Wer mit dem Rad auf größere Tour geht, wird sich Gepäcktaschen anschaffen; es ist ganz erstaunlich wieviel Gepäck man auf einem Fahrrad unterbringen kann. Dabei ist jedoch zu beachten, daß sich dadurch das Fahrverhalten besonders in den Kurven verändert.

Mountain-Bike: Ein Spezialrad für jedes Gelände.

Schaltung mit langem Schaltarm zur Überbrückung großer Übersetzungsunterschiede.

Drei Kettenblätter ermöglichen auch die kleinsten Übersetzungen für schwierigstes Gelände.

Abenteuerlich wird es, wenn man die üblichen festen Straßen verläßt und sich auf unwegsamem, von Autos nicht befahrenem Gelände bewegt. Dieses »Off-Road-Erlebnis« kann man schon mit einem stabilen Tourenrad erfahren – besser aber noch mit einem richtigen Mountain-Bike, das speziell für diesen Zweck entwickelt wurde. Trekking-Urlaub mit dem Rad ist dadurch möglich geworden. Es ist schon ein überraschender Anblick, wenn auf Wegen und Pfaden, auf denen sonst nur Bergwanderer und Bergsteiger unterwegs sind, plötzlich ein Mensch mit einem Fahrrad auftaucht! Ein Mountain-Bike hat die Voraussetzungen dazu, da es mit spezieller Technik ausgestattet ist. Das fängt an bei den breiten Stollenreifen, die in jedem Gelände mit hartem oder weichem Untergrund guten Halt bieten. Dazu paßt die Schaltung, die es ermöglicht, fast unglaubliche Steigungen zu überwinden. Durch ein dreifaches Kettenblatt vorne und einen Zahnkranz mit fünf bis sechs Gängen hinten hat man eine 15- bis 18-Gang-Schaltung mit einer Übersetzung, die bis zu einem Verhältnis von 1:1 gehen kann (vorne mit dem kleinsten Kettenblatt – 30 bis 32 Zähne – und hinten mit dem größten Zahnkranz etwa gleicher Größe). Bei manchen Modellen

Nächste Doppelseite: Faszinierende Erlebnisse in der Natur mit dem Mountain-Bike, gleichgültig ob in Nepal, im Himalaja – oder in der heimischen Landschaft.

Ausrüstung

»Duathlon« für Kinder und Jugendliche, ein wichtiger Beitrag für die allgemein-athletische Entwicklung.

wird durch eine asymmetrische (»ovale«) Form der Kettenblätter die Hebelwirkung der Tretkurbeln verbessert. Typisch ist auch der breite, robuste Lenker und die stabilen, zuverlässigen Mittelzugbremsen. Die Schalthebel sind am Lenker direkt neben den Handgriffen befestigt, so daß beim Schalten beide Hände am Lenker bleiben können. Der Sattel ist sportlich-fest und kann mit einer Schnellspann-Klappe in Sekundenschnelle verstellt werden, so daß sich die Sattelhöhe rasch je nach Gelände ändern läßt. Charakteristisch für das Mountain-Bike ist seine exzellente Stabilität, was sowohl den Rahmen wie auch die einzelnen Teile betrifft: Laufräder, Bremsen, Tretlager mit Tretkurbeln und Pedalen, Schaltung sowie Sattel und Lenker. Diese fast unverwüstlich erscheinende Konstruktion des Mountain-Bike ist zugleich seine Faszination – und veranlaßt viele, sich ein Mountain-Bike als Zweitfahrrad auch für den Alltag und für Tourenfahrten anzuschaffen. Zu diesem Zweck kann man es auch mit Schutzblechen, Gepäckträger und Lichtanlage ausstatten.
Gewissermaßen die kleinere Ausgabe eines Mountain-Bikes oder ein »Kindermotorrad« ohne Motor stellt das BMX-Rad dar, an dem vor allem Kinder ihren Spaß haben. Auch das BMX-Rad ist schier unverwüstlich, wenn man bei der Anschaffung auf gute Qualität von Rahmen, Bremsen, Lenker und Pedalen achtet.
Das BMX-Rad eignet sich wegen der geringen Übersetzung zwar nicht für Tourenfahrten, aber es ist für Kinder ein ideales Sport- und Freizeitgerät, mit dem man gleichzeitig zwei Ziele erreicht: Kinder finden Spaß am Radfahren und an der Bewegung, und sie lernen, mit dem Fahrrad sicher umzugehen.

Das Fahrrad als Sportgerät

Hat man sich auf verschiedene Weise mit dem Fahrrad angefreundet, wird man entdecken, daß es ein ideales Sportgerät ist. Der Radsport selbst ist ein Ausdauersport par excellence mit allen gesundheitlichen und leistungsfördernden Vorteilen. Das Fahrrad ist das ideale Fitnessgerät für Manager und gestreßte Menschen, für Sportler aller Sportartengruppen, die Ausdauer zur Verbesserung ihrer sportlichen Fähigkeiten brauchen – und heutzutage weiß fast jeder, daß alle Sportler ein Mindestmaß an Ausdauer für eine gute Leistungs- und Regenerationsfähigkeit brauchen, gleichgültig ob es sich um Tennis-, Squash- oder Fußballspieler handelt, oder ob Wintersportler im Sommer ihren Trainingszustand verbessern wollen. Wer den Radsport zu seinem Lieblingssport erwählt, gewinnt darüber hinaus die Möglichkeit, seine Persönlichkeit im körperlichen und geistigen Bereich bis an ihre Grenzen entfalten zu können.
Ein Sportgerät, das diesen Anforderungen gerecht wird, muß besondere Qualitäten aufweisen. Das Fahrrad in der höchsten Vollendung ist das Rennrad, manche sprechen auch respektvoll von der Rennmaschine. Die

Das Rennrad – ein ideales Sportgerät (hinten in Triathlon-Version).

Leistung im Radsport hängt ganz entscheidend von dem optimalen Zusammenspiel zwischen menschlichem Organismus und Rennrad ab. Deswegen müssen beide genau zusammenpassen. Denn man fährt mit ihm viele tausend Kilometer, bergauf und bergab, bei jedem Wetter. Und weil es so wichtig ist, daß das Rennrad zu den Körpermaßen paßt, sollte man bei der Anschaffung zum Spezialisten gehen. Ein Rennrad wird nicht von der Stange gekauft, sondern individuell angepaßt. Ein Zentimeter mehr oder weniger bei der Rahmenhöhe kann den Bewegungsablauf bereits deutlich beeinflussen. Der Rahmen des Rennrades soll aber nicht nur in seinen Abmessungen zum eigenen Körperbau passen, sondern er muß auch besondere Eigenschaften besitzen: Er soll hart und steif, dabei aber leicht und stabil sein. Die Kraft des Radsportlers muß möglichst ohne Verlust auf das Antriebssystem übertragen werden. Bei der Arbeit auf dem Rennrad treten Zug-, Biegungs- und Torsionskräfte auf, die dem Mehrfachen des eigenen Körpergewichtes entsprechen. So wirken auf den Sattel Kräfte, die das eineinhalbfache des Körpergewichtes ausmachen, auf die Pedale solche, die dem 1,75-fachen oder Mehrfachen des Körpergewichtes gleichkommen, und auf den Lenker sogar Kräfte in der Höhe des zweifachen Körpergewichtes ein. Bei all diesen Anforderungen soll ein Rennrad nicht mehr als 9 bis 11 kg wiegen. Man hat festgestellt, daß jedes Kilogramm mehr an festen Bestandteilen des Rennrades bei einer Geschwindigkeit zwischen 35 und 42 km/h einen Mehraufwand an Energie von 1 bis 2 % bedeutet. Dieser Prozentsatz wird noch erhöht beim Bergauffahren und bei jeder noch schnelleren Fahrweise. Andererseits bringt ein leichteres Rennrad keine weiteren Vorteile, wenn der Rahmen zu weich ist und zu sehr schwingt, da auf diese Weise kostbare Kraftanteile verloren gehen. Es ist daher sehr wichtig, sich das Material seines individuellen Rennrades genau auszusuchen. Allgemein gilt, daß außer dem Rahmen alle anderen

Moderne Zeitfahrmaschine.

wichtigen Teile, auch Komponenten genannt, wie Schaltung, Bremsen, Lenkungssystem, Sattel und Sattelstütze von bester Qualität sein sollten. Diese Komponenten eines Rennrades sind von so hoher Lebensdauer, daß sie die Lebensdauer des Rahmens meist überdauern. Nicht selten können Radsportler diese Komponenten 15 Jahre und mehr benutzen, während der Rahmen je nach Beanspruchung nach 2 bis 10 Jahren erneuert werden sollte.

Eine Rennmaschine für einen speziellen Einsatz ist die Zeitfahrmaschine. Beim Zeitfahren fährt man alleine gegen die Uhr ohne den Windschatten des Vordermannes. Da der Luftwiderstand mit dem Quadrat der Geschwindigkeit zunimmt und in direktem Verhältnis zur Windangriffsfläche steht, die Rennfahrer und Rennmaschine zusammen bieten, werden Gesichtspunkte der Aerodynamik wichtig. Wie beim Auto hat der Windkanal auch beim Rennrad neue Formen diktiert: tiefer Hornlenker, ovale Rohre des Rahmens, Verlagerung der Vorderbremse hinter den Gabelkopf, Versenkung der Brems- und Schaltzüge in den Rahmen, schmalere Reifen und Felgen, scheibenförmige Verkleidung der Laufräder.

Windkanalversuche zeigen aber auch, daß die Einsparung an Luftwiderstand durch diese Veränderungen der Rennmaschine äußerst gering und daher nur für Elite-Spitzensportler relevant sind. Allen anderen Radsportlern dienen solche Zeitfahrmaschinen zunächst zur psychischen Unterstützung, damit man beim Zeitfahren nicht das Gefühl hat, den Gegnern an Material unterlegen zu sein. Wenn aber der Rahmen mit seinen ovalen und schmalen Rohren durch die beim Zeitfahren notwendige kräftige Tretbewegung in Schwingungen gerät und der Seitenwind voll auf die Scheibenräder trifft, kann ein solches Rennrad sogar nachteilig sein. Deswegen verzichten Rennfahrer bei Strecken mit Seitenwind auf die scheibenartige Verkleidung der Laufräder, vor allem beim steuernden Vorderrad. Ausgesprochene Zeitfahrmaschinen sind also nicht unbedingt etwas für Hobby-Radrennfahrer, schon allein deswegen, weil man sich mit einer »Super-Zeitfahrmaschine« gar keine schlechte Zeit leisten darf – eine zusätzliche moralische Verpflichtung! Sinnvoll kann jedoch ein tieferer Lenker, schmale Reifen mit hohem Reifendruck sowie Demontage von Flaschenkorb und Trinkflasche, Luftpumpe und Reservereifen sein. Von geringerer Bedeutung ist schon die aerodynamische Gestaltung der einzelnen Teile wie Bremsen, Tretkurbeln, Schaltung und Schalthebel. Übrigens dürfen Rennräder mit sog. »Stierhornlenkern« nur beim Zeitfahren verwendet werden.

Bestandteile des Fahrrades

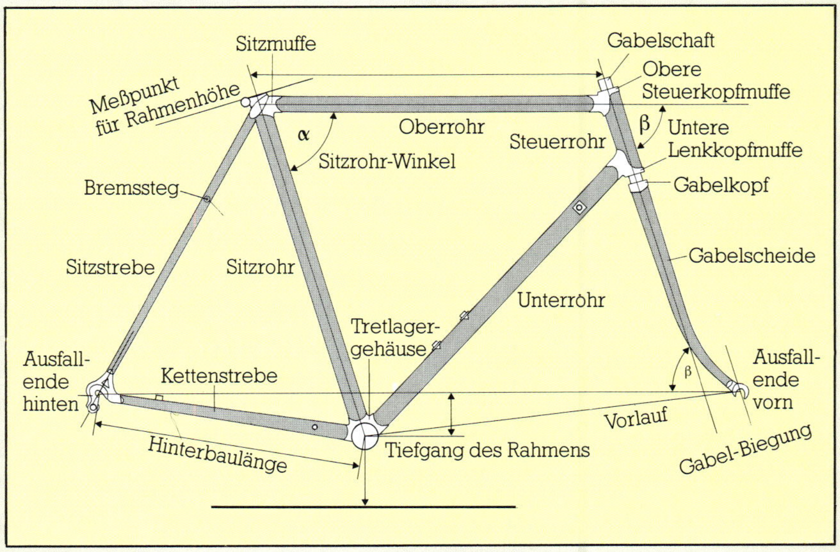

Bezeichnung der Rahmen-Teile.

Der Rahmen – das Kernstück des Fahrrades

Der Rahmen des Fahrrades besteht aus folgenden Teilen:

- Oberrohr (Horizontalrohr)
- Sitzrohr (Sattelrohr)
- Unterrohr (Schrägrohr)
- Steuerrohr (Lenkkopfrohr)
- Tretlagergehäuse
- Hinterbau mit Ketten- und Sitzstreben
- Ausfallenden
- Nicht unbedingt zum Rahmen gehört die Gabel mit Kopf, Schaft und Gabelscheiden. Sie wird aber meistens hier mit aufgezählt.

Der Rahmen eines einfachen, normalen Fahrrades besteht aus Stahlrohren, die durchgehend gleiche Wandstärke haben. Das bedeutet zwar eine massive Stabilität – aber wenig Elastizität bei relativ hohem Gewicht. Ein solch schwerer Rahmen ist steif nicht nur gegenüber seitlichen Schwingungen, sondern auch gegen Stöße, die von der Fahrbahn her übertragen werden. Je qualifizierter der Einsatz eines Fahrrades wird, desto qualitativ hochwertiger werden auch die Rohre des Rahmens. Die Qualitätsmerkmale eines Rahmens sind folgende:
Die Rahmen-Steifigkeit bestimmt den Widerstand gegen seitliche Verwindungen. Ein Rahmen ist um so steifer, je dickwandiger und kürzer die Rohre sind, d. h. je kleiner der Rahmen ist.

Schrägrohr, Sitzrohr und Hinterbau treffen sich im Tretlagergehäuse.

Die Rohre des Rahmens sind durch Muffen (hier Mikrofusionsmuffen) miteinander verbunden.

Erhöhte Steifheit des Rahmens durch kürzeren Hinterbau mit hinterer Eindellung des Sitzrohres.

Die Rahmen-Festigkeit gibt die Höhe seiner maximalen Belastbarkeit gegen Verformungen und Brüche an. Dabei spielt sowohl die Wandstärke der Rohre wie auch die Qualität des verwendeten Materials eine Rolle. Die notwendige Steifigkeit und Festigkeit eines Rahmens erfordern einen optimalen Kompromiß zwischen Material und Wandstärke. Für hochwertige Rahmen werden meistens Chrom-Molybdän-Legierungen benutzt. Außerdem gibt es Rahmen aus Aluminium, Titan oder Carbon-Kohlenstoff. Da die größten Zug- und Verwindungskräfte an den Enden der Rahmenrohre auftreten, werden diese verstärkt, während die Rohre in der Mitte dünner gestaltet werden können. Diese Endverstärkung der Rohre findet man bei den bekannten Columbus-SL- oder Reynolds-Rohren, bei denen das Sitz- und Oberrohr in der Mitte eine Wandstärke von 0,6 mm und am Ende von 0,9 mm aufweist. Das Unterrohr hat eine Wandstärke von 0,7 mm in der Mitte und 1,0 mm an den Enden. Weitere Möglichkeiten, die Steifigkeit und Festigkeit des Rahmens zu erhöhen und dabei trotzdem Gewicht einzusparen, sind bei den Columbus-SLX-Rohren verwirklicht, bei denen Unter- und Sitzrohr im Innern an den Verbindungen mit dem Tretlager durch fünf Verstärkungsrippen stabilisiert sind. Leichte Rahmen aus hochwertigen Rohren federn Dauerbelastungen und extreme Kräfte bei Stürzen besser ab. Um solche Rahmen bleibend zu verformen, sind wesentlich höhere Kräfte aufzubringen als beim anscheinend stabileren massiven Rahmen geringerer Qualität.

Das Gewicht eines Rahmens ergibt sich aus seiner Größe und dem Material, aus dem er besteht. Im allgemeinen wiegt ein Rahmen aus der üblichen Chrom-Molybdän-Legierung bei einer Rahmenhöhe von z. B. 58 cm etwa 2500 g, einer aus Aluminium oder Titan etwa 2100 bis 2200 g, ein solcher aus Carbon-Kohlenstoff 1600 bis 1800 g.

Die Bedeutung der Steifigkeit und Festigkeit des Rahmens wächst mit seiner Größe. Größere Radsportler müssen daher einen etwas steiferen und schwereren Rahmen wählen, damit bei großem Krafteinsatz und bei Bergabfahrten der Rahmen nicht zu schwingen und zu flattern beginnt.

Die Rahmen-Geometrie bestimmt Fahreigenschaften und auch Steifigkeit eines Rahmens. Je kürzer der Rahmen und je steiler der Steuerrohrwinkel, desto steifer wird der Rahmen, aber auch desto wendiger. Wegen eines steilen Steuerrohrwinkels von 73° oder 74°, wobei das Steuerrohr fast parallel zum Sattelrohr verläuft – bekommen Fahrer mit langen Oberschenkeln manchmal Probleme, da sie den Sattel nicht weit genug zurückstellen können. Nach neueren Erfahrungen soll ein Steuerrohrwinkel von 72,5° zusammen mit einem Gabelnachlauf von 40 mm bessere Fahreigenschaften für ein Straßenrennrad ergeben, besonders beim Bergabfahren, als der übliche Rahmen mit einem Steuerrohrwinkel von 74° und einem Gabelnachlauf von 50–60 mm. Ein langer Rahmen zusammen mit einem Steuerrohrwinkel von etwa 70° und einem Radstand von über 100 cm federt Unebenheiten der Straße noch besser aus. Er ist geeignet für Langstreckenfahrten und vor allem bei Querfeldeinfahrern und Tourenfahrern beliebt.

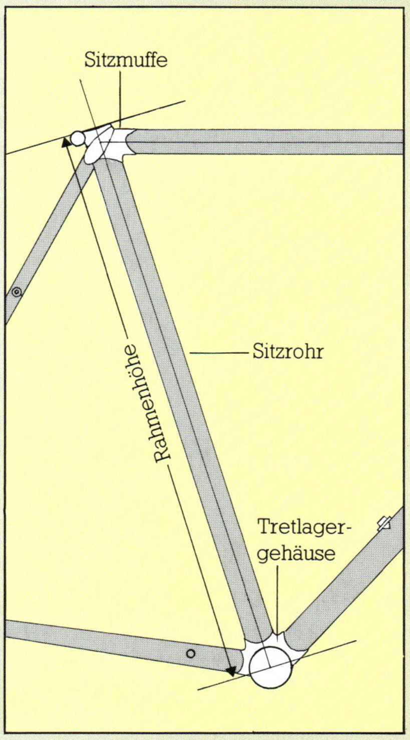

Rahmenhöhe: Messung entlang des Sitzrohres, Abstand zwischen Mitte des Tretlagers und oberem Rand der Sitzmuffe (gelegentlich Mitte Oberrohr).

Ausrüstung

Der maßgeschneiderte Rahmen

Das individuelle Fahrrad sollte zu den eigenen Körpermaßen passen, denn nur so ist eine optimale Entfaltung der Kräfte möglich. Es gibt kaum zwei Menschen, die einander vollkommen gleichen. Auch bei gleicher Körpergröße sind oft die individuellen Körpermaße unterschiedlich: Der eine hat längere Beine, der andere einen längeren Rumpf. Bei gleich langen Beinen hat manchmal der eine längere Unter- der andere längere Oberschenkel. Auch die Länge der Arme ist von Mensch zu Mensch verschieden. Daher muß das Fahrrad für jeden Menschen individuell gestaltet werden. Folgende Bedingungen sollten erfüllt sein:

- Der Fahrer muß eine bequeme Sitzposition einnehmen können, in der er seine Kraft möglichst direkt und ohne Verlust auf Pedale und Straße übertragen kann.
- Brustkorb und Zwerchfell müssen frei arbeiten können.
- Der sportliche Fahrer soll auf seinem Fahrrad eine mehr oder minder tiefe aerodynamische Haltung einnehmen können, ohne daß er bei der Atmung oder im Bewegungsablauf behindert ist.

Falsche Maße eines Fahrrades, die nicht zu den eigenen Körpermaßen passen, können die optimale Leistungsentfaltung behindern, aber auch zu körperlichen Beschwerden wie Rückenschmerzen, Muskelverkrampfungen, Sitzbeschwerden, Gelenkschmerzen und Sehnenreizungen führen.

Jeder Rahmenbauer hat sein eigenes Rezept, die perfekten Rahmenmaße zu bestimmen – und hütet diese Formelsammlung wie ein Geheimnis. Die wichtigsten Punkte für den individuellen Bau eines Rahmens sind im folgenden kurz zusammengefaßt:

Man kann die Rahmenhöhe einfach durch die Körpergröße bestimmen. Dafür gibt es Tabellen. Im Zweifelsfall entscheidet man sich wegen der höheren Festigkeit eher für den kleineren Rahmen – und nimmt lieber einen längeren Vorbau. Für Kinder und Jugendliche wählt man dagegen den nächstgrößeren Rahmen, damit sie ihrem Fahrrad nicht so schnell entwachsen.

Man bestimmt die Schrittlänge mit Rennhose und barfuß. Von mehreren Werten nimmt man den Mittelwert und multipliziert diesen mit dem Faktor 0,66. Auch so kommt man recht genau zur richtigen Rahmenhöhe. Man kann auch beide Methoden miteinander kombinieren.

Je länger die Oberschenkel des Fahrers sind, desto kleiner sollte der Sitzrohrwinkel sein, mehr gegen 71° statt der üblichen 75°.

Der Steuerrohrwinkel liegt meist bei etwa 73° oder 74°. Bei häufigen Bergabfahrten tendiert man mehr zu 72,5° zusammen mit einem Gabelnachlauf von 40 mm. Für Langzeitfahrten bevorzugen manche sogar einen Steuerrohrwinkel von 70°.

Nach Festlegung der Rahmengröße und -geometrie bestimmt man die Länge des Vorbaues (siehe S. 26, 65).

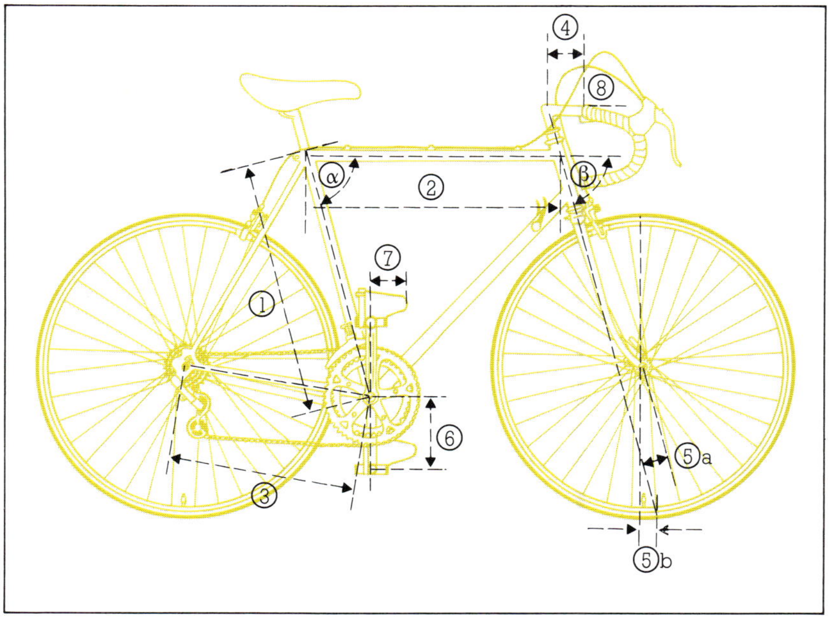

Maßkarte
1 Rahmenhöhe, 2 Rahmenlänge (Oberrohrlänge), 3 Hinterbaulänge, 4 Vorbaulänge, 5a Gabelbiegung, 5b Gabel-Nachlauf, 6 Tretkurbellänge, 7 Pedalhakenlänge, 8 Lenkerbreite, α Sitzrohrwinkel, β Steuerrohrwinkel.

Bestimmung der Schrittlänge (barfuß).

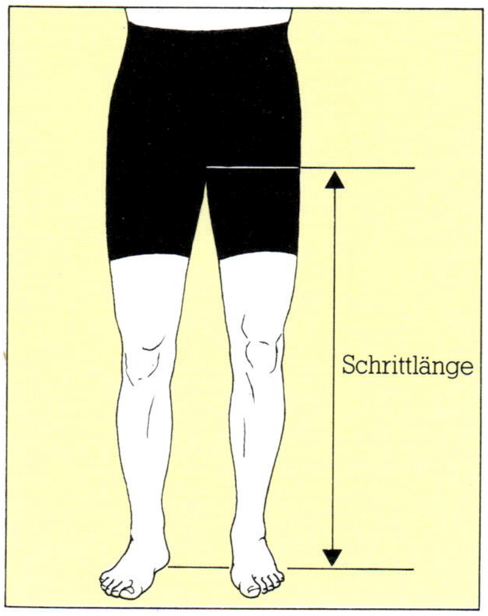

Zusammenhang zwischen Rahmenhöhe und Körpergröße

Körpergröße (cm)	*Rahmenhöhe (cm)*
160–165	51–53
165–170	53–55
170–175	55–57
175–182	57–59
182–187	59–61
187–192	61–63

Die durch genaue Messungen und mühsame Kleinarbeit erhaltenen Maße seines individuellen Fahrrades trägt man am besten sogleich in eine Maßkarte ein, um sich im Falle eines Verlustes (Diebstahl, Unfälle) sofort wieder ein Fahrrad zusammenstellen zu können, das mit den eigenen Körpermaßen harmoniert.

Lenkungssystem

Lenker mit Vorbau

Lenker mit Vorbau, den es meist nur bei sportlichen Fahrrädern gibt, bilden eine Einheit. Es gibt verschiedene Lenkerformen, angefangen vom normalen Touren-Lenker über den hochgezogenen »Gesundheitslenker« bis zum flachen sportlichen Lenker. Auffallend ist der breite Lenker beim Mountain-Bike, der der besseren Beherrschung des Fahrrades im Gelände dient. Der größere Hebelarm verbessert den Krafteinsatz. Je mehr das Fahrrad als Sportgerät benutzt wird, desto eher ist es sinnvoll, den sog. Rennlenker zu verwenden. Der Lenkerbügel des Rennlenkers bietet viele Vorteile, schon allein wegen der verschiedenen Griffmöglichkeiten. Insbesondere zwei Varianten haben sich beim Rennlenker durchgesetzt. Da ist einmal der Typ »Gimondi« mit weichen Übergängen zu den Lenkerbögen, wobei der Platz an der Querstange etwas schmaler ist als beim zweiten Typ, dem Typ »Merckx«. Er wird auch als »gerader Lenker« bezeichnet, weil die Querstange bis zum Übergang in die Lenkerbögen länger gerade verläuft. Dadurch ist mehr Platz für die obere Lenkergriffhaltung, die normale Tourenhaltung. Man kann es auch so sagen: Der Rennlenker Typ »Gimondi« ist mehr etwas für jene, die lieber in der Unterlenkerhaltung fahren, und der Typ »Merckx« mehr für die Fahrer, die die obere Lenkergriffhaltung bevorzugen.

Oben: Runde geschwungene Lenkerform mit kürzerem, geraden Anteil in der Mitte (Typ »Gimondi«).
Unten: »Gerader Lenker«, mit breiterem geraden Anteil in der Mitte (Typ »Merckx«).

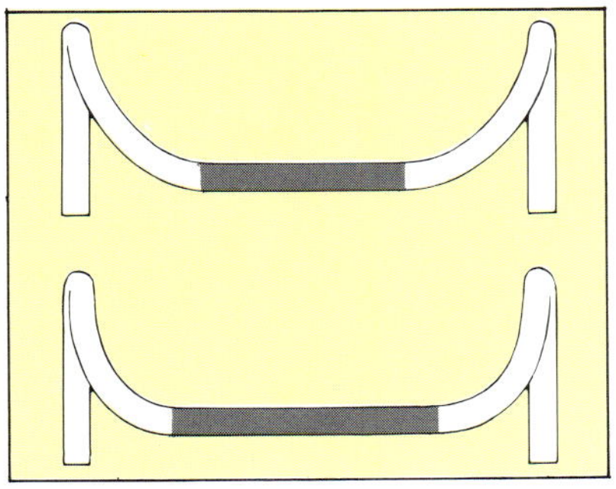

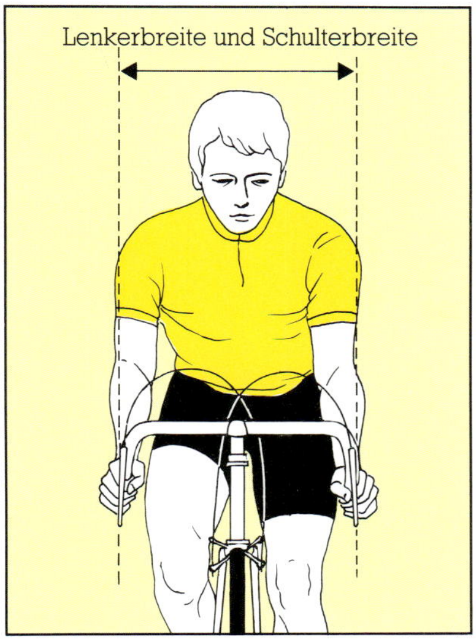

Lenkerbreite: Sie soll etwa der Schulterbreite entsprechen.

Zusammenhang zwischen Rahmenhöhe, Lenkerbreite und Fahrertyp

Fahrertyp	*Rahmenhöhe (cm)*	*Lenkerbreite (cm)*
Buben, Schüler	bis 51	36–38
kleine Fahrer	51–55	38–39
Normalgröße	56–58	39–40
sehr große Fahrer	59 und größer	40–43

Die Lenkerbügelrohre bestehen meistens aus Dur-Aluminium mit einer Wandstärke von etwa 1 mm und einem äußeren Durchmesser von 23 bis 25 mm. Das Gewicht eines Lenkerbügels liegt bei ca. 350 g, das von superleichten Modellen bei ca. 250 g.

Die Lenkerbreite wird normalerweise an den Enden von Rohrmitte zu Rohrmitte gemessen. Sie sollte etwa der Schulterbreite entsprechen. Wählt man nämlich den Lenker zu schmal, wird der Brustkorb bei der Atmung behindert – wählt man ihn zu breit, läßt der ungünstige Zugwinkel die Armmuskulatur frühzeitig ermüden. Ein Radsportler mit durchschnittlichem Körperbau wird meistens eine Lenkerbreite von 40 cm benötigen. Untersetzte, breit gebaute oder größere Fahrer müssen einen entsprechend breiteren, kleinere und schmal gebaute Fahrer einen schmaleren Lenker benutzen. Die Enden des Lenkerbügels werden mit Lenkerstopfen verschlossen, um Verletzungen vorzubeugen. Lenkerstopfen sind sogar so wichtig, daß sie im internationalen Radsportreglement vorgeschrieben sind. Die Lenkerbügel werden mit Lenkerband umwikkelt, das den Zweck hat, die Griffigkeit des Lenkers zu verbessern. Das Lenkerband soll weder bei Regen rutschig werden, noch bei Hitze an den Händen kleben. Vor allem Lenkerbänder aus Leinen oder Baumwolle, aber auch aus Kork erfüllen diesen Zweck. Es gibt auch Lederhüllen für die Lenkerbügel, die in Schlauchform über den Lenker gezogen oder mit einem kräftigen Faden vernäht sind. Lederhüllen verlieren jedoch im Regen an Griffigkeit, so daß man dann doch mit Handschuhen fahren muß, wie auch bei Lenkerbändern aus Plastik oder PVC.

Rennlenker mit Lederhüllen und Bremsgriffen.

Ausrüstung

Zusammenhang zwischen Vorbaulänge und Rahmenhöhe

Vorbaulänge (cm)	*Rahmenhöhe (cm)*
8– 9	51–53
9–10	53–55
10–11	55–57
11–12	57–59
12–13	59–60

Das Material des Lenkerbügels, Dur-Aluminium, rostet zwar nicht – aber es oxidiert, vor allem wenn durch den Schweiß Salz auf den Lenker kommt. Daher sollte man den Lenkerbügel beim Wechsel des Lenkerbandes immer auf Korrosionsstellen untersuchen, vor allem an der Bandage der Bremsgriffe.
Der Vorbau besteht ebenfalls aus Dur-Aluminium. Es gibt Vorbaulängen von 6 bis 13 cm. Die Länge des individuellen Vorbaues richtet sich nach den jeweiligen Körpermaßen. Da die Körpermaße im Normalfall bereits in der Rahmenhöhe Ausdruck finden, gibt es Tabellen mit festen Beziehungen zwischen Vorbaulänge und Rahmenhöhe. Besonderheiten des Körperbaues, z. B. sehr kurze oder lange Arme, kurzer oder langer Rumpf, können durch Variation der Vorbaulänge ausgeglichen werden. Ein bewährter Grundsatz heißt: Wähle den Rahmen so kurz wie mögich – und den Vorbau so lang wie möglich! Denn ein kurzer Rahmen ist steifer und fester, ein langer Vorbau wirkt wie eine »Servolenkung«: ein Fahrrad mit längerem Vorbau ist angenehmer und leichter zu lenken.

Lenker mit Vorbau.

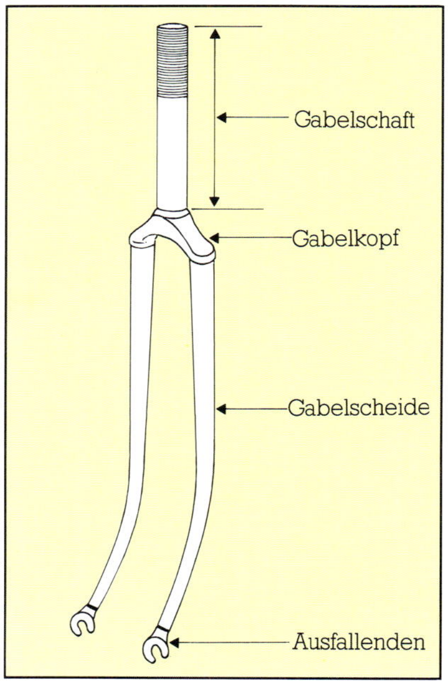

Gabel mit Gabelschaftrohr.

Der Vorbau wird mit einem Spreiz- oder Schrägkeil im Gabelschaft verklemmt. Wird die Inbusschraube am oberen Ende der Vorbauspindel angezogen, wird der Spreiz- oder Schrägkeil (Klemmkonus) in das geschlitzte Rohr des Vorbauschaftes hineingezogen, so daß dieses im Schaftrohr der Gabel fest eingepreßt wird.

Lenkungslager (Steuersatz)

Das Lenkungslager hat die Aufgabe, das Schaftrohr der Gabel im Steuerrohr des Rahmens zu befestigen, wobei gleichzeitig ein leichtes und erschütterungsfreies Lenken möglich sein soll. Wesentliche Bestandteile des Lenkungslagers sind: Obere und untere Kugelschale, oberer und unterer Konus sowie oberes und unteres Kugellager. Das Lenkungslager kann aus Stahl, Dur-Aluminium oder Titan hergestellt werden. Die Kugellager bestehen immer aus Stahl. Die Lebensdauer eines Lenkungslagers hängt einerseits vom Material, andererseits von der richtigen Einstellung ab: Es sollte so eingestellt sein, daß Lenker und Gabel so gut wie kein Spiel aufweisen, sich aber trotzdem leicht drehen lassen. Das sollte man schon beim Kauf eines Fahrrades testen; denn die gute Einstellung eines Lenkungslagers ist ein wichtiges Qualitätsmerkmal. Es kann frühzeitig zu Schäden an den Kugellagern, Lagerschalen und Konusringen kommen, wenn das Lenkungslager zu fest oder zu locker eingestellt ist. Die richtige Einstellung des Lenkungslagers ist daher sehr wichtig. Da sie sowohl Gefühls- wie auch Erfahrungssache ist, sollte sie möglichst von einem Fachmann vorgenommen werden.

Gabel

Die Gabel kann auch zum Rahmen gerechnet werden und ist daher meistens von gleicher Farbe; es gibt allerdings auch verchromte Gabeln. In ihrer Funktion gehört die Gabel jedoch zum Lenkungssystem. Sie besteht aus dem Gabelschaftrohr, dem Gabelkopf, den Gabelscheiden und den Ausfallenden. Das Gabelschaftrohr stellt die höchstbelastete Stelle des Fahrrades dar. Es ist über das

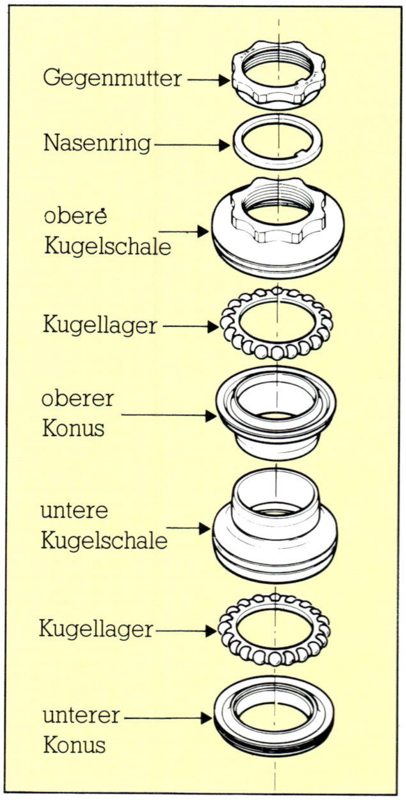

Lenkungslager mit dem Steuerrohr des Rahmens verbunden. Der Gabelkopf muß ganz besonders präzise ausgearbeitet sein, damit er möglichst genau in den unteren Konusring des Lenkungslagers paßt. Andernfalls wird die Lebensdauer des Lenkungslagers verkürzt. Bei konstanter Wandstärke sind die Gabelscheiden oben oval (ca. 28 mm, 19 mm), verjüngen sich nach unten und sind dann kreisförmig (Durchmesser ca. 12 mm) und gehen dann in die Ausfallenden über. Die Gabel verläuft einmal schräg entsprechend dem Steuerwinkel des Steuerrohres im Rahmen und ist zusätzlich in sich nach vorne gebogen. Diese beiden Faktoren beeinflussen ganz entscheidend das Fahr- und Lenkverhalten eines Fahrrades. Wegen der schlechten Straßenverhältnisse hatten früher die Gabeln eine Durchbiegung von bis zu 8 cm oder mehr. Heute sind die Federungseigenschaften bei den verbliebenen 3 bis 4 cm Durchbiegung geringer, aber wegen der besseren Straßen in jedem Fall ausreichend. Die geringere Durchbiegung vermittelt bessere Lenkungseigenschaften sowie weniger Unruhe bei höheren Geschwindigkeiten und beim Bremsen.
Ein weiterer Faktor ist der sog. Nachlauf einer Gabel. Das ist der Abstand zwischen der Verlängerung des Steuerwinkels bis zum Boden und der Senkrechten vom Ausfallende, ebenfalls bis zum Boden verlängert. Bei modernen Rennrädern beträgt ein optimaler Gabel-Nachlauf etwa 50 bis 60 mm bei einem Steuerrohrwinkel um 74°. Wie technisch durchdacht die Konstruktion eines Fahrrades ist, sieht man jetzt auch wieder bei der Gabelkonstruktion darin, daß manche Spezialisten einen geringeren Gabelnachlauf von 40 mm bei einem flacheren Steuerrohrwinkel von 72,5° als günstiger erachten (z. B. W. Hügi, Schweiz), besonders wenn das Rennrad überwiegend in bergigem Gelände bei Bergabfahrten mit hoher Geschwindigkeit eingesetzt wird.

Gabelkopf mit Gabel und Felgenbremse.

Antriebssystem

Die Kraft wird beim Radfahren von den Fußballen über die Schuhe auf die Pedale und Pedalachsen übertragen. Von hier wirkt die Kraft weiter über die Tretkurbeln auf das Tretlager. Dieses gibt die Kraft über die Kettenräder auf den Zahnkranz des Hinterrades durch die Kette weiter. Der Weg der Kraft setzt sich fort über Nabe, Speichen, Felgen und Reifen des Hinterrades und sorgt schließlich durch Übertragung auf den Bodenbelag der Straße für die Vorwärtsbewegung des Fahrrades. Da es vielfältige Möglichkeiten für Kraftverluste auf diesem Weg gibt, ist die Qualität des gesamten Antriebssystems von großer Bedeutung für Spaß, Freude und Leistung beim Radfahren.

Pedale

Es gibt sie schon seit über 120 Jahren – wirkliche Neuentwicklungen sind aber erst in der letzten Zeit zu beobachten. Im rauhen Fahrrad-Alltag achtet man zu wenig auf diese an sich sehr wichtigen Teile. Sie werden meist regelrecht vernachlässigt. So haben fast 60% aller Pedale bei Tourenrädern ein zu großes Spiel, wakkeln und sind durch Sand, Rost und Wasser in ihrer Funktion beeinträchtigt.
Die Pedalachse ist meist aus einer Stahllegierung und verläuft kegelförmig. Bei modernen Pedalen von Rennrädern ist der innere Konus direkt auf die Achse, die teilweise aus Titan besteht, aufgeschliffen. Dadurch wird Gewicht gespart, und der Rollradius rückt weiter nach innen. Der zweite Konus ist am Achsenende aufgeschraubt. Bei sportlichen Rennpedalen nimmt die Achse nicht mehr die ganze Breite des Pedales ein, um einen größeren Neigungswinkel in der Kurve zu ermöglichen. Weiterhin sind moderne Pedale gegen Wasser, Sand und Schmutz abgedichtet. Bei den Pedalen selbst gibt es sehr verschiedene Formen, abgestimmt auf die unterschiedlichen Radtypen – vom Tourenrad über das Mountain-Bike bis zum Rennrad. Bei Pedalen für das Rennrad ist eine besonders feste Verbindung zu den Füßen notwendig.

Kettenblätter, Tretkurbel und Pedal eines Rennsportrades.

Pedalhaken

Ihr Zweck liegt darin, zu verhindern, daß der Fuß nach vorne abgleiten kann, und gestattet ihm gleichzeitig, das Pedal aktiv nach oben zu ziehen und so eine runde Tretbewegung zu erzeugen. Die Länge des Pedalhakens richtet sich nach der Schuhgröße. Bei richtiger Fußstellung soll zwischen der Schuhspitze und dem vordersten Punkt des Pedalhakens noch ein Spielraum von ca. 1 bis 2 mm vorhanden sein (siehe auch S. 68). Da-

Zusammenhang zwischen Schuhgröße und Pedalhakenlänge

Schuh-größe	*Pedal-haken-typ*	*Pedal-hakentiefe (cm)*
37 38 39	kurze Rennhaken	7,5
40 41 42	mittlere Rennhaken	8,5
43 44 45 46	größere Rennhaken	9,5

bei sollte das Großzehengrundgelenk genau über der Pedalachse stehen. Zur Feinabstimmung kann man zwischen Rennhaken und Pedal Beilagscheiben montieren. Zudem kann man den Pedalhaken vorne mit etwas Lenkerband umwickeln, damit der Radschuh besser sitzt und vor Beschädigungen bewahrt bleibt.

Pedalriemen

Pedal, Pedalhaken und Pedalriemen bilden mit dem Schuh eine mehr oder minder feste Einheit. Der Pedalriemen ist durchschnittlich 38 cm lang und 1 cm breit. Er ist mit einem gezahnten Sicherheitsklemmverschluß versehen. Er soll außen dicht oberhalb des Pedales liegen, damit er nicht auf den äußeren Fußrand drückt. Der Verschluß muß so funktionieren, daß sich ein angezogener Riemen nicht von selbst lösen kann.

Rennpedal mit Pedalhaken und Riemen.

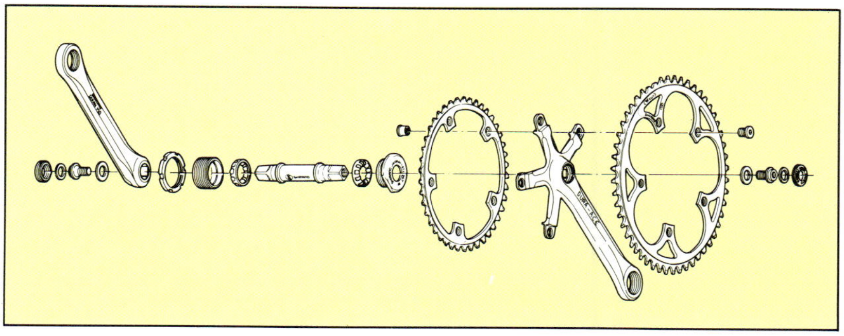

Tretlager mit Tretkurbeln und Kettenblättern.

Andererseits soll er sich durch einen einfachen Handgriff öffnen lassen. Je nachdem, wie fest man den Pedalriemen anzieht, kann man die Festigkeit der Schuh-Pedalverbindung variieren. Das reicht vom lockeren Schlupf für den Stadtverkehr bis zum bombenfesten Sitz für Bergauffahrten oder Sprints.

Neue Pedalsysteme

Da das klassische System mit Pedalhaken und Pedalriemen tadellos funktioniert, gab es bis in jüngster Zeit keinen Anlaß, hier etwas zu ändern. Neuere Tendenzen gehen jedoch dahin, nach dem Prinzip einer Ski-Sicherheitsbindung eine feste Verbindung zwischen Radschuh und Pedal herzustellen (z. B. Look-System). Pedalhaken und Pedalriemen werden dadurch überflüssig. Mit einem leichten Druck des Schuhes auf das Pedal schnappt der hintere Verriegelungsmechanismus zu, während eine leichte Drehung des Fußes nach außen den Schuh sofort wieder freigibt. Als Reaktion auf diese Neuerung sehen bereits die meisten Radschuhhersteller an der Sohle Bohrungen für spezielle Fußplatten vor, die bei solchen Pedalen Voraussetzung sind.
Tourenpedale sind mit Rückstrahlern versehen, Rennpedale normalerweise nicht. Um den Verkehrsvorschriften zu genügen, können bei diesen auch nachträglich Rückstrahler montiert werden.

Tretlager

Auf die Pedale wirken beim Radfahren sehr große Kräfte ein: mindestens das eigene Körpergewicht, im Sprint sogar Kräfte in der Größenordnung von 200 bis 350 kg! Durch die Hebelwirkung der Tretkurbeln sind die auf das Tretlager treffenden Kräfte noch größer. Bei Tourenrädern besteht das Tretlager meistens aus Stahl, bei Sport- und Rennrädern wegen der Gewichtsersparnis aus Dur-Aluminium oder Titan. Das Tretlager wird im Tretlagergehäuse des Rahmens durch zwei Tretlagerschalen mit Kugelringen befestigt. Tretlager, Tretkurbeln und Kettenblätter bilden eine Einheit. Sie sollten daher zusammenpassen und vom gleichen Fabrikat sein. Sehr wesentlich ist die sorgfältige Abdichtung gegen eindringendes Spritzwasser. Das ist bei hochwertigen Renn-Tretlagern so gut wie immer der Fall. Die Einstellung des Tretlagers sollte so erfolgen, daß kein seitliches Spiel der Tretkurbeln möglich ist.

Rennpedal mit Verriegelungsmechanismus für den Radschuh (Look-System).

Tretkurbeln

Die Tretkurbeln werden beidseits an der Tretlagerachse – in der Technik Tretlagerwelle genannt – befestigt. Die rechte Tretkurbel hat fünf Arme, an denen sie die Kettenblätter aufnehmen kann. Die Länge der Tretkurbeln wird von der Mitte der Tretlagerachse bis zur Mitte der Pedalachse gemessen. Wenn man an die Hebelgesetze denkt, möchte man glauben, beim Treten umso weniger Krafteinsatz zu benötigen, je länger die Tretkurbeln sind. Das ist auch richtig – doch mit zunehmender Tretkurbellänge nimmt auch der bei jeder Pedalumdrehung zurückzulegende Weg zu. Aufgrund eindeutiger Erfahrungen ganzer Radsportgenerationen gibt es bei der Auswahl der Tretkurbellänge jeweils einen optimalen Kompromiß zwischen der Hebelwirkung, der eingesetzten Kraft, der Länge des pro Pedalumdrehung zurückgelegten Weges und den biomechanischen Hebelverhältnissen des eigenen Körpers, wobei es besonders auf die Länge der Oberschenkel ankommt. Die in der überwiegenden Mehrzahl übliche Tretkurbellänge liegt bei 170 mm. Nur sehr große Radsportler, die eine Rahmenhöhe von 60 bis 61 cm oder mehr benötigen, werden Kurbeln von 172,5 mm oder von 175 mm Länge verwenden. Mit zunehmender Kurbellänge wird es schwerer, eine hohe Tretfrequenz zu erzielen. Das ist aber bei Rennen, in denen das Tempo häufig und schnell wechselt, unbedingt notwendig. Nur beim Zeitfahren, bei dem das Tempo gleichmäßig hoch, der Krafteinsatz groß und die Pedalumdrehungszahl pro Minute niedriger ist, bevorzugt man zuweilen die längeren Kurbeln (172,5 oder 175 mm). Man sieht auch an der Tretkurbellänge, welch große Auswirkungen wenige Millimeter auf die Biomechanik und den Bewegungsablauf beim Radfahren haben können.

Aerodynamisch geformte Tretkurbeln und Kettenblätter.

Asymmetrische »ovale« Kettenblätter zur besseren Überwindung des »toten Punktes«.

Kettenräder (Kettenblätter)

An den fünf Armen der rechten Tretkurbel kann ein einziges Kettenblatt befestigt sein, was für ein Alltagsfahrrad durchaus genügt. Je sportlicher und vielseitiger die Schaltungsmöglichkeiten werden sollen, desto eher wird man zwei Kettenblätter benutzen, ein großes außen (z. B. 52 oder 53 Zähne) und ein kleines (meistens 42 Zähne) innen. Für Spezialeinsätze wie beim Mountain-Bike gibt es sogar drei Kettenblätter. Die Kettenblätter sind beim Tourenrad aus Stahl, beim Rennrad aus Dur-Aluminium. Bei Touren- und Sporträdern sorgt ein Kettenschutz dafür, daß das flatternde Hosenbein der Straßenkleidung nicht zwischen Kette und Kettenrad verklemmt oder von der Kette beschmutzt werden kann. Bei Rennrädern ist ein Kettenschutz nicht notwendig, da ihn enge Kleidung überflüssig macht. Eine nützliche Kleinigkeit für Fahrräder, die ein doppeltes oder dreifaches Kettenblatt haben, ist die Kettenfangschraube, die einem viel Ärger ersparen kann. Sie verhindert nämlich, daß beim Schalten die Kette zwischen das große Kettenblatt und die Tretkurbel fallen kann – denn dort kann man sie meist nur mit großen Schwierigkeiten wieder herausholen. Sie kann auch nachträglich gegenüber der Tretkurbel am großen Kettenblatt montiert werden.

Dreifach-Kettenblätter für Übersetzungen unter extremen Bedingungen.

Dem traditionellen runden Kettenblatt wird neuerdings ein asymmetrisches »ovales« Kettenblatt gegenübergestellt. Folgende Überlegung liegt dabei zugrunde: Die optimale Kraftrichtung beim Tretvorgang verläuft immer senkrecht zur Tretkurbel. Am oberen und unteren toten Punkt der Pedalumdrehung ist die Möglichkeit dieser idealen Krafteinwirkung am geringsten. Es scheint daher zweckmäßig, an dieser Stelle den Radius des Kettenblattes zu vergrößern, um hier einen größeren Hebelarm zur Verfügung zu haben. Andererseits ist die Krafteinwirkung in Horizontalposition der Tretkurbeln am größten, so daß hier der Hebelarm kleiner sein kann. Durch Computeranalyse von Tretbewegung und Tretkraft hat man so ein »optimales« Kettenblatt errechnet. Auch die Höhe

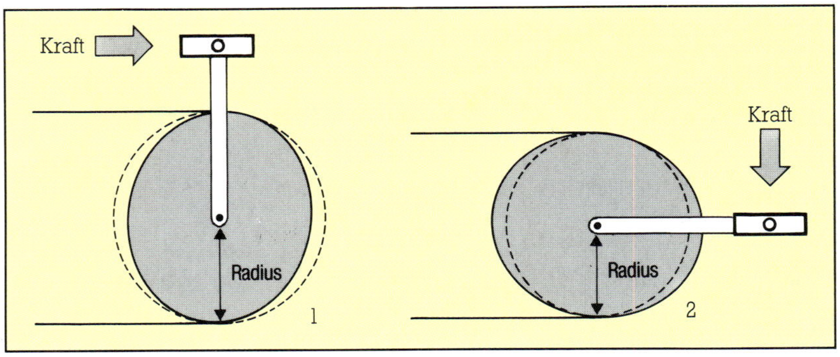

Asymmetrisches (»ovales«) Kettenblatt: 1 größerer Radius am oberen toten Punkt der Pedalumdrehung – und damit größerer Hebelarm. 2 kleinerer Radius in vorderer Horizontalstellung der Tretkurbel – hier bei größerer Krafteinwirkung kleinerer Hebelarm.

der Zähne der Kettenblätter hat man rechnerisch an die Kraftbelastung angepaßt. Eine Verbesserung des Wirkungsgrades bei Radrennfahrern wurde durch sportmedizinische Untersuchungen allerdings nicht belegt. Das hängt damit zusammen, daß Radrennfahrer gewöhnt sind, mit höherer Tretfrequenz zu treten, so daß der obere und untere tote Punkt der Pedalumdrehung mit Schwung überwunden wird. Außerdem erlaubt der ideale »runde Tritt« (siehe S. 70) auch am oberen und unteren toten Punkt durch Anheben und Senken der Fußspitze eine fast senkrechte Krafteinwirkung auf die Tretkurbel, so daß durch ein ovales Kettenblatt bei »Radprofis« hier kein zusätzlicher Nutzen erzielt wird. Anders ist das offenbar beim Triathlon, da hier die Athleten nicht immer ausgesprochene Radsportspezialisten sind und wegen ihrer triathlonspezifischen Muskulatur mit dieser technischen Hilfe bessere Leistungen erzielen. Daher bevorzugen viele Triathlon-Spezialisten das ovale Kettenblatt, da bei geringerer Tretfrequenz die Biomechanik der Beinbewegung verbessert und eine wirksamere Kraftübertragung mit weniger lokaler Muskelermüdung möglich zu sein scheint.
Auch scheint der Wechsel vom Radfahren auf die anschließende Laufdisziplin durch das asymmetrische Kettenblatt erleichtert zu werden.

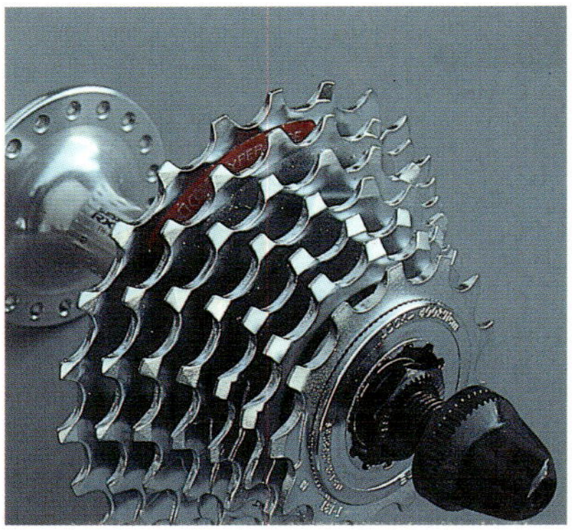

Moderner 7fach-Zahnkranz eines Rennrades mit Hyperglide.

Zahnkranz

Der Zahnkranz besteht aus dem Zahnkranzkörper und den einzelnen Kränzen verschiedener Größe, auch Ritzel genannt. Aus Stabilitätsgründen bestehen sie meistens aus Stahl. Dur-Aluminium oder Titan dienen als Grundstoffe oder Legierungen für leichtere Zahnkranzmodelle, die aber dann auch deutlich teurer sind. Da diese Leicht-Zahnkränze auf geringes Gewicht und nicht auf Langlebigkeit konstruiert sind, ist ihr Verschleiß wesentlich größer – und ihre Lebensdauer kürzer. Die üblichen Freilauf-Kränze werden auf die Nabe aufgeschraubt. Es gibt auch Kassettennaben, bei denen die einzelnen Ritzel auf die Nabe aufgesteckt werden. Nur das kleinste Ritzel wird aufgeschraubt. Ähnlich sind auch die meisten aufschraubbaren Zahnkränze in sich gebaut, wobei die zwei kleinsten Ritzel geschraubt, die anderen gesteckt sind.
Je nach der Zahl der Ritzel kann man Fünffach-, Sechsfach- oder Siebenfach-Zahnkränze unterscheiden. Es ist notwendig, daß zwischen den Speichen und dem größten Ritzel des Zahnkranzes ein Mindestabstand von 4 mm erhalten bleibt, damit die Kette nicht die Speichen berührt. Andernfalls muß man einen Distanzring einfügen, um diesen Abstand zu erhalten. Sechsfach- oder sogar Siebenfach-Zahnkränze können so kompakt gebaut werden, daß sie nur gering breiter sind als die üblichen Fünffach-Zahnkränze. Da bei dieser Kompakt-Bauweise der Abstand zwischen den Ritzeln kleiner werden muß – etwa 5 mm – muß dann auch eine genügend schmale Kette – S-Kette – benutzt werden.
Wegen der größeren Stabilität und der hohen Lebensdauer nimmt man meistens einen Stahl-Zahnkranz, wobei ein Sechsfach-Zahnkranz durchaus genügt (Gewicht ca. 360 bis 380 g).

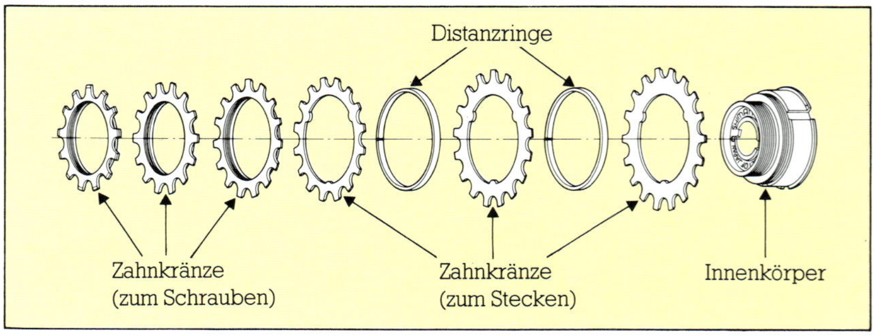

Zahnkranz-Aufbau

Die Auswahl der individuellen Zähnezahl ist eine Wissenschaft für sich, wird aber oft auch etwas übertrieben kompliziert dargestellt. Die Standard-Zahnkranzabstufung für einen Sechsfach-Zahnkranz von 13 bis 21 ist z. B. folgende: 13, 14, 15, 17, 19, 21. Möchte man für sehr bergiges Gelände als »Rettungsanker« ein größeres Ritzel, so könnte dieser Sechsfach-Zahnkranz von 13 bis 24 so aussehen: 13, 14, 15, 17, 20, 24. Bei einem Fünffach-Zahnkranz von 14 bis 24 Zähnen könnte die Abstufung folgendermaßen vorgenommen werden: 14, 16, 18, 21, 24. Wer jedoch plant, Pässe und längere steile Berge zu bezwingen, braucht ein größeres Ritzel als 24 Zähne, nämlich meistens 26 oder gar 28 Zähne. Die maximal möglichen Ritzel für die verschiedenen Zahnkranztypen liegen zwischen 30 und 34 Zähnen. Bei diesen großen Ritzeln ist es notwendig zu prüfen, ob der Schaltarm der eingebauten Schaltung und die Länge der Kette ausreichen.

Wesentlich ist, daß mit zunehmender Zähnezahl die Abstufung nicht linear, sondern exponentiell in größeren Stufen erfolgen muß, damit in diesem Bereich sinnvolle Übersetzungen zur Verfügung stehen (siehe auch S. 87). Prinzipiell können weniger Ritzel in sinnvoller Abstufung eine größere Übersetzungsvielfalt in Kombination mit den vorderen Kettenblättern bieten als Zahnkranzvarianten, die nicht richtig ausgewählt sind.

Die kleinsten Ritzel, den »Dreizehner« oder gar den »Zwölfer«, können nur wirklich austrainierte Radrennfahrer rund treten, z. B. beim Zeitfahren oder bei Bergabfahrten. Für weniger trainierte Radsportler ist es eher nachteilig, mit diesen großen Gängen zu fahren, weil man dadurch den Aufbau einer guten Form verhindert – oder sich seine gute Form verdirbt. Ein runder, lockerer Tritt ist für den Aufbau einer optimalen Ausdauerleistung viel wichtiger. Das Tempo soll durch die hohe Umdrehungszahl und nicht durch übermäßigen Kraftaufwand erreicht werden. Deswegen ist in der Sportordnung des BDR eine Übersetzungsbeschränkung für Schüler und Jugendliche vorgesehen (siehe S. 92). Wenn man ein Rennrad für

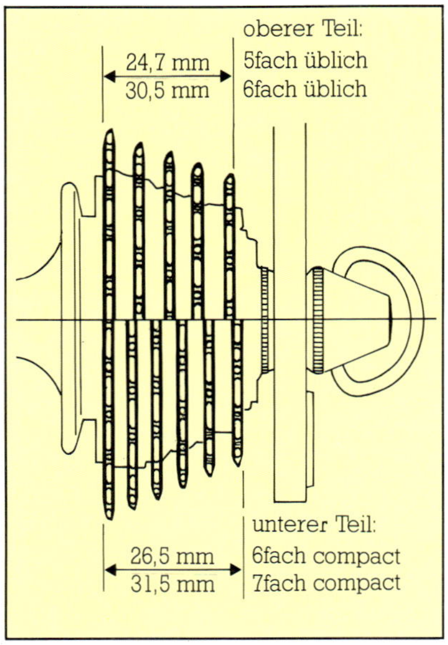

Vergleich zwischen üblichem Zahnkranz und Kompakt-Zahnkranz: 6fach- und 7fach-Kompakt-Zahnkranz (untere Bildhälfte) nur minimal breiter als üblicher 5fach- und 6fach-Zahnkranz (obere Bildhälfte).

einen Schüler oder Jugendlichen kauft, der vielleicht einmal Rennen fahren möchte, sollte man unbedingt darauf achten, daß diese Übersetzungsbegrenzung nicht überschritten wird.

Kette

Die Kette ist bei Tourenrädern ohne Schaltung oder mit Nabenschaltung breiter als bei Sport- oder Rennrädern mit Kettenschaltung. Die Enden der Kette sind beim Tourenrad ohne Kettenschaltung durch ein Kettenschloß miteinander verbunden. Solche Kettenschlösser gibt es bei Kettenschaltungen nicht, da sie an den Schaltungsrädchen oder am Zahnkranz hängenbleiben würden. Die Kette für Kettenschaltungen ist etwa 1,4 m lang, 7,3 bis 7,8 mm breit. Sie besteht durchschnittlich aus 108 Kettengliedern. Jedes Kettenglied setzt sich aus zwei Kettenrollen mit Bolzen (Nieten) zusammen, die außen durch eine Innen- und Außenlasche verbunden sind. Eine Kette wiegt etwa 320 bis 390 g.

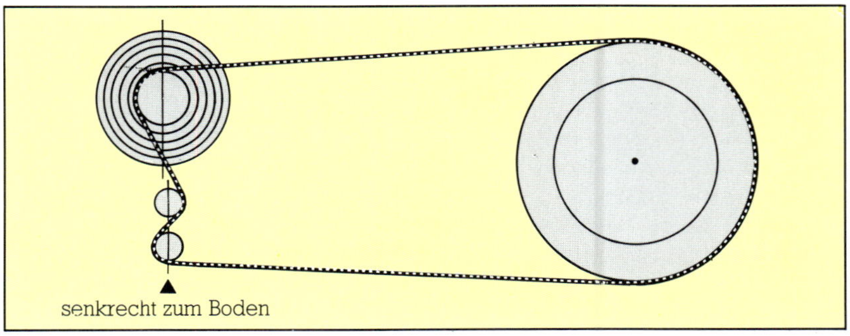

Kettenlänge: Die Kette ist vorne auf dem großen Kettenblatt, hinten auf dem kleinsten Zahnkranz-Ritzel aufgelegt. Die Kettenlänge ist richtig, wenn in dieser Position die Linie durch die beiden Rollenachsen der Schaltung senkrecht zum Boden verläuft.

Es gibt mehrere Methoden, die richtige Kettenlänge zu bestimmen. Legt man die Kette auf das große Kettenblatt vorne und auf einen mittleren Zahnkranz hinten, sollte sie zwar straff, aber nicht zu stark gespannt sein. Wenn man sie vorne auf das kleine Kettenblatt und hinten auf das zweitkleinste Ritzel legt, soll sie nicht zu locker durchhängen. Legt man schließlich die Kette auf das große Kettenblatt vorne und hinten auf das kleinste Ritzel, so soll die Linie durch die beiden Achsen der Kettenspannrädchen der Schaltung und durch die Hinterachse senkrecht zum Boden verlaufen (siehe Abb.).
Der Verschleiß der Kette geht auf die Krafteinwirkung beim Tretvorgang und auf die Reibung zurück. Durch regelmäßiges Ölen und Fetten kann man daher die Lebensdauer einer Kette erhöhen. Je stärker die Kette beansprucht wird, desto kürzer ist ihre Lebensdauer. Durch die Krafteinwirkung wird sie nämlich im Laufe der Zeit länger, da die Außenlaschen gedehnt werden. Dadurch vergrößert sich der Abstand zwischen den Ketten-Rollen, so daß diese nicht mehr richtig in die Mulden des Zahnkranzes passen. Die Zähne des Zahnkranzes und auch der Kettenblätter werden dadurch abgenutzt. Schließlich knackt und springt die Kette. So lange sollte man aber nicht warten, da man dann mit einer neuen Kette auch einen neuen Zahnkranz braucht, weil die abgenutzten Zähne nicht mehr zu der neuen Kette passen. Rechtzeitiger Kettenwechsel ist daher billiger, als wenn man wartet, bis man Kette und Zahnkranz gleichzeitig erneuern muß. Eine abgenutzte, »gelängte« Kette ist durch den Abhebetest zu erkennen: Man legt die Kette auf das große Kettenblatt und versucht, sie mit zwei Fingern von den Zähnen wegzuziehen. Kann man sie soweit vom Kettenblatt abheben, daß die Zähne sichtbar werden (etwa 2 bis 3 mm), ist es Zeit, die Kette zu wechseln. Je nach Beanspruchung wird das etwa nach 1000 bis 3000 km der Fall sein.
Eine schräg verlaufende Kette läuft auch schräg über die Zähne der Kettenblätter und des Zahnkranzes. Die dadurch entstehende Reibung bedeutet Energieverlust. Die ideale

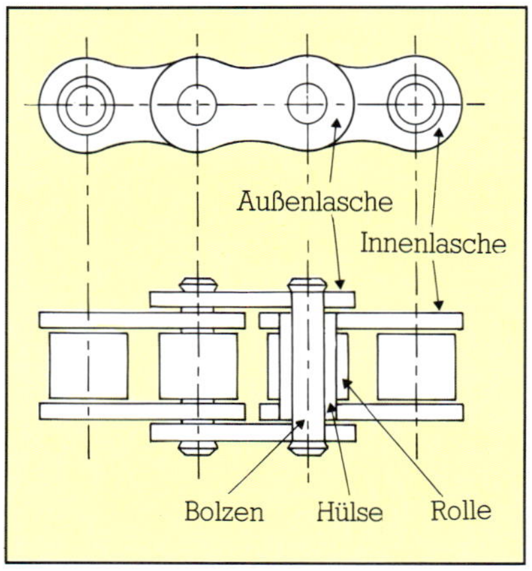

Fahrradketten sind sog. Rollenketten: Bolzen verbinden Innen- und Außenlaschen, Hülsen ermöglichen reibungsarme Bewegung bei nur geringem Verschleiß der Kette.

Kettenlinie verläuft theoretisch parallel zur Rahmenmitte durch die Mitte zwischen den vorderen Kettenblättern und die Mitte des Zahnkranzes. Wenn man glaubt, daß diese Ideallinie beim eigenen Fahrrad nicht stimmt, kann man sie mit einer Schnur bestimmen. Bei einem Sechsfach-Zahnkranz verläuft sie zwischen dem 3. und 4. Ritzel. Abweichungen sind zu korrigieren, indem zwischen Zahnkranz und Nabe ein Distanzring eingelegt wird. Wichtiger ist jedoch der Kettenverlauf während der Fahrt. Man sagt zwar, man habe eine »Zehngang-« oder »Zwölfgang-Schaltung«, wenn man vorne zwei Kettenblätter und hinten einen Fünffach- oder Sechsfach-Zahnkranz hat. Dies ist aber nur theoretisch der Fall, da üblicherweise z. B. bei einem Sechsfach-Zahnkranz mit dem großen Kettenblatt jeweils nur die vier äußeren Ritzel und mit dem kleinen Kettenblatt nur die vier inneren Ritzel benutzt werden. Ansonsten würde der Kettenverlauf so schräg, daß durch seitliche Reibung der Kettenglieder an den Zähnen Leistung verloren ginge. Durch die neueren Zahnkränze und Schaltungen ist dieser Reibungsverlust nicht mehr so groß – aber er ist vorhanden.

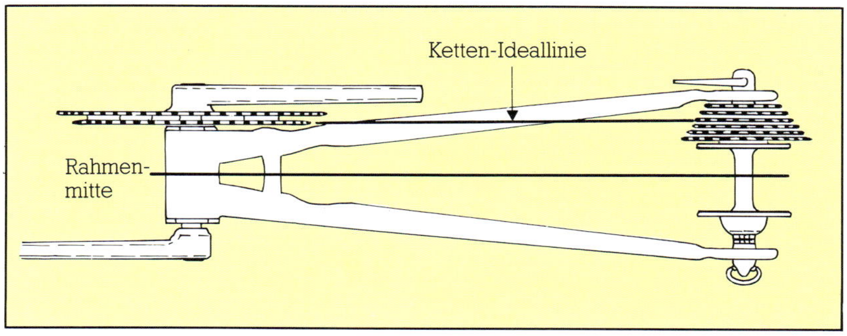

Ketten-Ideallinie: Sie verläuft im Idealfall parallel zur Rahmenmitte.

Schaltung

Man braucht die Schaltung, um die körperliche Leistungsfähigkeit durch verschiedene Übersetzungsmöglichkeiten an das Gelände anpassen zu können. Schon beim gewöhnlichen Alltags-Fahrrad ist es eine Erleichterung, verschiedene Übersetzungsmöglichkeiten zu haben. Meistens genügen drei oder fünf Gänge. Wer Schwierigkeiten hat, sich von der gewohnten Rücktrittbremse auf Felgenbremsen umzustellen, sollte sich beim gewöhnlichen Alltagsfahrrad für eine Nabenschaltung entscheiden. Bei der Nabenschaltung sind die Schaltungsmöglichkeiten in eine Nabe größeren Durchmessers eingebaut.
Für das sportliche Radfahren sind jedoch Kettenschaltungen vielseitiger. Das hintere Schaltwerk, die eigentliche »Schaltung«, führt die Kette über einen beweglichen Schaltarm von einem Ritzel des Zahnkranzes zum anderen. Eine gute Schaltung muß immer einwandfrei funktionieren. Daher sollte man hier besonders auf Qualität achten. Das Schaltwerk besteht meistens aus Aluminium-Legierungen, in besonderen Fällen aus Titan. Der Gewichtsunterschied verschiedener Schaltwerke ist gering: Er schwankt je nach Ausführung zwischen 180 und 220 g. Die Kette läuft am beweglichen Schaltarm über zwei Rädchen und wird so in optimaler Spannung gehalten. Das obere Rädchen ist das Kettenführungsrädchen, das untere ist das Kettenspannrädchen. Das Kettenführungsrädchen muß eine präzise Kettenführung gewährleisten, deshalb darf es möglichst kein seitliches Spiel aufweisen. Man empfiehlt, das Kettenführungsrädchen alle 4000 km zu warten. Denn dann hat dieses Rädchen immerhin etwa 2,5 Mio. Umdrehungen gemacht! Man öffnet den Schaltkäfig und fettet Abdeckscheiben und Gleitrollen gut ein. Wenn das seitliche Spiel dieses Rädchens 2 mm übersteigt, sollte man es auswechseln, damit die Schaltung weiterhin exakt funktioniert. Im Gegensatz zum Kettenführungsrädchen soll das Kettenspannrädchen sogar genügend seitliches Spiel haben, damit es sich nach der Kette ausrichten kann. Mit zwei Schrauben kann das Schaltwerk genau auf das kleinste und größte Ritzel justiert werden.
Sportliche Tourenräder, Sporträder und Rennräder haben vorne zwei Kettenblätter, um die Variationsmöglichkeiten der Schaltung zu erhöhen. Der Wechsel von einem Kettenblatt auf das andere erfolgt durch die Kettenradschaltung, auch Umwerfer oder Überwerfer genannt. Dieser Umwerfer kann bis zu zwölf Zähnen

Günstige und ungünstige Kettenlinien beim Schalten.

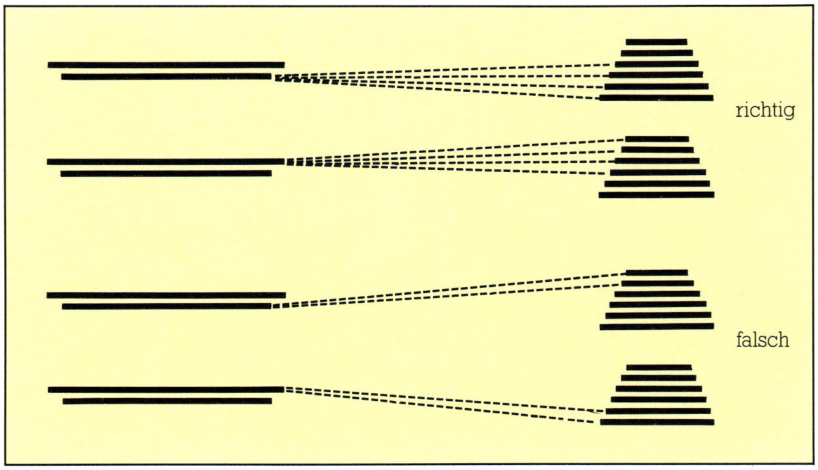

Ausrüstung

Kettenradschaltung, auch Umwerfer oder Überwerfer genannt.

Schalthebel seitlich am Schrägrohr montiert.

Modernes aerodynamisch geformtes Schaltwerk.

Unterschied bei den Kettenblättern noch einwandfrei überbrücken. Die übliche Kettenblattabstufung von 52/42 oder 53/42 liegt gut innerhalb dieses Bereiches.
Weitere Bestandteile der Schaltung sind die Schaltkabel und die Schalthebel. Bei Touren- und Sporträdern werden die Schalthebel meistens am Lenker befestigt, bei Rennrädern jedoch seitlich am Unterrohr des Rahmens. Es gibt auch die Möglichkeit, die Schalthebel anstelle der Lenkerstopfen an den Lenkerbügelenden zu montieren. Besonders Querfeldeinfahrer bevorzugen diese Lenkerschaltung, aber auch Sprinter bei Straßenrennen, weil sie mit dieser Schaltung noch im Spurt schalten können, ohne die Hand vom Lenker nehmen zu müssen.
Schalten ist bei Kettenschaltungen in gewisser Weise Gefühlssache: Der Tritt muß locker sein, der Druck auf die Pedale muß vermindert werden, die Schalthebel müssen nach Gehör und Gefühl soweit bewegt werden, bis der gewünschte Gang einwandfrei eingelegt ist. Danach sind meist noch kleine Feinkorrekturen notwendig, die erfahrene Radsportler unbewußt durchführen. Für weniger geübte Radsportler, auch für Triathleten, bedeutet diese Nachkorrektur oftmals eine gewisse Ablenkung der Aufmerksamkeit und einen gewissen Tempoverlust. Daher wurden auch bei Kettenschaltungen Rasterschaltungen (Positionierungs-) entwickelt, die eine Feinkorrektur nach dem Schaltvorgang unnötig machen. Voraussetzung für das einwandfreie Funktionieren solcher Schaltungen ist, daß das Kettenführungsrädchen im Schaltwerk praktisch spielfrei konstruiert werden konnte, damit die Kette bei der eingerasteten Schaltmöglichkeit keinen Millimeter ausweichen kann. Positionierungsschaltungen gibt es inzwischen von verschiedenen Herstellerfirmen in genügender Auswahl.

Laufräder

Darunter versteht man die kompletten Räder, die aus der Felge, den Speichen, der Nabe und dem Reifen bestehen. Ein Laufrad soll leicht und rund laufen. Es darf weder nach der Seite noch nach der Höhe abweichen, also weder einen Seiten- noch einen Höhenschlag aufweisen. Alle Speichen sollen gleichmäßig angezogen sein – eine Kunst, die durchaus nicht jeder beherrscht. Ansonsten würden beim Fahren einzelne Speichen, die zu stark gespannt sind, überlastet werden, so daß sie eher reißen können. Bei neuen, frisch eingespeichten oder neu zentrierten Laufrädern müssen sich die Nippel zunächst »setzen« können. Dazu ist eine Strecke von etwa 100 km erforderlich. Danach sollten die Speichen nachgespannt und nachzentriert werden. Daher sollten für Radrennen keine ganz neuen Laufräder benutzt werden.
Meistens haben die Laufräder 36 Speichen. Nur in Ausnahmefällen, z. B. beim Zeitfahren, verwendet man 32- oder 28-Loch-Felgen – aber nicht um Gewicht einzusparen, sondern wegen der geringeren Wirbelbildung mit einer entsprechenden Herabsetzung des Luftwiderstandes. Wenn sich die Kräfte auf weniger Speichen verteilen – muß die einzelne Speiche eine größere Beanspruchung tolerieren. Die Gefahr eines Speichenrisses ist daher um so höher, je weniger Speichen verwendet werden. Wenn bei einer 32- oder 28-Loch-Felge nur eine einzige Speiche reißt, wird die Felge sofort stark verzogen, so daß man kaum mehr richtig weiterfahren kann. So kann der Vorteil des etwas geringeren Luftwiderstandes sehr schnell verlorengehen und zum Nachteil werden. Sporträder und Rennräder, die sehr stark beansprucht werden, haben fast immer 36-Loch-Laufräder.

Felgen

Sie bestehen aus Dur-Aluminium, kalt ausgehärtetem Aluminium mit Eloxale-Schicht oder aus Titan.
Felgen müssen stabil und steif sein. Die Biegesteifigkeit hängt nicht so sehr vom Material als von der Geometrie der Felge ab, also von ihrer Breite, Höhe und Wandstärke. Die

leichteste Felge dürfte die Nisi-Spezialfelge sein, die nur 19 mm breit ist und 200 g wiegt. Aber auch bei der Felge bringt Gewichtsersparnis nicht nur Vorteile. Auf Dauer sind derart leichte Felgen nicht strapazierfähig genug. Grundsätzlich sollten Fahrer bis 70 kg Felgen um 300 g, Fahrer von mehr als 80 kg besser Felgen um 400 g fahren. Die Felgenbreite liegt zwischen 20 und 22 mm. Zu achten ist auch auf eine genügend große seitliche Auflagefläche für die Felgenbremsen. Stahlfelgen haben einen deutlich längeren Bremsweg als Aluminiumfelgen. Die Felgenform im Querschnitt hängt davon ab, ob das Laufrad mit Draht- oder Schlauchreifen gefahren wird. Touren- und Sporträder haben so gut wie immer Drahtreifen und brauchen daher seitliche Wülste in der Felge, welche den Mantel der Drahtreifen halten. Daraus ergibt sich ein sog. Hornprofil der Felge. Für Radsportler und Radrennfahrer kamen früher nur Felgen für Schlauchreifen in Frage. Heute gibt es jedoch so schmale Drahtreifen, daß sie – vor allem beim Training – als gleichberechtigte Alternative zu Schlauchreifen aufzufassen sind. Sportliche Felgen für schmale Drahtreifen sind ebenfalls nur 20 bis 22 mm breit.

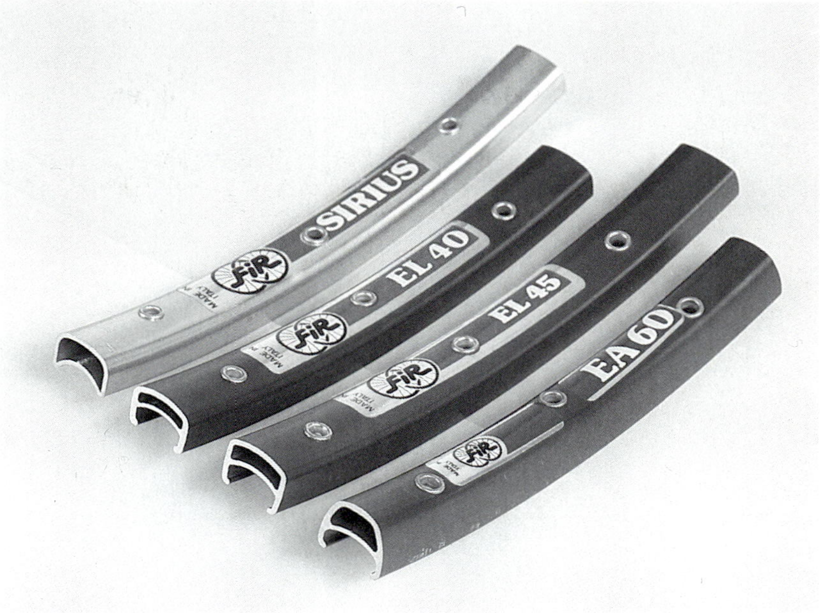

Verschiedene Felgenformen für Schlauchreifen (oben) und Drahtreifen mit »Hornprofil« (die drei unteren Felgen).

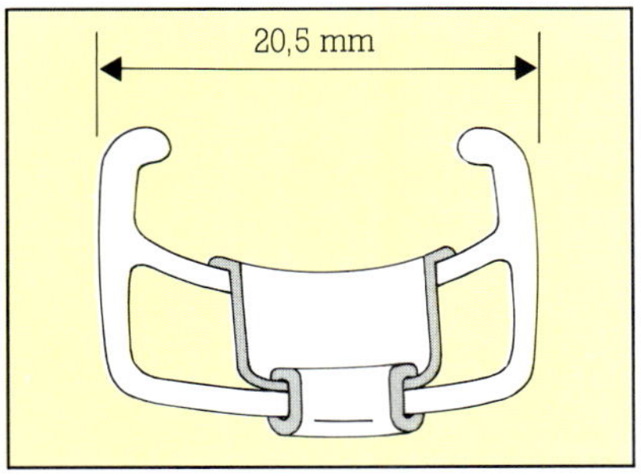

Querschnitt einer Felge mit »Hornprofil« für Drahtreifen.

Querschnitt einer Felge für Schlauchreifen.

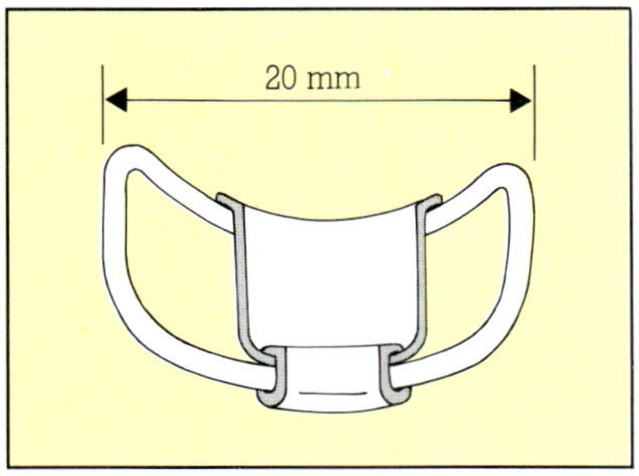

Bei beiden Grafiken geht der Querschnitt durch die Hülse in das Speichenloch, wobei die Hülsen abwechselnd nach links und rechts schräg verlaufen.

Punkte hoher und höchster Belastungen sind die Speichenlöcher der Felgen. Um der Zugbelastung standzuhalten sind Hülsen eingearbeitet oder kleine Scheibchen von 10 mm Durchmesser zwischen Nippel und Felge eingelegt. Zur Entlastung von Nippel- und Speichengewinde sind die Speichenlöcher um 5° in Speichenrichtung geneigt (siehe Abb.).

Naben

Die Nabe ist das Kernstück, um das sich das Laufrad dreht. Je nach Radtyp gibt es verschiedene Ausführungen. Alle Naben rollen auf Kugellagern, die sich zwischen Lagerschale und Konus der Nabe befinden. Der Nabenkonus darf weder zu straff noch zu locker sein, sonst verliert das Laufrad seine Leichtläufigkeit oder es flattert. Voraussetzung für eine optimale Leichtläufigkeit ist, daß die Kugellager gut gefettet und nicht verschmutzt sind. Die Abdeckscheiben der Naben reichen meist bis auf einen kleinen Spalt von 0,5 mm an den Konus heran, so daß das Kugellagerfett für die restliche Abdichtung verantwortlich ist. Diese Versiegelung reicht meistens maximal für ein Jahr – danach muß das Innere der Naben freigelegt, gesäubert und frisch gefettet werden.

Der Nabenrand, der die Speichen aufnimmt, wird als »Flansch« bezeichnet. Man unterscheidet Nieder- und Hochflanschnaben. Die üblichen Na-

Niederflansch-Hinterradnabe.

ben sind Niederflanschnaben. Da bei Hochflanschnaben die Speichen kürzer sein können, ist das gesamte Laufrad härter. Daher werden Hochflanschnaben meistens bei Laufrädern mit 32 oder weniger Speichen bevorzugt – oder wenn man härtere Laufräder benötigt, wie bei Bergrennen oder Rundstreckenrennen. Die Speichenlöcher sollten eingesenkt sein, da ansonsten die Speichen leichter reißen können.

Muttern, Flügelmuttern – Schnellspannvorrichtung

Bei Touren- und oftmals auch noch bei Sporträdern werden die Laufräder am Rahmen des Fahrrades mit Muttern oder Flügelmuttern festgeschraubt. Bei besseren Sporträdern und bei Rennrädern findet man nur noch die sehr praktischen Schnellspannvorrichtungen, die einen problemlosen und raschen Laufradwechsel gestatten. Prinzipiell kann jedes Fahrrad mit einer Schnellspannvorrichtung nachgerüstet werden. Dazu braucht man eine hohle Nabenachse,

Hochflanschnabe mit Schnellspannvorrichtung.

damit sie die Spannachse der Schnellspannvorrichtung aufnehmen kann. Durch Auf- und Zuklappen eines einzigen Hebels kann die Schnellspannvorrichtung gelöst und arretiert werden. Das ist praktisch, erspart Zeit und Werkzeug.

Speichen

Ein Laufrad sollte leicht und gleichzeitig stabil sein, um die auftretenden Belastungen von mehreren hundert Kilogramm auszuhalten. Die größten Schwachpunkte bei diesem System

»Sonnenrad«: Niederflanschnabe mit senkrecht eingesetzten Speichen.

sind die Speichen, die mit folgenden Kräften belastet werden:

- Radiale Kräfte in Richtung der Speichen durch Zug und Druck durch das Gewicht des Fahrers und die Straßenbeschaffenheit (Schlaglöcher u. dgl.).
- Querkräfte durch das Neigen des Fahrrades nach der Seite, z. B. beim Wiegetritt.
- Umfangskräfte am Hinterrad durch den Antrieb, durch die Pedalkraft, die über die Kette, den Zahnkranz und die Nabe als nach vorne gerichtetes Drehmoment auf die Speichen übertragen wird.

Am meisten gefährdet sind die Speichen dort, wo sie im Flansch der Nabe einen Bogen beschreiben. Die nächsthöhere Spannung besteht am Speichenende in der Nähe der Felge. Daher sind z. B. sog. Doppeldickend-Speichen (DD-Speichen) an den Enden verstärkt, so daß sie dort einen Durchmeser von 2 mm und ansonsten nur einen solchen von 1,6 mm haben. Speichen von Rennrädern haben meistens einen Durchmesser von 1,8 oder 2 mm, sind verchromt oder rostfrei.

Wegen der besseren Verteilung der Spannungskräfte sind die Speichen übereinander gekreuzt und zwar drei- oder vierfach. Je höher die Kreuzungszahl, desto länger müssen die Speichen sein – desto mehr Fahrkomfort bieten sie aber auch, weil die Speichen auf diese Weise einen größeren »Federweg« haben. Zwischen

Nabe (Hochflanschnabe) und Schnellspann-Vorrichtung.

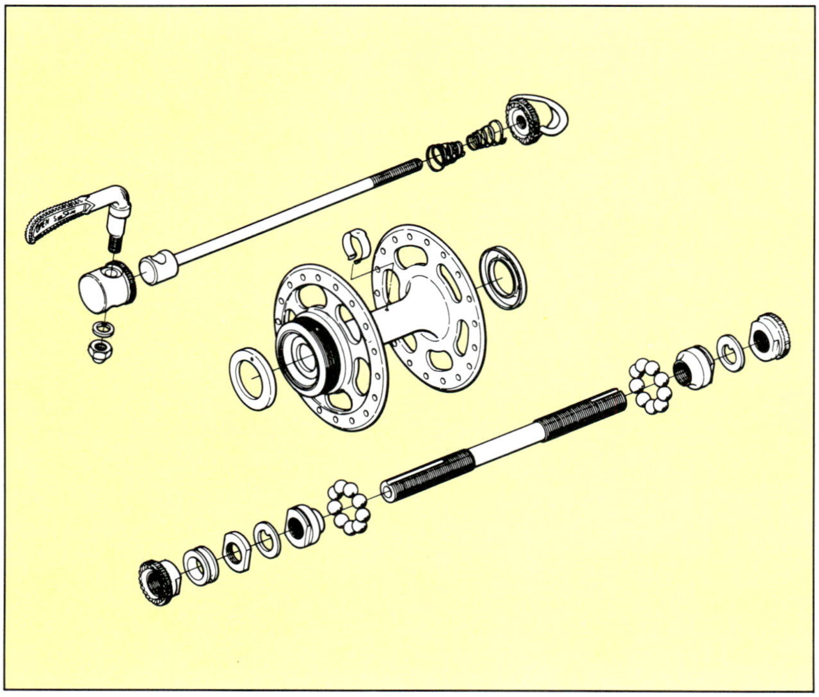

zwei Speichen, die sich kreuzen, werden beim dreifachen Kreuzungssystem 4 Speichenlöcher und beim vierfachen Kreuzungssystem 6 Speichenlöcher in der Nabe freigelassen. Die größten Kräfte wirken auf die Speichenbogen auf der Zahnkranzseite der Hinterradnabe. Hier besteht die größte Gefahr eines Speichenbruches – und hier sind auch die Speichen am schwersten zu wechseln, weil man dazu den Zahnkranz »abziehen« muß. Daher ist es von besonderer Wichtigkeit, daß die Speichenbogen an dieser Stelle besonders gut an den Flansch der Nabe angepaßt sind. Da der Speichenbogen das eigentliche Problem in der Stabilität der Speichen ist, hat man bereits Laufräder mit radialer Einspeichung (»Sonnenräder«) entwickelt, um diesen Schwachpunkt zu vermeiden.

Scheibenräder

Bei den sog. Scheibenrädern sind die normalen Laufräder mit Speichen durch große, dünne und leichte Scheiben verkleidet – mit der Absicht, dadurch den Luftwiderstand aufgrund der Wirbelbildung durch die Speichen zu vermindern. Daher werden derartige Scheibenräder beim Zeitfahren eingesetzt. In Wirklichkeit spart man dadurch weniger Gesamtluftwiderstand ein, als man zunächst glaubt, nämlich weniger als 1%. Dieser minimale Vorteil kann durch eine erhöhte Seitenwindempfindlichkeit schnell wieder aufgehoben – und sogar in einen Nachteil umgewandelt werden. Daher hängt es ganz von den Windverhältnissen ab, ob beim Zeitfahren diese Scheibenräder benutzt werden oder nicht. Als Zwischenlösung wählt man manchmal für das Hinterrad ein Scheibenrad und nimmt wegen der Lenkempfindlichkeit ein Vorderrad ohne Verkleidung.

Reifen

Man unterscheidet Drahtreifen und Schlauchreifen. Das normale Alltagsfahrrad und auch die meisten Sporträder sind mit Drahtreifen ausgestattet. Der Drahtreifen besteht aus einem »Mantel«, den man abnehmen kann,

Bei den Wettbewerben auf der Bahn werden heute vorwiegend Scheibenräder eingesetzt (F. Moser beim Stundenweltrekord 1984 auf der Radrennbahn in Mexiko City). Wegen des starken Krafteinsatzes doppelte Pedalriemen.

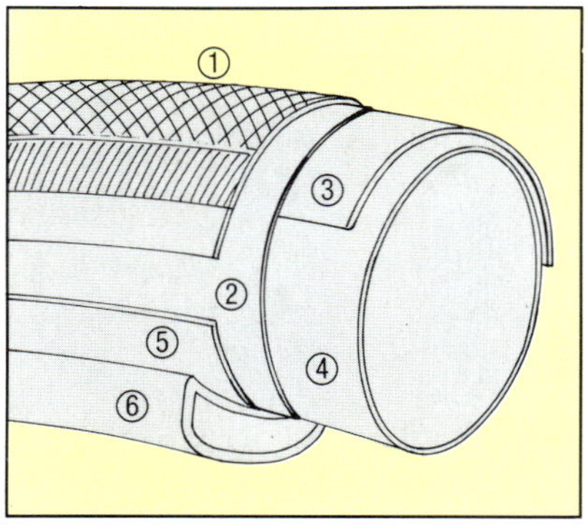

Aufbau eines Schlauchreifens: 1 Protektor (aus Naturkautschuk), 2 Karkasse (aus Baumwolle oder Seide), 3 Polyurethan-Gürtel als Schutz gegen Defekte (nicht bei allen Schlauchreifen), 4 Butylschlauch, 5 Nahtschutz, 6 Felge.

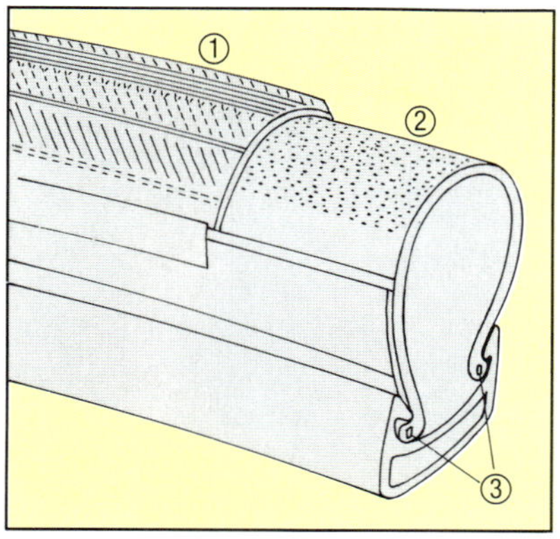

Aufbau eines Drahtreifens: 1 Decke oder Protektor (aus Naturkautschuk), 2 Karkasse (aus Baumwolle), 3 Wülste (mit Einlage aus Draht oder Kunststoff).

und einem Schlauch. Der Mantel setzt sich aus einer Decke (Protektor) aus Kautschuk, einer Karkasse aus Baumwolle und zwei Wülsten mit Drahteinlage zusammen. Schlauchreifen sind Reifen, bei denen der Schlauch in eine Karkasse aus Baumwolle (oder Seide) eingenäht ist. Die Naht befindet sich auf der Felgenseite und ist von einem Nahtschutzband überzogen. Die Lauffläche des Reifens besteht aus einem Protektor mit dem Reifenprofil.

Schlauchreifen sind meistens schmaler und haben ein geringeres Gewicht als die gewöhnlichen Drahtreifen. Deswegen werden Schlauchreifen hauptsächlich für Rennräder benutzt.

Inzwischen wurden jedoch die üblichen Drahtreifen zu sportlich dünnen Hochdruckreifen weiterentwickelt. Es gibt sogar »Drahtreifen« ohne Draht: Der übliche Draht wurde durch neue Materialien ersetzt, z. B. durch Fasern aus Aramid. Diese drahtlosen »Drahtreifen« können wie ein Schlauchreifen gefaltet und als Reservereifen mitgeführt werden.

Die Reifen eines Fahrrades sollten folgende Bedingungen erfüllen:

- ○ Sie müssen gut rollen.
- ○ Sie dürfen nicht zu schwer sein.
- ○ Sie sollten eine hohe Lebensdauer haben.

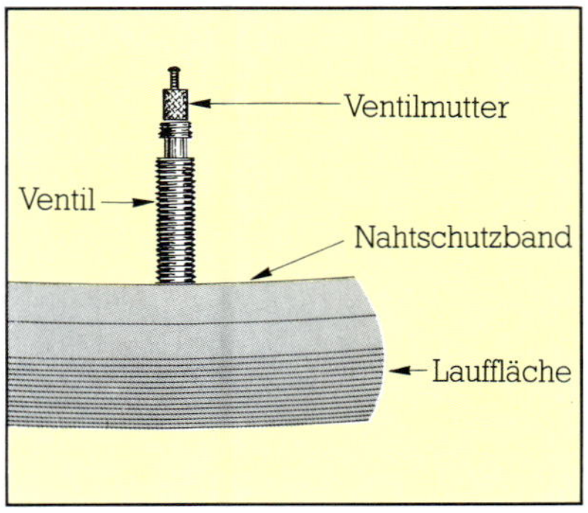

Rückschlagventil: Das übliche Ventil bei Schlauchreifen. Vor dem Aufpumpen des Reifens muß die Ventilmutter aufgeschraubt werden.

Deswegen müssen leistungsfähige Fahrradreifen folgende Qualitätsmerkmale aufweisen:

- ○ Sicherheit: geringe Defektanfälligkeit, gute Straßenhaftung.
- ○ Fahrt-Widerstand: geringer Luftwiderstand, geringer Rollwiderstand, geringes Gewicht.
- ○ Komfort: gute Federungseigenschaften, Reparaturfreundlichkeit, Montagefreundlichkeit, Dichtigkeit über längere Zeit, runder Lauf.
- ○ Kosten: angemessener Anschaffungspreis, hohe Lebensdauer, vertretbare Reparaturkosten.

Reifensortiment mit Felgen: Links Schlauchreifen, rechts Drahtreifen.

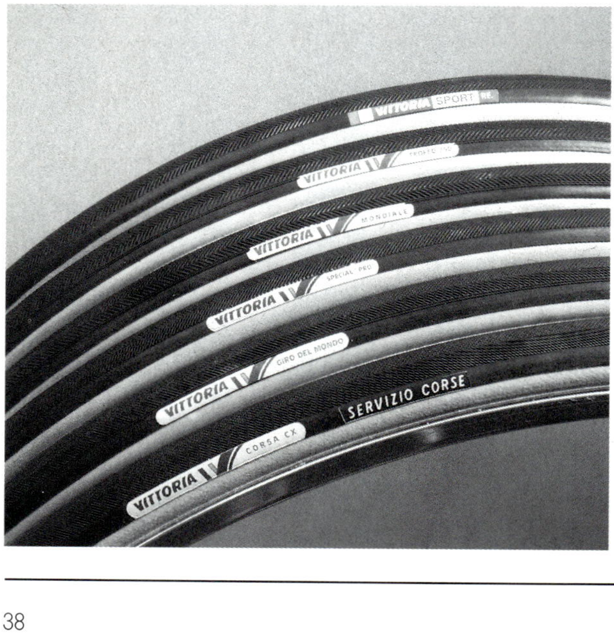

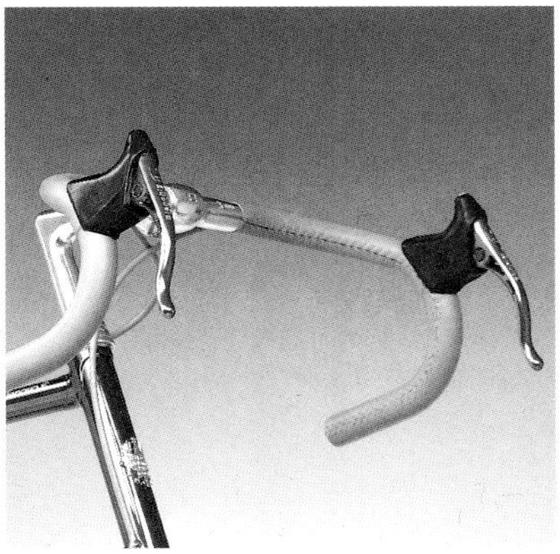

Bremsgriffe mit innen verlaufenden Bremszügen.

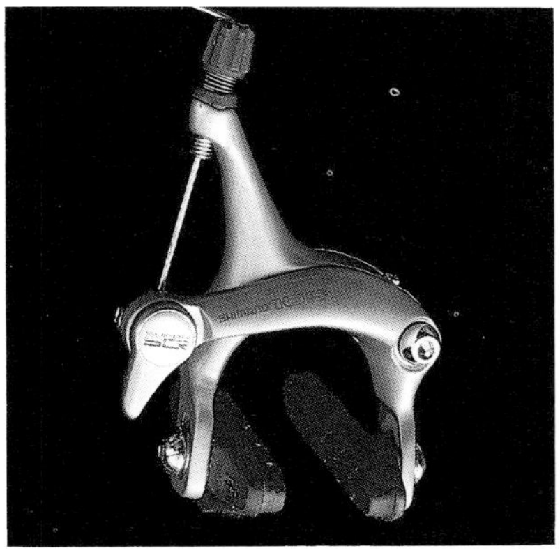

Moderne einarmige Felgenbremse von Shimano.

Altbewährte Standard-Felgenbremse von Campagnolo.

Bremssystem

Jedes Laufrad eines Fahrrades hat eine eigene Bremse. Das ist sogar Vorschrift. Wenn nämlich eine Bremse ausfällt muß noch eine funktionsfähige Bremse zur Verfügung stehen.

Bremstypen

Das Alltagsfahrrad hat meistens hinten eine Rücktrittbremse und vorne eine Handbremse. Diese wirkt auf den Vorderreifen oder auf die vordere Felge.
Sowohl für das Alltagsfahrrad wie auch für das Mountain-Bike oder das BMX-Rad gibt es Trommelbremsen, die gewisse Vorteile bieten. Vor allem werden sie bei Regen nicht naß, so daß sie auch bei Nässe zuverlässig bremsen.

Je sportlicher das Fahrrad jedoch wird – und je schneller die erreichte Fahrgeschwindigkeit, desto mehr benötigt man zuverlässige, stark wirksame Bremsen, die auch bei längeren Bergabfahrten nicht zu heiß werden. Daher werden bei Rennrädern ausschließlich Felgenbremsen eingesetzt. Das Bremssystem setzt sich dann zusammen aus den Bremsgriffen, den Bremskabeln und den Bremsen selbst. Die Bremsgriffe sind am Lenker befestigt und zwar so, daß sie sowohl von oben wie auch von unten ohne Schwierigkeiten betätigt werden können. Gewöhnlich wirkt der rechte Bremsgriff auf die hintere, der linke Bremsgriff auf die vordere Bremse. Bei voll angezogener Bremse soll der Bremsgriff nicht den Lenker berühren. Dabei soll er sich auf das Rohr des Lenkers zubewegen, und nicht seitlich davon abweichen.

Die Bremskabel aus Stahl verlaufen in Schutzhüllen zur zugehörigen Bremse. Die Bremskabel werden gewöhnlich außen auf dem Rahmen befestigt. Aus aerodynamischen Gründen können die Bremszüge aber auch im Lenker und weiter innerhalb des Rahmens verlegt werden. Das ist vor allem bei Zeitfahrmaschinen der Fall. Wer diese Innenverlegung selbst vornehmen möchte, muß bedenken, daß ein in den Lenker gebohrtes Loch an der falschen Stelle dessen Stabilität u. U. unkalkulierbar vermindern kann.
Bei den Felgenbremsen selbst unterscheidet man Seitenzug- und Mittelzugbremsen. Seitenzugbremsen geringerer Qualität sind oft schwer einzustellen, so daß man sich bei Sporträdern öfter für Mittelzugbremsen entscheidet, die sich kaum verstellen, die gleichmäßiger – aber auch etwas

Mountain-Bike: Bremsgriff und Schalthebel der Rasterschaltung.

Mountain-Bike: Felgenbremse mit Mittelzug und langem Bremsarm (sog. Cantilever).

Innenverlegung der Bremszüge im Lenker eines modernen Rennrades.

weicher bremsen. Daher benutzen die meisten Profis Seitenzugbremsen, die allerdings von hoher Qualität sind. Sie bremsen härter als Mittelzugbremsen. Entscheidend für die Bremskraft von Felgenbremsen ist die Länge der Bremsarme. Die Distanz von der Achse der Felgenbremse bis zu den Bremsgummis sollte nicht mehr als 7,5 cm betragen. Gute Seitenzug-Felgenbremsen weisen ein Schnellentspannsystem an der Bremse selbst oder am Bremshebel auf. Durch diese Vorrichtung kann man den Abstand zwischen den Bremsschuhen rasch vergrößern, z. B. wenn durch einen Speichendefekt ein Seitenschlag (»Achter«) aufgetreten ist oder wenn man ein Laufrad mit einem etwas breiteren Reifen wechseln will. Aus aerodynamischen Gründen ist bei Zeitfahrmaschinen die vordere Felgenbremse manchmal hinter der Gabel montiert. Die Bremsgummis im Bremsschuh der Felgenbremse bestehen aus einer speziellen Gummimischung. Wichtig ist – und darauf sollte man besonders achten! – daß der Bremsschuh der Felgenbremsen nach vorne geschlossen ist, da andernfalls der Bremsgummi beim Bremsvorgang nach vorne hinausgeschleudert werden kann. Der Abstand zwischen den Bremsgummis und den Felgen sollte etwa 2 bis 3 mm betragen. Bei angezogener Bremse müssen die Bremsgummis mit der ganzen Fläche der Felge aufliegen. Dabei sollen sie den Reifen nicht berühren.

Bremsschuh: Der Bremsschuh der Felgenbremse muß unbedingt nach vorne in Fahrtrichtung geschlossen sein!

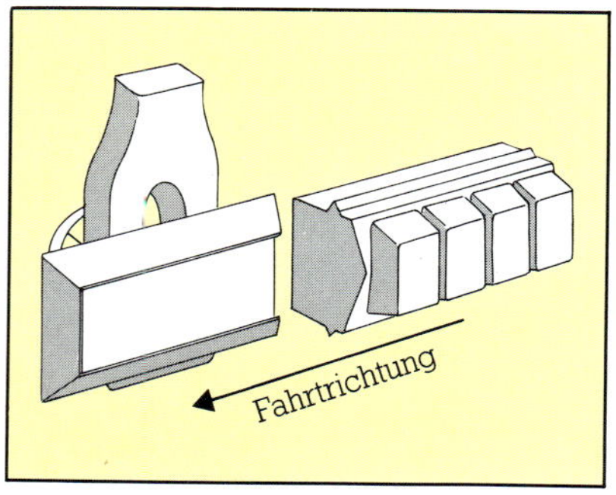

Eleganter Rennsattel in bester Verarbeitung.

Sattelform und stabile, aber leichte Konstruktion des Sattelrahmens.

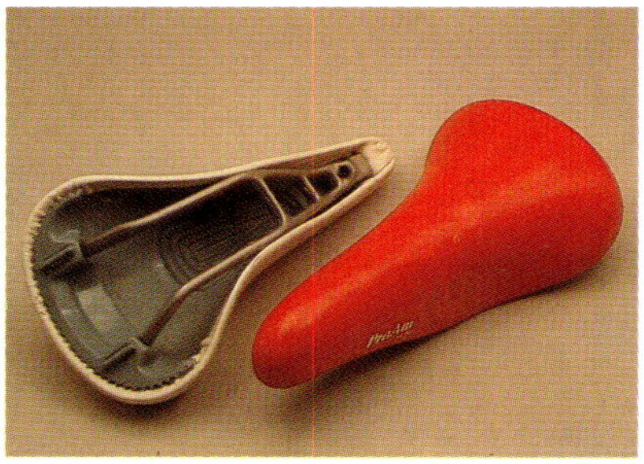

Sattel und Sattelstütze

Der Sattel muß das ganze Gewicht des Radfahrers tragen – und das in verschiedenen Positionen. Gewichtsverteilung und Sitzfläche wechseln je nachdem, ob man mehr nach vorne gebeugt oder aufrecht auf dem Sattel sitzt. Insbesondere wenn längere Strecken auf dem Fahrrad zurückgelegt werden, ist der Sattel eines der wichtigsten Bestandteile des Fahrrades. Je aufrechter und je langsamer man fährt – z. B. auf dem normalen Alltagsfahrrad –, desto weicher und breiter sollte der Sattel sein. Je sportlicher man allerdings fährt, besonders mit höherer Tretfrequenz, desto schmaler und härter muß der Sattel werden, damit sich die Sitzhöhe während der Fahrt nicht dauernd ändert. Außerdem sollen die Oberschenkel bei enger Beinführung nicht am Sattel reiben.
Der sportliche Rennsattel erscheint relativ hart – und trotzdem ist er auf Dauer bequemer als ein zu weicher Sattel. Auch heute gibt es noch echte Ledersättel, die aber vor Gebrauch zunächst eingefettet und besonders präpariert werden müssen. Ihre Härte kann mit einer Spannschraube reguliert werden. Sie haben jedoch den großen Nachteil, daß sie nach jeder Regenfahrt erneut gepflegt werden müssen, damit sie ihre Form behalten, und das Leder elastisch bleibt. Auch ist ihr Gewicht relativ hoch, nämlich ca. 600 g. Trotzdem benutzen auch heute noch einige traditionsbewußte und konservative Radsportler echte Ledersättel (z. B. Brooks-Sattel). Wegen ihrer vielseitigen Vorteile werden jedoch meistens Sättel benutzt, deren Kunststoffschale mit Glatt-, Wild- oder Büffelleder überzogen und mit Schaumstoff gepolstert ist. Diese Sättel brauchen keine besondere Pflege und sind leichter als Ledersättel. Sie wiegen nur etwa 300 bis 350 g. Für Radsportlerinnen gibt es spezielle Damen-Rennsättel, die etwas breiter sind. Schließlich gibt es auch noch leichtere Sättel, die auf einem Aluminiumgestell verarbeitet sind, welche nur 160 bis 260 g wiegen. Für Fahrer über 75 kg Körpergewicht sind sie aber wegen ihrer geringere Stabilität nicht zu empfehlen.
Der Sattel ist auf der Sattelstütze befestigt. Alltags- und Tourenräder haben oftmals noch ein einfaches Sattelschloß mit einer gerasterten Fläche für die Satteleinstellung. Für Rennräder sind sie aber untauglich, da sie sich nur ungenau einstellen lassen, nicht stabil genug sind und auch zusätzliches Gewicht bringen. Besser sind Sattelstützen mit integriertem Schloß, das eine stufenlose Einstellung erlaubt. Meistens wird der Sattel, am besten mit einer Wasserwaage, genau waagerecht eingestellt (wegen der vertikalen und horizontalen Satteleinstellung siehe S. 64). Die Sattelstütze muß genau in das Sitzrohr des Rahmens passen und mindestens 6 cm in das Sattelrohr hineinragen. Zu lange Sattelstützen bedeuten überflüssiges Gewicht – zu kurze bedeuten Instabilität.

Moderne Zeitfahrmaschine Triathlonversion.

LAUFPROFI
Giro
asics
PROFILE
ROSE
ZIPP
7

Veredelung und HighTech

Ein exklusives Rennrad befriedigt den Wunsch des Menschen nach Vollkommenheit. Ganz von selbst erwacht die Hingabe an das Detail. Bei manchen Radsportlern, für die das Radfahren mehr ist als nur körperliche Aktivität, erwacht der Wunsch, ein besonders edles Gefährt zu besitzen. Tatsächlich vermittelt es manchem Radbegeisterten ein eigenes Gefühl, an Sonn- und Feiertagen mit einem ganz besonderen Rennrad auszufahren, wenn der Blick auf einen schön gearbeiteten, blank geputzten Gabelkopf fällt, die veredelten Bremsen streift, wenn der Lenkervorbau golden glänzt – und vielleicht sogar den eigenen Namenszug trägt. Beim Schalten berührt die Hand jedesmal besonders veredelte Schaltgriffe, die Füße stecken in hochglanz-vergoldeten Pedalhaken. Den hinterherfahrenden Kameraden beeindruckt es, wenn er auf eine vergoldete, auf Hochglanz polierte Sattelstütze blickt und eine Schaltung vor Augen hat, die aerodynamisch geformt ist und golden glänzt. Praktisch alle Fahrradteile, einschließlich des Rahmens, können auf HighTech gestylt und aus besonderem Material sein. Natürlich ist das alles nicht notwendig – aber was muß schon wirklich sein im Leben? Verschiedene Leute finden eben ihre Freude in verschiedenen Dingen. Wer mit seinem Rennrad immer nur fahren und trainieren möchte, der braucht das natürlich alles nicht – aber schön ist es doch!

Zubehör

Ganz vollständig ist ein Rennrad eigentlich erst, wenn man auch über das wichtigste Zubehör verfügt: Ersatzreifen oder Ersatzschlauch, Reifentasche, Werkzeug, Luftpumpe, Flaschenhalter mit Trinkflasche. Nicht unbedingt notwendiges aber praktisches Zubehör sind Fahrradcomputer, Schutzbleche und Lichtanlage.

Eleganz in höchster Ausprägung: Veredeltes vollverchromtes Rennrad in besonderer Ausführung.

Sattel mit Reifentasche.

Ersatzreifen Ersatzschlauch Reifentasche

Wer Schlauchreifen fährt, sollte immer einen oder zwei Ersatz-Schlauchreifen bei sich haben. Bei Drahtreifen ist ein Ersatzschlauch recht nützlich oder zumindest Flickzeug. Der Ersatzreifen wird hinten unter dem Sattel befestigt, entweder mit einem Pedalriemen oder in einer Reifentasche. Man kann ihn auch im Flaschenhalter oder in einer Tasche des Trikots unterbringen. Als Ersatzreifen sollte immer ein gebrauchter Reifen verwendet werden, da er sich unterwegs leichter auf die Felge aufziehen läßt als ein neuer Reifen. Nützlich ist es auch, ihn in wasserdichtes Material einzuwickeln, da ein nasser Ersatzreifen schlecht auf der Felge hält.

Luftpumpe

Ersatzreifen oder Ersatzschlauch nützen wenig, wenn man die Luftpumpe vergessen hat. Luftpumpen sind heutzutage meistens aus Kunststoff und sehr leicht. Anzuraten ist außerdem eine Fußpumpe mit Manometer, um vor Beginn einer jeden Fahrt den optimalen Reifendruck exakt erzielen zu können. Außerdem pumpt sie sich leichter.

Werkzeug

Man unterscheidet das minimale »Bordwerkzeug«, das man bei jeder Fahrt mitführen sollte, von dem Werkzeug, das man zu Hause für kleinere Reparaturen und für die Wartung des Fahrrades benötigt. Nützliches Werkzeug für unterwegs sind Montagehebel für Drahtreifen, ein kleiner Schraubenzieher für verschiedenste Zwecke – z. B. für die exakte Nachstellung der Kettenschaltung –, Inbus-Schlüssel (5 mm und 6 mm) für alle wichtigen Befestigungsschrauben, Nippelspanner und Werkzeugschlüssel (»Maulschlüssel«) für die wichtigsten Schrauben.

Tip: Wird das lange Ende eines Inbus-Schlüssels mit einer Feile oder Schleifmaschine richtig bearbeitet, erhält man eine Schraubenzieherklinge, und spart sich so die zusätzliche Mitnahme eines Schraubenziehers.

Flaschenhalter und Trinkflasche (Bidon)

Flaschenhalter aus Dur-Aluminium sind sehr leicht. Sie wiegen nur knapp 50 g. Sie werden am Schrägrohr des Rahmens befestigt. Eine zusätzliche Flaschenhalterung ist am Sattelrohr möglich.

Rechts: Wichtigstes Werkzeug, das man auch bei längeren Touren mitnehmen sollte. Unten: Spezialschlüssel für Tretlager und Steuersatz (kleinerer Maßstab als rechts).

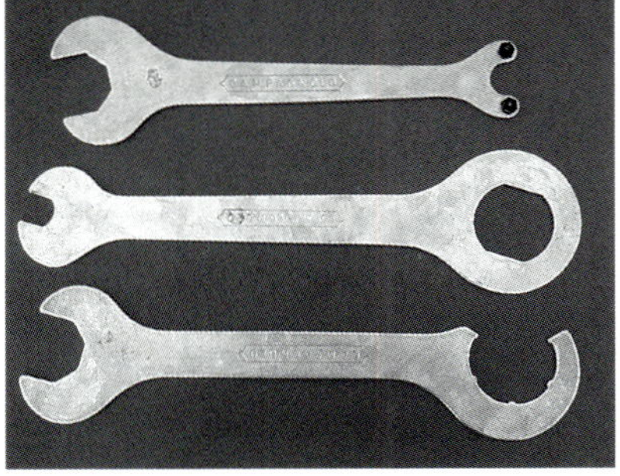

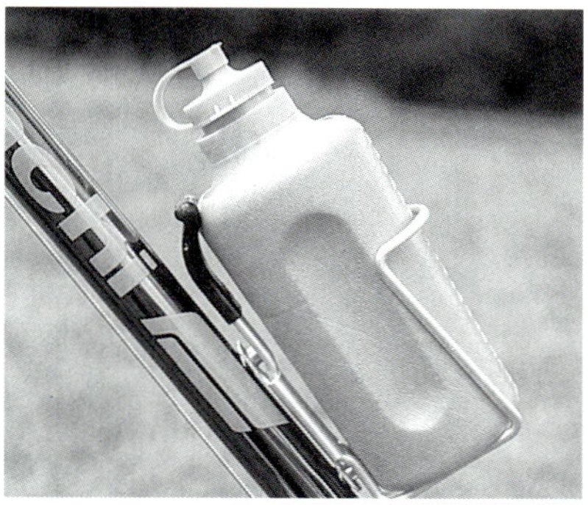

Flaschenhalter mit Trinkflasche (hier mit Leder überzogen).

Die Trinkflaschen bestehen aus Kunststoff. Der Flaschenverschluß ist so konstruiert, daß er unterwegs während der Fahrt mit dem Mund geöffnet werden kann. Normalerweise faßt eine Trinkflasche 0,5 l. Es gibt aber auch größere Maxi-Trinkflaschen mit einem Inhalt von 0,77 l. Der Luftwiderstand einer runden Trinkflasche liegt etwa in der Größenordnung des Luftwiderstandes der Reifen. Daher ist es bei höheren Geschwindigkeiten sinnvoll, aerodynamisch geformte schmale Trinkflaschen zu benutzen. Schließlich gibt es noch isolierte Thermoflaschen mit oder ohne Hüllen, in denen man in der kalten Jahreszeit ein warmes und in der heißen Jahreszeit ein kühles Getränk zur Verfügung hat. Es gibt auch Isolierhüllen, die man über die Trinkflasche ziehen kann.

Computer – das Auge des Trainers

Die Zeit, als man noch die Anzahl der zurückgelegten Kilometer schätzte, ist vorbei. Es gibt auch kaum noch Kilometerzähler, die nur Kilometer zählen. Die Technik mit ihren Mikrochips hat den Ratsportlern Kilometerzähler beschert, die meistens vier Funktionen bieten, die durch einen einfachen Knopfdruck nacheinander abgerufen werden können: Geschwindigkeit, zurückgelegte Tagesstrecke, Gesamtkilometerzahl und Durchschnittsgeschwindigkeit.
Diese Daten sollen unter folgenden Bedingungen geliefert werden: Exakte Messung (99,9 %), schnelle Wiedergabe, einfache Bedienung, deutlich lesbare Anzeige. Dabei wird das von einer Elektronik geleistet, die mühelos in die Größe einer Streichholzschachtel paßt – und gleichzeitig sollte alles wetter- und stoßfest unter-

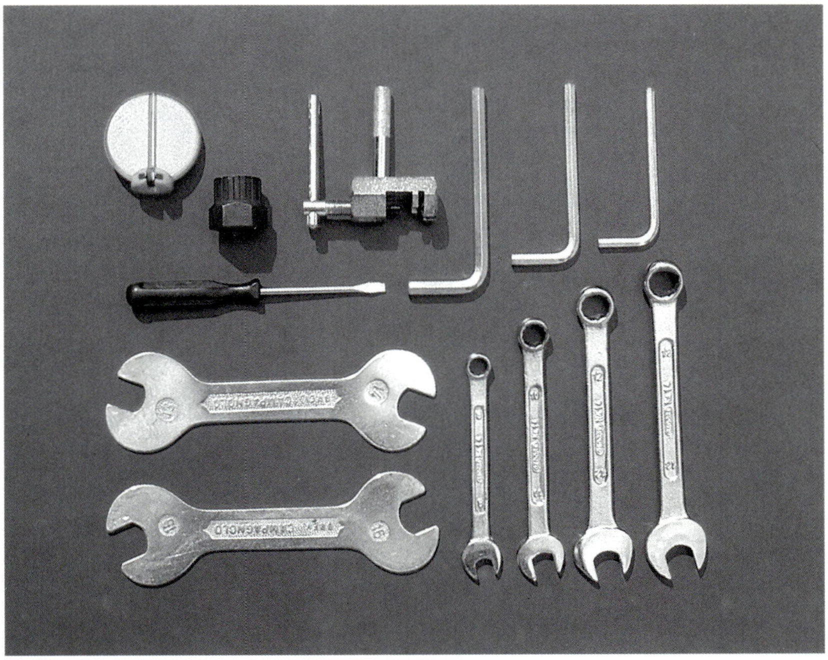

Fahrradcomputer Ciclomaster am Lenker montiert.

Leichtes Plastikschutzblech zum Stecken für Rennräder.

gebracht werden. Außerdem wird ein minimaler Energieverbrauch gefordert. Es gibt batteriebetriebene Computer, deren Batterie eine Mindest-Lebensdauer von einem Jahr hat, sowie Computer mit Solarzellen. Mit einem entsprechenden Zubehör ermöglichen manche Computer auch die Messung der Tretfrequenz in Pedalumdrehungen pro Minute sowie die Messung des Pulses.
Auf diese Weise kann der Computer statt eines Trainers Intensität und Umfang des Trainings steuern und überwachen, nach Fahrgeschwindigkeit, Tretfrequenz und Pulsfrequenz. Es ist allerdings nicht Sinn eines Computers, den Radsportler zu veranlassen, die Leistung des vorhergehenden Trainings zu übertreffen ist. Ein wohldurchdachter Trainingsplan wechselt nämlich regelmäßig in Intensität und Umfang (siehe S. 119). Es ist nicht notwendig, unbedingt immer schneller zu fahren. Dies geschieht aber oft unbewußt. Dann dient der Computer dazu, dem Radsportler das Gefühl für eine geringere Trainingsintensität zu geben. Schließlich kann man die vom Computer gelieferten Werte nach dem Training exakt in ein Trainingsbuch eintragen – eine wertvolle Unterstützung eines langfristigen Trainingsplanes. Voraussetzung dafür, daß die Werte in der möglichen Exaktheit gemessen werden, ist jedoch die Tatsache, daß bei der Montage die Größe des Laufrades möglichst genau in den Computer eingegeben wurde.

Schutzbleche

Die meisten Fahrräder haben Schutzbleche, nämlich um den Radfahrer vor Spritzwasser und Schmutz zu schützen. Bei Rennrädern sind Schutzbleche nicht üblich, können aber bei schlechtem Wetter durchaus angenehm und nützlich sein. Man sollte wissen, daß man an jedes Rennrad ohne große Schwierigkeiten schmale, leichte Schutzbleche oder wenigstens Kunststoff-Schmutzabweiser montieren kann. Es gibt auch für Rennräder Schutzbleche für das Hinterrad, bei denen ein Rücklicht und ein innen verlaufendes Lichtkabel montiert sind.

Lichtanlage

Nach Umstellung der Uhr auf die Winterzeit – also im Herbst, Winter und Frühjahr – ist es sehr sinnvoll, auch an einem Rennrad eine Lichtanlage zu montieren. Dafür gibt es spezielle Lichtanlagen mit Rollendynamo. Der Dynamo wird unter dem Tretlager montiert und drückt zur Stromerzeugung auf die Reifenlauffläche. Frontleuchte und Rückenleuchte können mit Klemmen an Lenker und Sattelstütze angebracht werden. Empfehlenswert sind auch Reflexstreifen an der Kleidung, denn sie werfen das 20mal stärkere Licht der Autoscheinwerfer zurück.

Materialkontrollen

Aus Gründen der Sicherheit sollte man an seinem Fahrrad regelmäßig Materialkontrollen durchführen. Folgende Punkte sind vor jeder Ausfahrt zu beachten:

- ○ Laufen die Laufräder beide rund und leicht?
- ○ Ist die Spannung bei allen Speichen ungefähr gleich?
- ○ Sind die Radmuttern, Flügelmuttern oder Schnellspanner richtig angezogen?
- ○ Sind die Reifen in Ordnung – oder sieht man Löcher oder Schlitze im Protektor, hängen lose Gewebefäden aus der Karkasse?
- ○ Ist der Reifendruck richtig?
- ○ Sind die Bremsen richtig eingestellt? (Bremsschuhe parallel zur Felge, richtiger Sitz der Bremsklötze, kurze Hebelwege der Bremsgriffe.)
- ○ Ist die Schaltung richtig eingestellt und funktioniert sie einwandfrei? (Leichter Wechsel vom großen auf das kleine Kettenblatt und umgekehrt; sauberer Lauf der Kette hinten auf dem größten und kleinsten Ritzel ohne Berührung der Speichen oder des Rahmens.)

Schaltwerk mit Einstellschrauben.

Pflege – Wartung – Reparaturtips

Wer sein Fahrrad liebt und auf seine eigene Sicherheit Wert legt, muß es regelmäßig pflegen und warten. Man sollte zumindest die wichtigsten Handgriffe wie Reifenmontage, Kettenwechsel, Zahnkranzwechsel und grobe Zentrierung der Speichen beherrschen.

Rad-Wäsche und -Pflege

Das Alltagsfahrrad ist ein Gebrauchsfahrzeug. Das Mountain-Bike ist robust. Das Rennrad ist ein hochwertiges Präzisionsinstrument. Alle Fahrradtypen sind gut verarbeitet und heutzutage ziemlich unempfindlich gegenüber Witterungseinflüssen. Weder Rahmen noch Zubehörteile, zumal wenn sie aus Dur-Aluminium oder Titan bestehen, sind rostanfällig. Trotzdem sollte man sein Fahrrad regelmäßig pflegen. Beispielgebend sind viele Radrennfahrer der Spitzenklasse, die nach langen Regenfahrten zunächst ihre Rennmaschine – und dann erst ihren eigenen Körper pflegen. Zudem ist die Pflege des Fahrrades sehr leicht. Man braucht dazu folgende Dinge: Eimer mit Wasser und Spülmittel, Schwamm und Bürste, Pinsel mit Gefäß für Benzin, Radreiniger oder Petroleum, Fahrradöl, Spezialfett (Campagnolo-Fett) und Schutzwachs-Spray.
Bei einem Rennrad oder einem Sportrad mit Schnellspannaben ist es günstig, Vorder- und Hinterrad vor der Radwäsche herauszunehmen. Die Speichen, Naben und Felgen wäscht man mit einem Schwamm, die Reifen mit einer weichen Bürste. Der Rahmen und alle Fahrradteile werden sodann mit Schwamm und Wasser, das ein Geschirrspülmittel enthält, gewaschen. Durch das dem Geschirrspülmittel zugefügte Silikon glänzen alsbald Rahmen und Zubehörteile, ohne daß sie abgetrocknet werden müssen. Tretlager, Naben und Steuersatz sind meistens genügend abgedichtet, so daß man sie nicht vor Feuchtigkeit zu schützen oder neu zu fetten braucht. Wenn die Kette stark verschmutzt ist, wird sie vor der Radwäsche mit Pinsel und Benzin, Dieselöl oder Petroleum gereinigt. Danach fettet man sie leicht mit Kettenfett ein und kann sie zusätzlich etwas ölen.
Der Zahnkranz wird nach der Radwäsche, indem man das Hinterrad waagerecht auf den Boden legt, geölt. Je einen Tropfen Öl gibt man in die Kabel der Kettenschaltung, in die Gelenke des Umwerfers sowie an die sich bewegenden Teile der Felgenbremsen.
Durch die Pflege des Fahrrades bekommt man auch eine besondere Beziehung zum Material und bemerkt auftretende Defekte frühzeitiger. Man erkennt, wenn die Felgenbremsen nicht mehr gleichmäßig greifen und schlecht eingestellt sind, wenn die Schaltung nicht mehr richtig eingestellt ist, wenn die Kette auswechslungsbedürftig ist – oder wenn ein Rennhaken vielleicht schon einen Knick hat u. dgl. Außerdem verleiht es ein Gefühl der Sicherheit, wenn man sich selbst überzeugt hat, daß das Fahrrad vollständig in Ordnung ist.

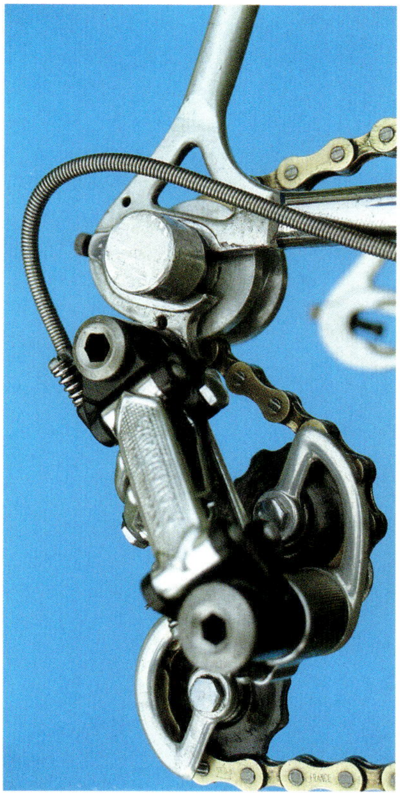

Feststellbolzen mit Auflage für die Kette zur bequemeren Radpflege.

Wichtig: Einmal im Jahr sollte man eine weitergehende Pflege des Fahrrades durchführen: Naben, Tretlager und Steuersatz sollten auseinandergenommen und neu mit Spezialfett eingefettet werden. Denn auch eine noch so gute Abdichtung verhindert nicht, daß im Laufe eines ganzen Jahres Wasser und Schmutzteile in diese Lager eindringen, die Funktion behindern und den Verschleiß beschleunigen.

Zum Abschluß kann man Rahmen, Sattelstütze und bewegliche Teile mit einem Schutzwachs, das mit einem Spray problemlos aufzutragen ist, überziehen und dadurch vor erneuter Verschmutzung schützen.

Reifenpflege und Reifenlagerung

Drahtreifen sind in der Regel unempfindlicher als Schlauchreifen. Gute, kostbare Schlauchreifen, die für das Training und vielleicht sogar für Radrennen benutzt werden, sollten abgelagert sein wie alter Wein. Reifen, die zu frisch sind, laufen nämlich noch nicht optimal – und sind außerdem defektanfälliger als abgelagerte Reifen. Während der Zeit der Lagerung reift der Gummi des Reifens und härtet aus, gewisse flüchtige Bestandteile der Gummimischung können verdunsten. Zu diesem Zweck sollten Schlauchreifen zunächst ein oder zwei Jahre in einem kühlen, halbdunklen Raum lagern, aufgelegt auf eine Felge und wenig aufgepumpt (ca. 3 bis 4 bar). Man sollte die Reifen in dieser Zeit ab und zu mit einem Silikon-Gummispray einsprühen, damit sie nicht austrocknen, und damit der Protektor geschmeidig bleibt.

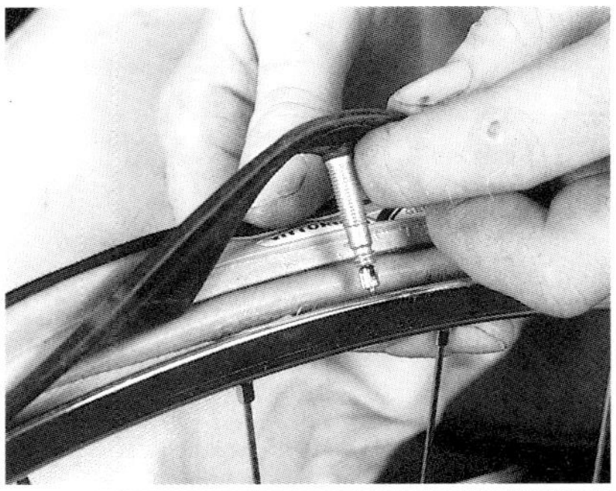

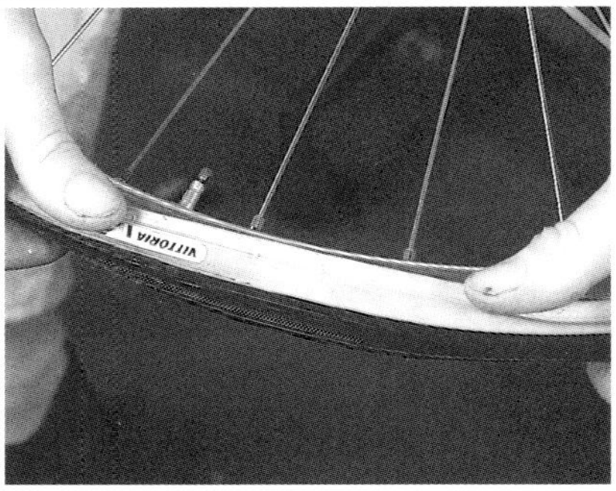

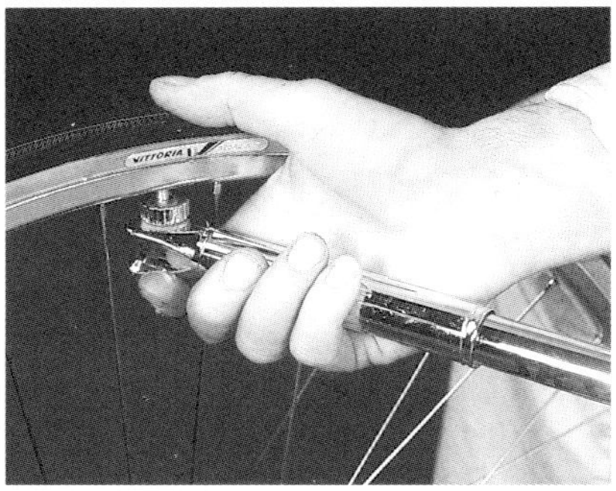

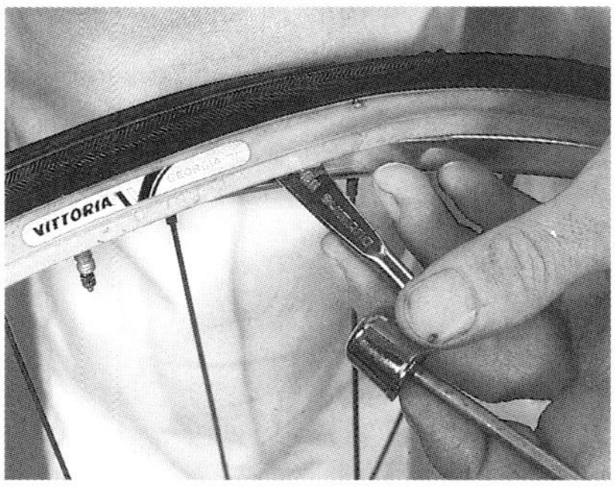

Schlauchwechsel bei Drahtreifen. Bei der Montage wird zuerst das Ventil eingesetzt. Dann wird der Schlauch leicht aufgepumpt und unter die Decke verlagert. Dann wird die Decke von Hand über die Felgenkante gedrückt. Um das Ventil herum arbeitet man mit dem Montiereisen – aber ohne den Schlauch zu beschädigen.

Reifenmontage

Drahtreifen sind mit Montagehebeln leicht zu montieren. Die wichtigsten Arbeitsschritte der Montage von Drahtreifen sind in der Bildreihe oben zu sehen. Besonders ist darauf zu achten, daß der Drahtwulst nicht den Schlauch einklemmt, denn sonst ist ein Zerreißen beim Aufpumpen fast unvermeidlich.
Schlauchreifen müssen auf die Felge aufgeklebt werden, entweder mit Kitt oder mit Felgenklebeband. Den Anfängern kann das Aufziehen eines Schlauchreifens auf die Felge Schwierigkeiten bereiten, andererseits ist die richtige Reifenmontage von größter Wichtigkeit, damit sie auch bei steilen Bergabfahrten und in scharfen Kurven sicher auf der Felge halten. Siehe dazu die folgende Beschreibung und die Bilder auf Seite 47.
Zunächst wird der Reifen gegenüber dem Ventilloch von der Felge gelöst und etwas abgezogen. Darauf kann der Reifen von der Felge genommen werden (Bild 1, 2, 3). Das Ventilloch kann mit einem Dreikant-Schaber etwas ausgefräst werden, damit der Wulst um das Ventil keinen Höhenschlag verursacht (Bild 4). Das Aufkleben mit Felgenklebeband ist sauber, einfach und relativ sicher. Eine Einschränkung gibt es nur für längere Bergabfahrten, da durch die Wärmeentwicklung beim Bremsen die Haftung etwas geringer werden kann als bei aufgekitteten Reifen. Daher bevorzugen Radprofis ausschließlich aufgekittete Reifen. Kitt muß mindestens 24 Stunden Zeit zum Austrocknen haben, damit der Reifen richtig haftet. Nach einigen Monaten jedoch trocknet dieser Kitt aus, so daß dann die Haftung des Reifens nicht mehr richtig gewährleistet ist. Daher bekommen Radrennfahrer fast zu jedem Rennen Laufräder mit neu aufgekitteten Reifen.
Vor der Montage des Reifens sollte man ihn auf die Felge zunächst ohne Band oder Kitt aufziehen, damit er gedehnt wird. Dann wird auf die neue Felge zuerst ein sog. »Kittbett« aufgetragen: Durch drei- bis mehrmaliges Auftragen des Kittes mit zwischenzeitlicher Trockenzeit von etwa einem Tag wird eine dicke Grundschicht erzeugt (Bild S. 6). Das Aufkleben eines Reifens auf ein bereits vorhandenes Kittbett erfolgt etwa 10 Minuten nach Auftragen des Kittes.
Dann pumpt man etwas Luft in den Reifen, damit er etwas gefüllt ist.
Dann stellt man das Laufrad vor sich, das Ventilloch nach oben, steckt das Reifenventil in die Felge, faßt den Reifen fest mit beiden Händen und zieht ihn seitlich nach unten mit ständigem Druck der Daumen immer weiter, bis man unten auch den letzten Rest des Reifens über den Felgenrand hebeln kann (Bild 7, 8, 9).
Gegenüber dem Ventil-Loch läßt man auf der Felge eine Strecke von etwa 5 cm frei von Reifenkitt, damit ein defekter Reifen von hier aus leichter abzuziehen ist.
Danach wird der Reifen auf der Felge noch einmal ausgerichtet, damit er nicht seitlich schlägt (Bild 10). Bewährt hat sich ein seitliches Festrollen links und rechts über eine Strekke von ca. 10 m (Bild 11, 12).

Montage mit dem Felgenklebeband: Säuberung der Felge von Fett und Öl, Aufkleben des Felgenklebebandes beginnend vom Ventil-Loch um die ganze Felge. Jetzt rubbelt man das Band mit einem runden Holz, Hammer- oder Schraubenziehergriff fest auf die Felge, damit es sich fest mit ihr verbindet und damit die dem Reifen zugewandte Klebeseite etwas aufgerauht wird. Das Band wird jetzt mit Wasser benetzt. Schließlich wird der Reifen wie oben beschrieben aufgezogen. Nach der Montage wird der Reifen auf ca. 5 bar aufgepumpt und auf der Felge ausgerichtet, damit er gerade und rund läuft.

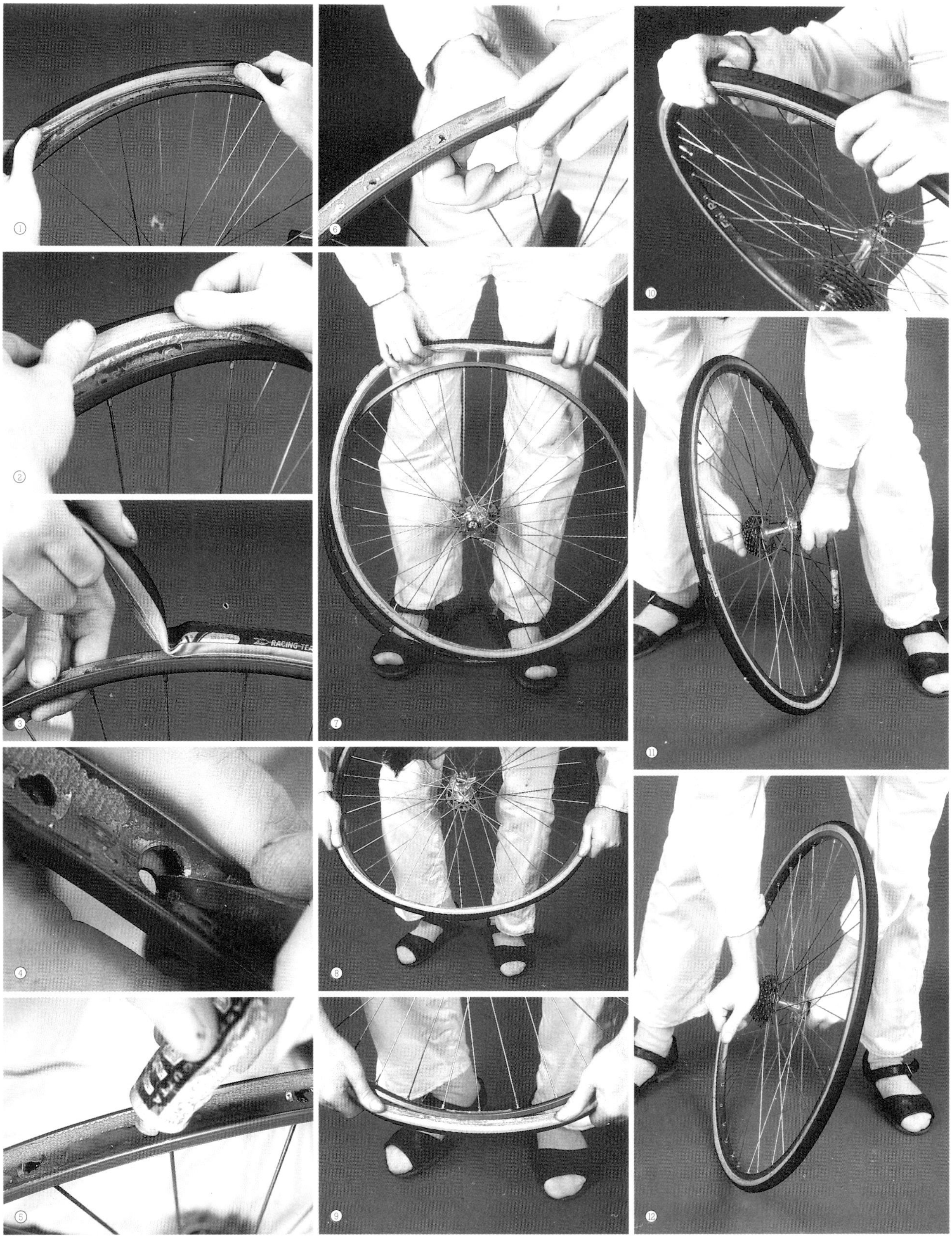

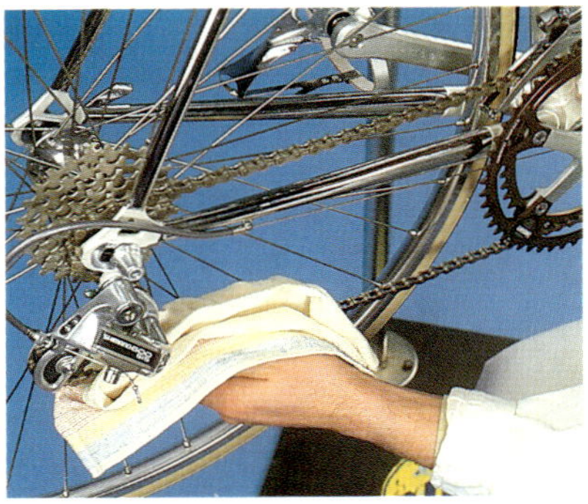

Kettenpflege: Mit einem Lappen, der mit Öl oder Fett getränkt ist.

Kettenpflege

Die Kette läuft nur dann mit geringster Reibung, wenn sie sauber, schmutzfrei und ausreichend mit Fett oder Öl versehen ist. Daher sollte sie nach jeder Regenfahrt, nach Fahrten auf Sandstraßen und ganz allgemein, wenn sie verschmutzt ist, gereinigt werden. Man kann dies mit Pinsel und Benzin oder Petroleum tun. Es gibt aber auch spezielle Kettenreinigungsvorrichtungen, die man mit Reinigungsflüssigkeit gefüllt über die Kette stülpen kann. Die Kette wird dann durch die Drahtbürsten dieser Vorrichtung bewegt, bis sie sauber ist. Nach der Reinigung soll die Kette mit einem speziellen Kettenfett eingefettet werden.

Kettenwechsel

Wie bereits früher erwähnt, sollte die Kette regelmäßig gewechselt werden. Man sollte nicht so lange warten, bis sie zu stark gedehnt die Zähne von Zahnkranz und Kettenblatt abnutzt, da sonst immer Kette und Zahnkranz gleichzeitig ausgewechselt werden müßten. Die Kosten für einen häufigeren Kettenwechsel werden durch die längere Lebensdauer des Zahnkranzes aufgewogen. Daher lohnt es sich, die Technik des Kettenwechsels zu beherrschen. Dazu gehört auch die Kürzung der Kette, um sie auf die richtige Länge zu bringen. Bei Fahrrädern, deren Kette ein Kettenschloß hat, genügt ein Schraubenzieher. Bei Fahrrädern mit Kettenschaltung gibt es jedoch kein Kettenschloß. Um die Kette zu montieren, wird als Werkzeug ein Kettennieten-Drücker oder eine Kettenniet-Zange benötigt. Damit drückt man die Niete aus einem Kettenglied hinaus, aber nur soweit, daß sie noch mit einem Ende in der Lasche befestigt bleibt (Bild 1, 2, 3). Nun wird die Kette am anderen Ende auf die richtige Länge gebracht (siehe S. 32) und dann über Ritzel und Schaltkäfig wieder eingeführt.

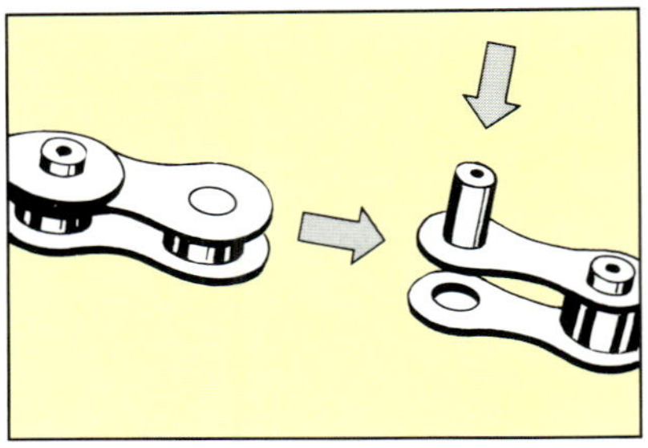

Zusammenfügen der Kettenglieder.

Dann wird die Kette zusammengedrückt und mit dem Nietendrücker die Niete wieder hineingedrückt, so daß sie auf beiden Seiten etwa 0,5 mm aus den Laschen der Kette heraussteht (Bild 5). Danach prüft man die freie Beweglichkeit dieses Kettengliedes. Durch seitliches Hin- und Herbiegen der Kette können Blockierungen beseitigt werden, bis eine vollkommen leichte Beweglichkeit erzielt wird (Bild 6).

Kettenparade: Verschiedene Ketten in unterschiedlicher Verarbeitung.

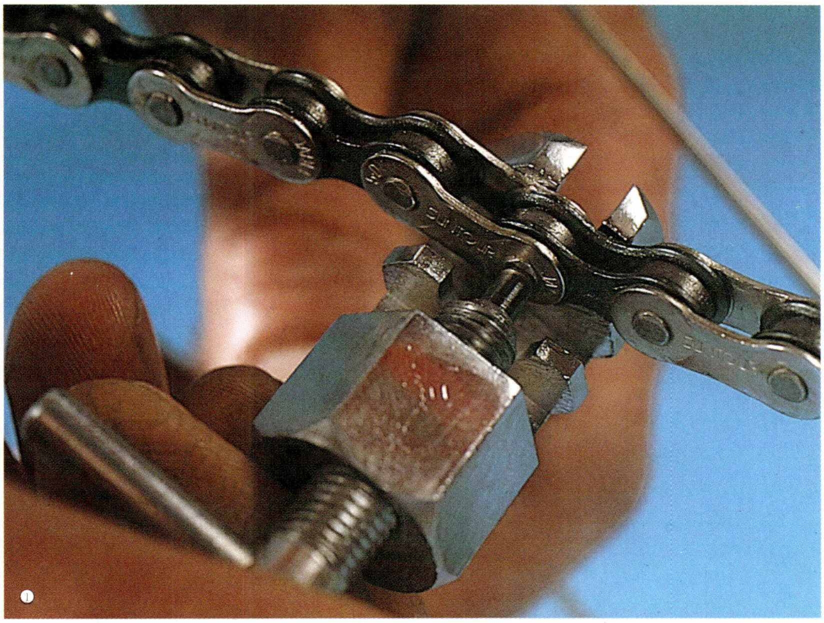

Zahnkranzwechsel

Der Zahnkranz muß gewechselt werden, wenn man die Übersetzung verändern oder eine Speiche auf der Zahnkranzseite einziehen möchte. Als Werkzeug braucht man dazu einen Zahnkranzabnehmer (»Abzieher«), den es je nach Fabrikat des Zahnkranzes in verschiedenen Ausführungen gibt – sogar in der Größe einer Streichholzschachtel, 30 bis 50 g leicht, so daß er in jede Reifen- oder Trikottasche paßt. Mit einem passenden Werkzeugschlüssel (»Maulschlüssel«) wird dann der Zahnkranz abgedreht. Der neue Zahnkranz kann mit Hand ohne Werkzeug leicht aufgeschraubt werden.

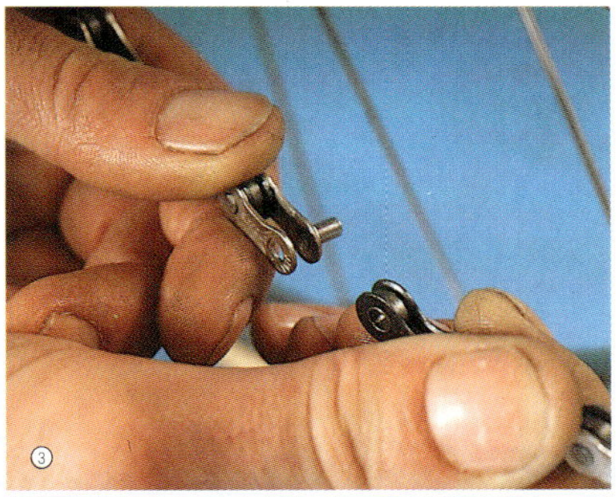

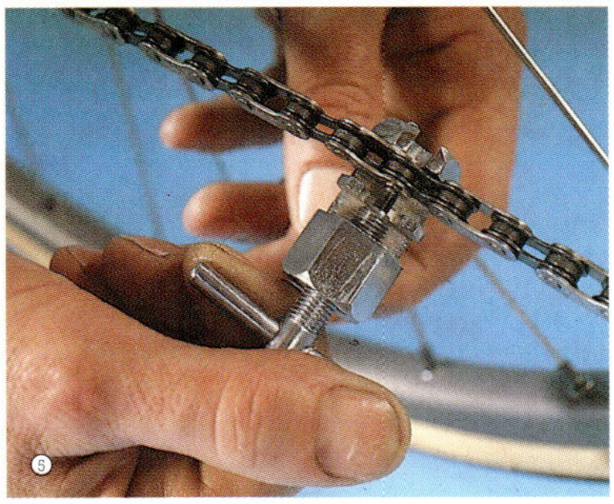

Zentrieren der Laufräder

Sicherlich ist das vollkommene, feine Zentrieren eines Laufrades eine Kunst, die nur wenige Fachmänner optimal beherrschen. Jedoch sollte man als unabhängiger Radsportler in der Lage sein, offensichtlich zu lockere Speichen anzuziehen – oder ein Laufrad mit einem starken Seitenschlag (»Achter«) so zu zentrieren, daß man zumindest weiterfahren kann. Dazu braucht man nichts anderes als einen kleinen Nippelspanner und die Fähigkeit, sich vorzustellen, nach welcher Seite man den Speichennippel drehen muß, damit die zugehörige Speiche gespannt oder gelockert wird. Zentrieren muß man immer langsam und mit Geduld. Wer einen Seitenschlag ausgleichen möchte, muß die Korrektur immer auf mehrere Speichen verteilen. Schlägt z. B. die Felge nach links, so zieht man die Speichen in diesem Bereich zunächst auf der rechten Seite um je eine Nippeldrehung an. Im gleichen Abschnitt müssen dann die Speichen auf der linken Seite entsprechend nachgelassen, d. h. um die gleiche Nippeldrehung gelockert werden. Die Felge wird also immer abwechselnd zentriert: rechts fest, links los, rechts fest, links los usw.; bis der Seitenschlag einigermaßen ausgeglichen ist. Dann sollte man sich überzeugen, daß es im Laufrad weder lockere noch zu stark gespannte Speichen gibt.

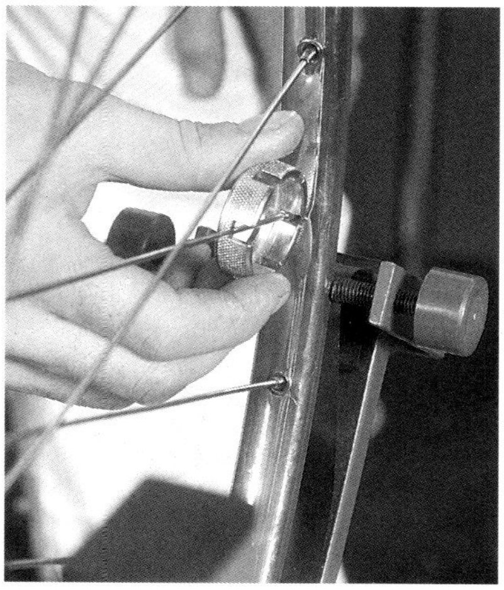

Mit dem Zentrierschlüssel (Nippelspanner) kann die Speiche nachgezogen werden.

Einstellmöglichkeiten der Schaltung: Die beiden Bilder oben zeigen die Einstellung des Umwerfers; auf den unteren drei Bildern sind die Einstellschrauben des Schaltwerks zu sehen. Zu beachten ist, daß die Anordnung bei jedem Hersteller etwas anders ist.

Schaltung einstellen

Schaltwerk und Überwerfer gehören zu den zuverlässigsten und ökonomischsten Kraft-Übertragungssystemen, die es überhaupt gibt. Sie brauchen relativ wenig Pflege – müssen aber genau eingestellt werden, damit sie richtig funktionieren. Die Schwenkbereiche von Schaltung und Umwerfer werden jeweils von zwei Einstell-Schräubchen begrenzt. Beim Schaltwerk verhindert das eine Schräubchen, daß die Kette über das größte Ritzel hinaus in die Speichen gerät, das andere, daß die Kette vom kleinsten Ritzel hinunter zwischen Zahnkranz und Ausfallende des Rahmens fällt. Der Umwerfer muß so eingestellt werden, daß die Kette weder nach innen noch nach außen von Kettenblättern herunterfallen kann. Man schaltet jeweils auf das größte oder kleinste Ritzel und auf das kleine oder große Kettenblatt. Dabei justiert man Schaltung und Umwerfer an den dafür vorgesehenen Schräubchen. Schließlich vergewissert man sich durch mehrfaches Herauf- und Hinunterschalten, daß die Kette bei allen Schaltmöglichkeiten gut läuft und dabei weder an den Speichen noch am Rahmen, noch am Umwerfer schleift. Das ist alles – mehr ist nicht einzustellen.

Bremsen einstellen

Rennräder haben meistens Seitenzugbremsen, die mit Inbusschrauben am Gabelkopf und an der Sitzstrebe befestigt sind. Zunächst ist es notwendig, die vordere und hintere Felgenbremse mit einem Inbusschlüssel grob zu zentrieren, d. h. sie mittelständig einzustellen. Danach werden die Bremsarme mit der Hand an die Felge gedrückt. In dieser Stellung wird dann der Bowdenzug stramm angezogen. Läßt man nun die Bremsarme los, bleibt meistens nur noch ein Zwischenraum von 2 mm zwischen Felge und Bremsschuh – die richtige Distanz für eine tadellose Funktion. Mit der Feineinstellschraube, die über dem Exzenter sitzt, kann man eine feine Nachjustierung vornehmen (Bild unten). Schließlich kontrolliert man, ob die Bremsschuhe parallel zur Felge stehen – und ob sie in Fahrtrichtung nach vorne geschlossen sind.

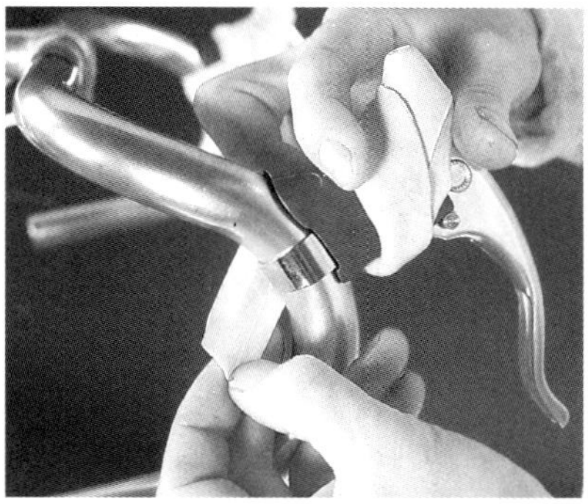

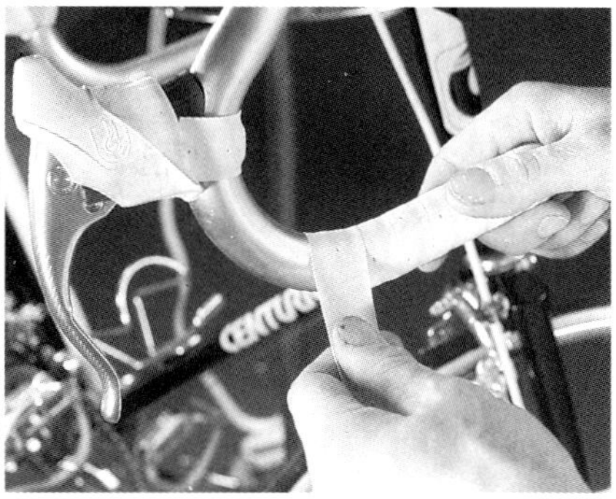

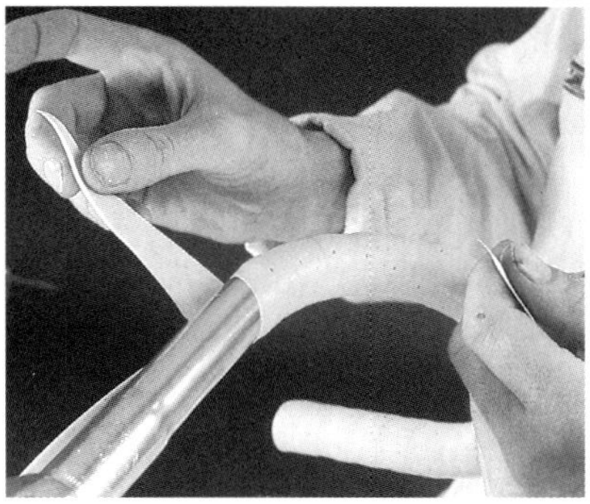

Lenkerband anbringen

Das Anbringen des Lenkerbandes beginnt an den Bremsgriffen. Dazu hebt man die Gummiabdeckung der Bremsgriffe etwas an und klebt ein Stück Lenkerband um die Halterung der Bremsgriffe; das Lenkerbandstück soll lang genug sein, um weit genug unter die Gummiabdeckung zu reichen. Dann beginnt man mit der Umwickelung des Lenkers am Lenkerende. Dabei muß man auf gleiche Abstände zwischen den Lagen achten. Um den Bremsgriff führt man die Wickelung mit einem 8er-Schlag. Ob man mit der Wickelung bis zur Vorbau-Manschette geht oder ein Stück vorher aufhört, bleibt dem Geschmack oder den individuellen Griffgewohnheiten überlassen. Das letzte Stück Lenkerband wird schräg abgeschnitten und mit Isolierband oder einem ähnlichen Klebeband, das häufig dem Lenkerband vom Hersteller beigelegt wird, fixiert.

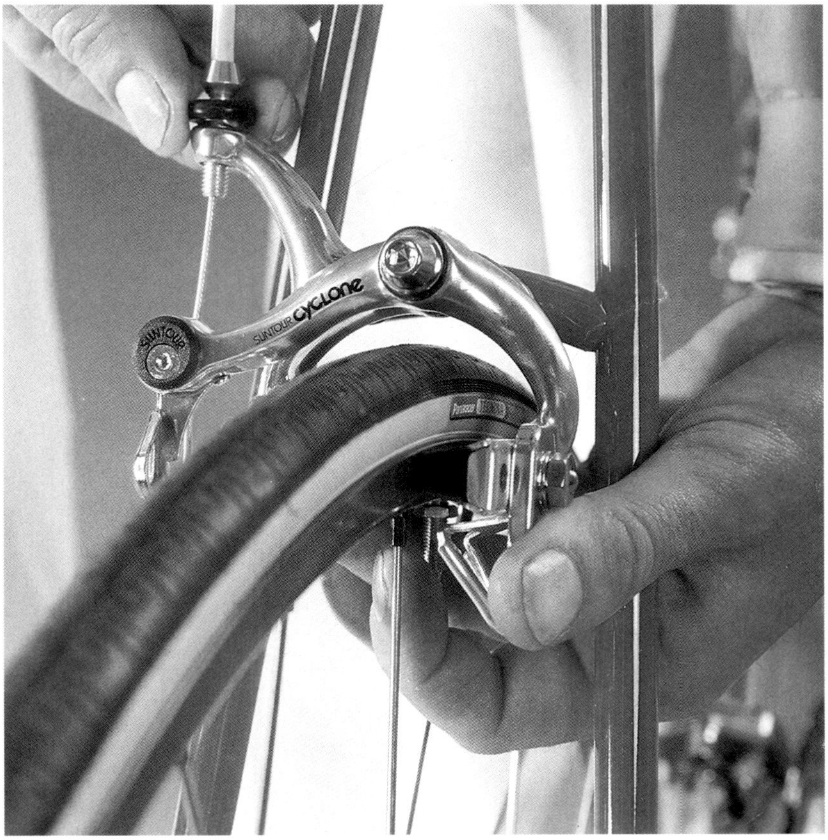

Feineinstellen der hinteren Bremsarme.

Nächste Doppelseite: Radsport in beeindruckender Bergkulisse (Dolomitenrundfahrt).

Radtransport

Es gibt eine Reihe von vernünftigen Gründen, warum man das Fahrrad mit dem Auto transportiert. Wer z. B. in der Stadt wohnt, wünscht sich, mit dem Auto wenigstens so weit hinauszufahren, bis ruhige Straßen erreicht sind. Oder man möchte an Wochenenden oder im Urlaub für sich und seine Familie die gewohnten Fahrräder mitnehmen, um seine Radtouren in einer völlig anderen Umgebung durchführen zu können. Fährt man alleine im Auto, ist es bei Rennrädern kein Problem, Vorder- und Hinterrad zu entfernen – und alles im Kofferraum zu verstauen. Bei anderen Radtypen, oder wenn der Kofferraum durch Gepäck belegt ist, empfehlen sich Dachgepäckträger für Fahrräder. Je nach Wagentyp kommt auch ein Kofferdeckel-Träger in Frage. Schließlich gibt es auch Fahrradständer für Wohnwagen und Wohnmobile. Fahrradständer können meistens drei oder vier Fahrräder transportieren, Spezialständer auch mehr. Prinzipiell gibt es zwei Möglichkeiten, Fahrräder zu transportieren: Das Fahrrad kann auf dem Kopf stehen, wobei es mit Sattel und Lenker befestigt wird – oder es steht aufrecht. Dabei wird es mit einer Seitenstange befestigt. Wenn das Vorderrad herausgenommen wird, kann die Gabel mit einer Schnellspannvorrichtung befestigt werden. Die letztgenannte Art ist zugleich die stabilste. Wie bei Skiträgern gibt es auch für Fahrräder abschließbare Dachständer. Meistens können Dachständer auch vielseitig verwendet werden, z. B. zum Transport von Surfbrettern oder Skiern.

Kleidungssortiment des Radsportlers (Grundausstattung).

Radtransport auf einem Spezial-Ständer, wie er auf Begleitautos für das Rennen montiert wird.

Befestigung an Gabel und Hinterrad gewährt beste Stabilität für den Transport.

Wichtig: Ein auf dem Dachträger stehendes Fahrrad bietet dem Wind mehr Angriffsfläche als etwa ein Paar Ski oder ein Surfbrett. Es empfiehlt sich daher, nicht schneller als 120 km/h zu fahren, wenn man Fahrräder transportiert.

Für Flugreisen gibt es spezielle Gepäcktaschen oder Koffer, in denen man das Fahrrad geschützt unterbringen kann.

Bekleidung

Die Geschwindigkeit auf dem Fahrrad ist größer als beim Gehen oder Laufen. Das ist durchaus angenehm, denn der auftretende Fahrtwind hat bei Hitze einen kühlenden Effekt. Man sollte aber darauf achten, daß bei kühler Witterung der Körper dadurch stärker auskühlt, als es der Außentemperatur ohne Fahrtwind entspricht. Darauf muß die Bekleidung sowohl bei Hitze als auch bei Kälte Rücksicht nehmen. Richtige Radsportler brauchen eine Sportkleidung, die jeder Witterung Rechnung trägt.

Übersicht und Vorschriften

Die Wettkampfbestimmungen für den Straßenrennsport der Sportordnung des Bundes Deutscher Radfahrer e. V. lauten für die Sportkleidung: »Die Teilnehmer von Straßen-, Rundstrecken- und Querfeldeinrennen sowie Kriterien müssen Rennschuhe, Rennhose und Trikots tragen.« Außerdem ist bei Wettkämpfen eine Sturzkappe oder ein Sturzhelm vorgeschrieben. Prinzipiell soll die Radsportkleidung folgende gefährdete Stellen des Körpers schützen: Rücken (Nierenregion, Lendenwirbelsäule), Sitzfläche, Füße und Hände. Das Kleidungssortiment eines gut ausgerüsteten Radsportlers sollte folgende Kleidungsstücke enthalten:

- ○ Radsporthosen (kurze Standardhose mit Ledereinsatz und/oder Latzhose, lange Hose)
- ○ Radsportschuhe (Sommer- und Winterausführung)
- ○ Überschuhe (Regen-Überschuhe, Thermo-Überschuhe)
- ○ Socken (kurze weiße Socken, warme Wollsocken)
- ○ Trikots (mit kurzem und langem Arm)
- ○ Unterhemden (saugfähig, atmungsaktiv)
- ○ Handschuhe (Fingerhandschuhe im Sommer, warme Handschuhe im Winter)
- ○ Kopfbedeckungen (Radsportmütze, Stirnband, Sturzhelm und/oder Sturzkappe, Wollmütze im Winter)
- ○ Regenkleidung (Regenjacke, Regenhose, Regen-Überschuhe)
- ○ Thermoanzug
- ○ Schutzbrille.

Radsporthosen

Sicherlich kann man auch ohne spezielle Radsporthose Radsport-Training betreiben. Wenn man jedoch regelmäßig trainiert und längere Zeiten auf dem Fahrrad verbringt, kann eine spezielle Radsporthose zum wichtigsten Kleidungsstück des Radsportlers werden. Sie besteht aus Wolle oder dehnbaren Kunstfasern. Am wichtigsten ist jedoch der Ledereinsatz aus feinstem Hirschleder, das der Schonung der Sitzfläche dient. Die Hosenbeine sollten ohne Falten anliegen und wenigstens ein Drittel der Oberschenkel bedecken. Der Hosengummi sollte nicht die Taille einschnüren. Hosenträger, die man zwischen Unterhemd und Trikot trägt, sichern einen guten Halt der Radsporthose. Bei Latzhosen sind Hosenträger angearbeitet. Bei Kälte schützt man die Beine entweder durch sog. »Beinlinge«, die wie Strümpfe bis über die Hosenbeine der kurzen Rennhose gestreift

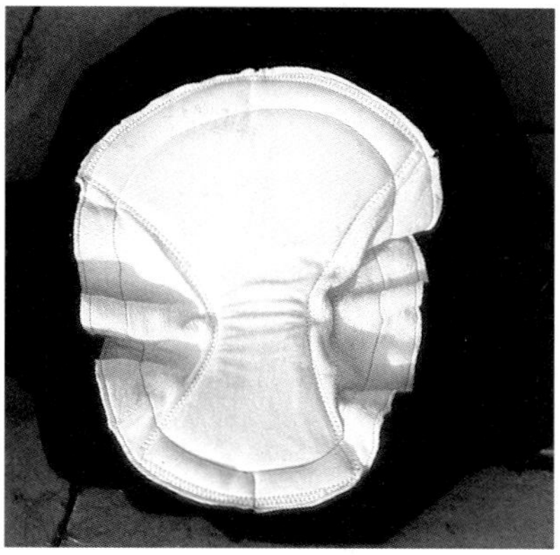

Innenleder einer Radsporthose.

Beinlinge für wechselnde Temperaturen.

werden, oder man zieht eine lange Rennhose über die kurze an.
Ein wichtiger Punkt ist die Pflege der Sitzfläche, denn man sitzt niemals trocken »im Leder« der Radsporthose, sondern bestreicht dieses immer ausreichend mit einer speziellen Sitzcreme, mit einer einfachen Glyzerin-Creme oder mit Vaseline. Dadurch wird verhindert, daß sich die Sitzfläche entzündet. Außerdem beugt man Haarbalgentzündungen, Furunkeln und Abszessen vor. Die Pflege der Sitzfläche ist ein wichtiger Punkt der Körperpflege des Radsportlers.

Radsportschuhe

Sicherlich kann man auch mit normalen Straßen- oder Sportschuhen mit dem Fahrrad spazierenfahren und auch längere Touren machen. Sogar der Hochleistungs-Radsportler zieht manchmal Sportschuhe zum Training an, nämlich im Winter bei großer Kälte. Aber ansonsten sollte jeder Radsportler, der regelmäßig trainiert, richtige Radschuhe benutzen. Durch ihre steifen, dicken Sohlen dienen sie

Verschiedene Modelle der Radsporthose.

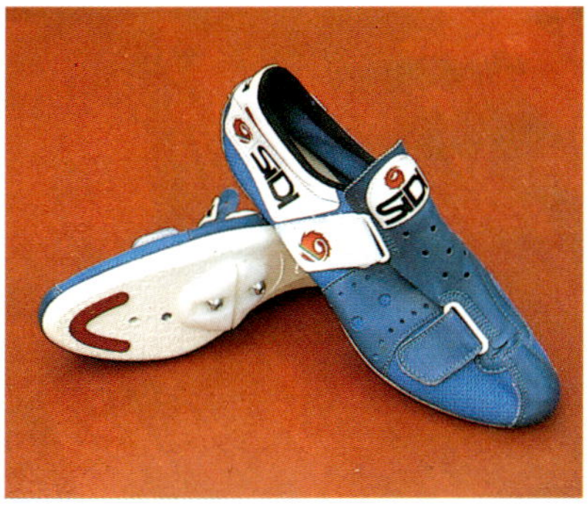

Moderne Radschuhe mit Klettverschluß und Pedalklammern.

Radsportschuh mit fester Pedalverbindung mit einem modernen System.

Interessant für Tour und Triathlon: Laufschuh mit integrierter Platte.

nämlich der optimalen Kraftübertragung auf die Pedale. Dabei liegt der Hauptdruck im Bereich der Großzehengrundgelenke. Außerdem ermöglichen die Radschuhe durch eine an der Schuhsohle befestigte Pedalklammer eine feste Führung mit dem Pedal, die Voraussetzung für einen optimalen Fahrstil ist. Es ist auch leicht einsehbar, daß sich bei mehreren Millionen Pedalumdrehungen im Jahr schon geringe Abweichungen im Fahrstil auf die Leistungen – und auch auf die Belastung von Gelenken, Sehnen und Bändern auswirken können.
Prinzipiell sollen gute Radsportschuhe folgende Bedingungen erfüllen:

- Sie sollen den Füßen sehr eng anliegen, allerdings ohne zu drükken und ohne den Blutkreislauf zu behindern.
- Die Sohlen sollen wegen der optimalen Kraftübertragung steif und fest sein – außerdem sollen sie Löcher haben, damit die Luft zirkulieren und bei Regen das eingedrungene Wasser abfließen kann.
- Sie sollen möglichst leicht sein.
- Sie sollen mit den Pedalklammern an der Schuhsohle, mit dem Pedal, den Pedalhaken und den Pedalriemen eine Funktionseinheit bilden.

Die Schuhe müssen richtig passen und eng sitzen. Daher kauft man sie sich lieber eine halbe Nummer kleiner; denn durch Beanspruchung und durch Nässe dehnen sie sich allmählich aus. Sitzen die neuen Radsportschuhe etwas zu knapp, stellt man sich mit ihnen in lauwarmes Wasser und schließt dann eine Trainingsfahrt an, bis die Schuhe von selbst trocknen. So bekommt der Schuh die gewünschte Form. Wegen der großen Bedeutung der Radsportschuhe sollte man sich nur beste Qualität aussuchen. Die Radsportschuhe sind zum Radfahren da – und nicht zum Spazierengehen. Denn dadurch verliert ihre Sohle an Festigkeit, und die Pedalklammern werden abgenutzt. Daher zieht man die Radsportschuhe erst kurz vor Besteigen des Fahrrades an und zieht sie nach Ende des Trainings sofort wieder aus. Natürlich muß man sie auch sorgfältig pflegen, zumal wenn sie bei Regenwetter naß und schmutzig geworden sind. Dann stopft man sie mit Zeitungspapier aus und läßt sie an der Luft trocknen – nicht auf der Heizung, da sonst das

Überschuhe gegen Regen und Kälte.

Leder brüchig und spröde wird. Die so getrockneten Radsportschuhe werden dann gründlich sauber gebürstet und mit einer guten imprägnierenden Lederschuhcreme eingefettet.
Unbedingt notwendig sind die Pedalklammern, die meistens aus Kunststoff angefertigt sind. Ihre richtige Montage ist für den gesamten Fahrstil von größter Bedeutung (siehe S.68). Bereits eine Abweichung von weniger als 1 mm vom idealen Bewegungsablauf kann die gesamte Biomechanik des Tretvorganges stören.
Es gibt auch komplette Systeme mit fester Verbindung zwischen Radsportschuh und Pedal (z. B. Look-System). Durch Drehen des Fußes wird der Schuh wie bei einer Skibindung eingeklinkt, so daß hier Pedalhaken und Pedalriemen überflüssig sind. Es muß noch abgewartet werden, ob dieses moderne System dem üblichen System von Pedalklammern – Pedalhaken – Pedalriemen tatsächlich überlegen ist; denn es wird nur die Schuhsohle an einer bestimmten Stelle am Pedal fixiert, während bisher durch das übliche System auch die Schuhspitze und der Fußrücken beim Ziehen des Pedales nach oben einen Halt hat.

Überschuhe

Bestimmte Witterungsbedingungen machen es nötig, die Radsportschuhe durch Überschuhe zu schützen. So sollte man bei Regenwetter durch

Regenüberschuhe Schuh und Füße vor Nässe schützen. Zudem sind die Füße bei Kälte ein sehr schwacher Punkt, anfällig für Unterkühlung. Daher empfehlen sich bei kalter Witterung Thermo-Überschuhe, welche die Füße vor Unterkühlung oder gar Erfrierungen schützen.

Socken

Im Radsport sind weiße Socken üblich. Sie sollten bis knapp über die Knöchel reichen. Meistens sind sie aus Wolle oder Baumwolle . – Bei kühler Witterung und im Winter sollte man etwas dickere Wollsocken tragen. Bei kühler Witterung ziehen manche Radprofis sogar Wollsocken über die Radsportschuhe an. Diese kleine Maßnahme hat einen großen Effekt: Man kann nämlich noch bis zu recht niedrigen Temperaturen auf diese Weise trainieren, ohne gleich spezielle Thermo-Überschuhe anziehen zu müssen.

Trikots

Es gibt Trikots mit kurzem Arm für den Sommer und mit langem Arm für die kühleren Jahreszeiten. Trikots sind durchaus nützlich und sinnvoll. Sie sollen den Körper vor Kälte schützen, den entstehenden Schweiß möglichst rasch nach außen ableiten und dem Körper eng anliegen, ohne zu flattern – und schließlich soll der Rükken – insbesondere die Nierenregion! – geschützt sein. Dazu muß das Trikot bei der vornübergebeugten Sitzposition auf dem Fahrrad hinten lang genug sein, um auch den unteren Teil des Rückens ausreichend zu bedecken. Während früher die Rad-Trikots meistens aus Wolle waren, gibt es heute spezielle Kunstfasern in mehreren Schichten, die atmungsaktiv, nach außen windabweisend und innen schweißaufsaugend sind (z. B. Dunova®, Gore-Tex® u. a.). Trikots gibt es in reicher Auswahl und in verschiedensten Farben. Das sollte man

Der Radsportler trägt kurze weiße Socken; alle tun das, wie man sieht.

durchaus nutzen, um buchstäblich Farbe in den Radsport zu bringen. Außerdem wird man von Autofahrern eher erkannt, wenn man ein buntes Trikot mit hellen Farben trägt. In der heutigen Zeit ist es kaum zu vermeiden, daß Trikots als Werbeflächen benutzt werden. Diesbezüglich schreibt die Sportordnung des Bundes Deutscher Radfahrer e. V. für Trikots bei Radrennen vor, daß diese

Ärmlinge sind zweckmäßig bei wechselhaftem Wetter.

Reklameaufschriften nicht höher als 16 cm sein dürfen. Auf den Ärmeln ist nur eine Zeile mit maximal 5 cm Höhe gestattet. Eine Werbung für Alkohol und Tabakwaren ist prinzipiell verboten! Sportler sollten für diese Dinge prinzipiell keine Werbung betreiben – auch nicht in anderen Sportarten. Bei kalter Witterung oder für das Warmfahren vor Radrennen gibt es Ärmlinge, die den Beinlingen für die Beine entsprechen. Ärmlinge sind auch nützlich, wenn man in der Kälte des Morgens frühzeitig auf Tour geht und zu erwarten ist, daß sich gegen Mittag höhere Temperaturen einstellen.

Unterhemden

Bei den Unterhemden haben sich ebenfalls spezielle Mischgewebe durchgesetzt, die den Schweiß nach außen ableiten. Grundsätzlich sollte immer unter dem Trikot, auch im Sommer, ein Unterhemd getragen werden. Manchmal ist es auch anzuraten, ein zweites Unterhemd in der Trikottasche mitzuführen, z. B. bei Fahrten im Gebirge: Man kommt schweißdurchnäßt auf Bergkuppen an – und hat dann eine rasante Abfahrt vor sich. Mit naßgeschwitztem Unterhemd kann man sich so erkälten. Es ist daher ein nützlicher Ratschlag, auf der Paßhöhe oder dem Gipfel zumindest ein trockenes Unterhemd anzuziehen.

Handschuhe

Auch im Sommer sollte, zumindest beim sportlichen Radfahren und beim Rennradfahren, nicht auf Handschuhe verzichtet werden. Die Renn-Handschuhe mit kurzen Fingerlingen werden auch Bremshandschuhe genannt, und zwar aus zweierlei Gründen: Bahnradrennfahrer, deren Rennmaschinen keine Bremsen besitzen, greifen manchmal mit den Handschuhen auf die Vorderreifen, um auf diese Art zu bremsen. Zum anderen schützen die Handschuhe die Hände,

wenn man z. B. in Bremsgriffhaltung längere Zeit fährt. Schließlich sind Radsport-Handschuhe auch noch aus anderen Gründen nützlich: Wenn sich auf den Reifen kleine Schottersteinchen oder andere Fremdkörper befinden, können sie während der Fahrt entfernt werden, indem man die behandschuhte Hand kurz auf den Reifen legt. Außerdem bieten Handschuhe bei Stürzen Schutz vor Abschürfungen.
Es gibt verschiedene Ausführungen. Im Bereich der Handflächen sind sie meistens aus weichem Leder, am Handrücken aus Strickstoff oder Kunststoff. Das Leder in der Handfläche ist abgesteppt und wirkt als dünne Polsterung gegen die Stöße des Lenkers. Dadurch können Blasenbildungen bei längeren Fahrten verhindert werden. Es gibt auch Handschuhe, die ganz aus Leder bestehen. Dieses Leder muß aber sehr strapazierfähig und saugfähig sein. Das ist z. B. bei dem sog. Peccary-Leder der Fall. Die Radsport-Handschuhe soll man beim Kauf immer selbst probieren, da sie einerseits eng anliegen sollen – aber andererseits nicht einschnüren dürfen. Zu große Handschuhe werfen Falten, verschieben sich und beeinträchtigen den festen Zugriff am Lenker.
Für kühle Tage nimmt man lange Fingerhandschuhe, z. B. Skilanglauf-Handschuhe. Für sehr kalte Außentemperaturen gibt es spezielle Thermo-Handschuhe.

Radsporthandschuhe aus dünnem Stoff.

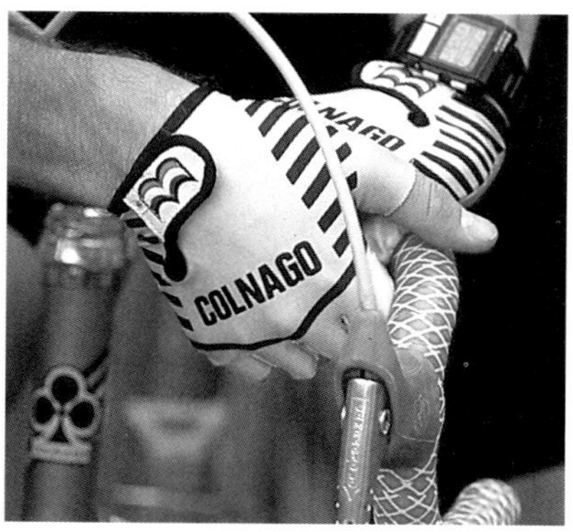

Radsportmütze

Stirnband aus schweißsaugendem Material.

Radsportmütze und Stirnband

Zunächst soll verhindert werden, daß der Schweiß in die Augen läuft. Das wird mit einer Radsportmütze, deren Mützenrand saugfähig ist, erreicht. Auch ein Stirnband erfüllt diesen Zweck. Eine Radsportmütze schützt den Kopf aber zusätzlich vor Sonneneinstrahlung. Außerdem dient sie bei Bergabfahrten als Schutz gegen Unterkühlung der Kopfhaut. Der berühmte Radrennfahrer Fausto Coppi hat sich bei sehr großer Sommerhitze zur Kühlung ein Kohlblatt auf den Kopf unter die Radsportmütze gelegt. Für die kalte Jahreszeit gibt es spezielle Wollmützen, die auch die Ohren schützen.

Sturzkappe, hier über der Radsportmütze getragen.

Sturzhelm und Sturzkappe

Für Amateur-Radrennen ist wenigstens eine Sturzkappe (Sturzring) vorgeschrieben. Vom Sicherheitsstandpunkt sind Sturzhelme jedoch sicherer. Sturzkappen bestehen aus gepolsterten festen Lederstreifen, die mit einem Riemen unter dem Kinn befestigt werden. Sie schützen den Kopf aber nicht lückenlos. Außerdem können sie sich bei Stürzen verschieben. Sturzhelme dagegen sind aus stabilem Kunststoff angefertigt. Dadurch haben sie ein relativ geringes Gewicht. Sie sind mit Löchern ausgestattet, damit die Luft zirkulieren kann. Sicherlich sind sie bei großer Hitze etwas unangenehmer zu tragen als Sturzkappen. Trotzdem sollte man

Radsporthelm aus bruchfestem und stoßabsorbierendem Material, Schutzbrille.

den Sicherheitsstandpunkt höher bewerten und Sturzhelme bevorzugen. Besonders Anfänger sollten sich an diesen Grundsatz halten, da sie erfahrungsgemäß durch Stürze stärker gefährdet sind als erfahrene Radsportler. Statistiken weisen außerdem nach, daß Radsportler, die bereits einen oder mehrere Stürze hinter sich haben, durch weitere Stürze gefährdet sind. Profis sind hier etwas großzügiger und verzichten meist ganz auf den Kopfschutz. Das sollte man aber nicht zur allgemeinen Regel erheben, da die Erfahrung eines Radprofis einen Schutz gegen Stürze darstellt, über den der Unerfahrene nicht verfügt.

Windjacke

Windjacke und Windlatz

Es gibt spezielle Windjacken für kühlere Witterung, die vorne aus einem windundurchlässigen Nylongewebe und ansonsten, besonders hinten, aus einem luftdurchlässigen Wollgewebe bestehen. Außerdem gibt es noch einen speziellen Windlatz. Er wird zwischen Unterhemd und Trikot als Schutz gegen Auskühlung durch den Fahrtwind getragen. Der Windlatz hat ein Vorder- und ein Rückenteil. An den Seiten ist er offen, damit die Luftzirkulation gewährleistet ist.

Rennanzug

Der Rennanzug ist ein einteiliger Anzug mit integrierter Rennhose. Er wird im Oberteil durch einen Reißverschluß bis zum Hals geschlossen.

Regenjacke und Regenhose

Nach dem Motto: »Es gibt kein schlechtes Wetter – sondern nur schlechte Kleidung« trainieren unentwegte Radsportler auch bei Regen, Nässe und Kälte. Aber auch wer den Regen nicht mag, kann unvorhergesehen in Regenwetter geraten. Eine Regenjacke schützt gleichzeitig gegen Nässe und Kälte. Bei warmem Wetter wurden früher Regenjacken von Radrennfahrern kaum benutzt, da man mit ihnen wegen der geringen Luftdurchlässigkeit sehr stark schwitzte. Heutzutage gibt es jedoch Regenjacken aus einem speziellen Material (z. B. Gore-Tex®), das wasserdicht und zugleich luftdurchlässig ist. Vorne hat die Regenjacke einen Klettverschluß und hinten ein verlängertes Rückenteil, das bis über das Gesäß hinabreicht, zum Schutz gegen Spritzwasser vom Hinterrad. Zusammengerollt paßt die Regenjacke in eine Trikottasche.
Bei längeren Regenfahrten sind auch Regenhosen zu empfehlen, bei Regen und Kälte auch Regen-Überschuhe.

Regenjacken bei Regen und kalt-feuchtem Wetter (Giro d'Italia).

Eng anliegender Rennanzug (Olympia-Sieger Dill Bundi, Schweiz).

Das Material besteht aus seidenglänzendem Kunststoff mit sehr glatter Oberfläche und liegt der Haut eng an. Durch dieses Material wird eine Herabsetzung des Lufwiderstandsbeiwertes erreicht. Rennanzüge werden besonders bei Zeitfahrten und Bergrennen benutzt, da man hier keine Taschen für Proviant und sonstige Dinge benötigt. Das Material ist zwar dicht gewebt, aber es läßt die Haut atmen und den Schweiß verdunsten.

Thermoanzug für große Kälte im Winter.

Thermo-Anzug

Luftdurchlässiges Thermo-Material ermöglicht es dem Radsportler, auch bei relativ großer Kälte trainieren zu können. Aus diesem Material gibt es ganze Anzüge, einzelne Jacken, Latzhosen, Handschuhe, Überschuhe und Mützen. Für unverwüstliche Radsportler gibt es auch so etwas wie »Taucheranzüge«: Ganze Allwetteranzüge mit Kapuze, Mundschutz und wasserdichten Schweißnähten an Jacke und Hose, alles wasser- und winddicht und trotzdem atmungsaktiv (z. B. aus Gore-Tex®).

Trainingsbekleidung

Im Sommer bei schönem Wetter wird in üblicher Rennkleidung trainiert: Die Trikots sind kurzärmelig, die Rennhosen kurz. Außerdem zieht man Radsportschuhe, kurze weiße Socken und Handschuhe mit kurzen Fingerlingen an. Trikots in lebendi-

Bild rechts:
Trainingsbekleidung im Sommer.

Lange Radsporthose, Thermo-Handschuhe, Überschuhe.

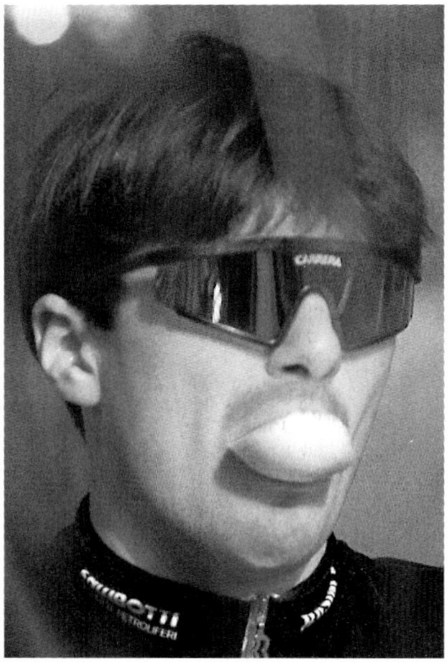

Leichte Radsport-Schutzbrille, die auch gegen Zugluft schützt.

gen hellen Farben sind weithin sichtbar und tragen so zur Unfallverhütung bei. Wer sehr lange Trainingsfahrten mit größeren Bergen und längeren Abfahrten unternimmt, sollte immer ein trockenes Unterhemd für die Abfahrt mitführen. Gegen Unterkühlung bei der Abfahrt schützt auch ganz normales, zwischen Unterhemd und Trikot im Brustbereich eingelegtes Zeitungspapier. Bei unsicherer Witterung empfiehlt es sich, zusätzlich eine Regenjacke mitzunehmen. Gegen die Sonneneinstrahlung schützt eine Radsportmütze. Wer rasant trainiert, sollte den Kopf durch eine Sturzkappe oder einen Sturzhelm schützen.

Im Frühjahr, Herbst und Winter bei zunehmend kühleren Temperaturen wird man zunächst statt des kurzärmeligen ein langärmeliges Trikot anziehen. Wenn es noch kälter wird, sollte man ein bis zwei oder sogar drei Trikots übereinander tragen, da die zusätzlichen Luftschichten gegen Kälte isolieren. Wenn es langsam auch an den Beinen empfindlich kalt wird, wird man zu einer langen Rennhose übergehen müssen. Bei Temperaturen, die niedriger als 5°C liegen, machen sich zwei besonders empfindliche Stellen des Körpers bemerkbar: die Hände und die Füße. Die Hände werden durch Fingerhandschuhe (z. B. Skilanglauf-Handschuhe), durch Wollhandschuhe oder durch spezielle Thermo-Handschuhe geschützt. Die Füße werden durch Woll-Socken, die über die Radschuhe angezogen werden, oder ebenfalls durch spezielle Thermo-Überschuhe warmgehalten. Es gibt auch richtige Radsport-Winterschuhe, die mit Fell gefüttert sind. Den Kopf schützt eine dicke Wollmütze, die bis über die Ohren reichen sollte. Wenn es noch kälter wird, kann man über einen oder zwei Pullover zusätzlich als Schutz gegen den Fahrtwind eine windundurchlässige Regenjacke anziehen. Statt der warmen, langen Rennhose werden auch Kniebundhosen mit Wollstrümpfen getragen. Wenn sich die Temperaturen 0°C nähern, wird man die oben beschriebene Thermo-Schutzkleidung einsetzen. Aber nur richtige Radrennfahrer – oder ganz leidenschaftliche Radsport-Fans werden bei diesen oder bei noch tieferen Temperaturen auf dem Fahrrad trainieren. Denn es gibt schließlich im Winter noch andere Trainingsmittel, um leistungsfördernde Reize zu setzen.

Schutzbrillen

Auch der Hobby-Radsportler erreicht bei Bergabfahrten Fahrgeschwindigkeiten von 40 bis 60 km/h – der Radrennfahrer solche von 60 bis 80 km/h. Bei dieser hohen Fahrgeschwindigkeit sind die Augen durch Insekten und Fremdkörper gefährdet. Deswegen tragen auch immer mehr Radsport-Profis spezielle Radsport-Schutzbrillen, entweder farblos oder getönt mit zusätzlichem Schutz gegen starke Sonneneinstrahlung.

Der Mensch auf dem Rennrad

Die Harmonie zwischen menschlicher Maschine – unserem Organismus mit seiner Biomechanik und seiner biologischen Leistungsfähigkeit – und der technischen Maschine – dem Fahrrad – ist der wesentliche Grund für die Faszination des Radfahrens überhaupt. Nur wenn Mensch und Fahrrad ideal zusammenarbeiten, kann die körperliche Leistung optimal entfaltet werden. Voraussetzung dafür sind die richtige Sitzposition, ein guter Fahrstil und die Beherrschung der Kunst des Pedalierens. Ein guter Fahrstil vermittelt ein Gefühl der Stabilität und zugleich der Leichtigkeit.

Die richtige Sitzposition

Durch Veränderungen am Sattel und am Lenker kann man die Feinabstimmung der individuellen Sitzposition vornehmen. Voraussetzung dafür ist jedoch, daß die fixen Punkte des Fahrrades zur eigenen Körpergröße passen, nämlich Rahmenmaße, Tretkurbellänge, Lenkerbreite und Lenkervorbau. Durch individuelle Einstellung der Sattelhöhe, der Sattelneigung, der Sitzlänge und der Lenkerhöhe kann man nun die individuelle Sitzposition einstellen. Man muß während der Fahrt auf seinem Fahrrad alle Bewegungsabläufe locker ausführen können. Bei falscher Sitzposition ist der Bewegungsablauf gestört – und außerdem kommt es zu Beschwerden wie Muskelverkrampfungen der Arme, des Nackens und des Rückens, Schmerzen in den Oberschenkeln. So mancher Radprofi, der vom Straßenrennrad auf die nicht genau angemessene Zeitfahrmaschine wechselte, mußte eine minimal andere Sitzposition mit Sehnenreizungen, vor allem am Kniegelenk, bezahlen. All dies zeigt, wie wichtig die richtige individuelle Sitzposition ist.

Entscheidend für die optimale Leistungsentfaltung ist die individuelle Sitzposition – und ein eleganter Fahrstil.

Fahrtechnik

Sattelhöhe

Der Sattel soll weder zu hoch noch zu niedrig sein. Das Bein soll im Kniegelenk beim Passieren des unteren Punktes der Pedalumdrehung weder zu stark gebeugt noch zu stark gestreckt sein. Die Beugung im Kniegelenk soll an diesem Punkt etwa 170° bis 175° betragen. Zunächst stellt man die Sattelhöhe nur nach ungefährer Schätzung ein. Danach gibt es drei Möglichkeiten, um die individuelle Sattelhöhe endgültig festzulegen:

1. Man setzt sich auf den Sattel, stellt das Pedal auf den untersten Punkt und setzt die Ferse auf das Pedal. Das Bein soll dabei gestreckt sein.
2. In der gleichen Position muß man mit gestrecktem Bein bei waagerechter Fußstellung die Fußspitze unter das Pedal schieben können.
3. Die Sattelhöhe – gemessen von Mitte Tretlagerachse bis Oberkante des Sattels – erhält man, indem die Schrittlänge mit dem Faktor 0,885 multipliziert wird.

Von dieser Standardeinstellung kann es in speziellen Situationen gewisse Abweichungen geben. So stellen Radsportler, die regelmäßig sehr hohe Tretfrequenzen bevorzugen, den Sattel eher etwas tiefer ein. Andere wiederum, z. B. Radrennfahrer beim Zeitfahren, die mehr mit hohem Kraftaufwand treten, stellen ihren Sattel etwas höher ein. Die relativ höchste Satteleinstellung bevorzugen Sprinter, so daß ihre Beine am unteren Punkt der Pedalumdrehung fast gestreckt sind. Diese Einstellung ist für den Touren- und Radsportler aber auf jeden Fall zu hoch.

Sattelneigung: Horizontale Einstellung mit Wasserwaage.

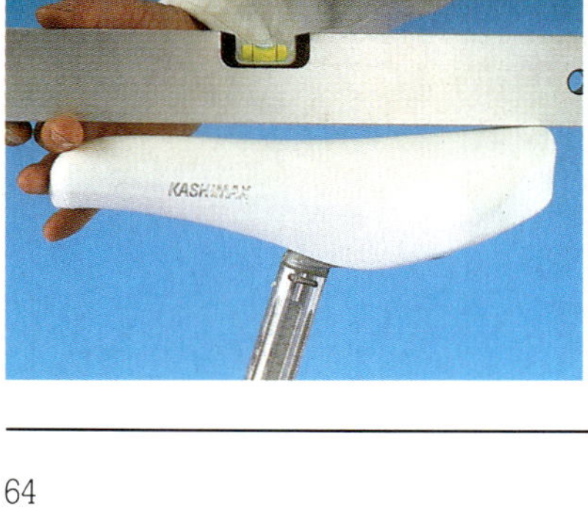

Stellung der Beine bei richtiger Sattelhöhe.

Wurde die Sattelhöhe bei einem neuen Sattel eingestellt, muß man wissen, daß jeder neue Sattel nach etwa 3000 bis 4000 km bis zu 10 mm in der Sitzfläche nachgeben und durchhängen kann. Dementsprechend muß die Sattelhöhe später nochmals korrigiert werden.

Sattelneigung

Im Normalfall wird der Sattel exakt horizontal eingestellt, also parallel zum Oberrohr des Rahmens, am besten mit einer Wasserwaage.

Bei gestrecktem Bein muß man mit der Ferse bequem das Pedal erreichen.

Schließlich wird noch die Stellung des Sattels durch Vor- oder Zurückstellen korrigiert. Die richtige Sattelstellung erhält man, wenn ein vorn über die Kniescheibe gelegtes Lot genau durch die Pedalachse der waagerecht stehenden Tretkurbeln fällt. Normalerweise liegt dann das von der Sattelspitze nach unten gefällte Lot etwa 2 bis 5 cm – durchschnittlich 4 cm – hinter der Mitte der Tretlagerachse. Dieses Maß bezeichnet man als Sattelstellung. Manche Radsportler stellen den Sattel auch etwas mehr nach vorne oder hinten, so daß das durch die Kniescheibe gefällte Lot mehr auf die Mitte zwischen Pedalachse und vorderem oder hinterem Pedalsteg trifft. Der Abstand von der Sattelspitze bis zum Hinterrand des Lenkers, der auch als Sitzlänge bezeichnet wird, hängt nun im wesentlichen von der Länge des Vorbaues ab. Wenn die Tretkurbeln parallel zum Unterrohr (Schrägrohr) des Rahmens stehen, und der Fahrer den Lenker unten umfaßt, sollte noch etwas Spielraum von ca. 5 mm zwischen Knie und angewinkeltem Ellbogen vorhanden sein. Allenfalls darf das Knie den Ellbogen in dieser Stellung leicht berühren.

Sattelstellung: Das Lot von der Sattelspitze liegt etwa 4 cm hinter der Mitte der Tretlagerachse.

Bei gestrecktem Bein muß man mit der Fußspitze unter das Pedal gelangen.

Korrekte Sattelstellung: Das Lot von der Kniescheibe soll bei waagerechter Tretkurbelstellung nach unten genau die Pedalachse treffen.

Richtige Vorbaulänge: Wenn die Rahmenmaße stimmen, die Sitzposition richtig ist, dann darf in der gezeichneten Position das Knie den Ellbogen fast berühren (tiefe Lenkerhaltung, Tretkurbel parallel zum Unterrohr des Rahmens).

Prinzipiell sollte der Rahmen so kurz wie möglich, der Vorbau dagegen so lang wie möglich gewählt werden. Dann ist die größte Stabilität gegeben. Wenn man nach der genannten Feineinstellung des Sattels einen längeren Vorbau als 12 bis 15 cm benötigen würde, ist die Rahmenlänge zu kurz.

Schließlich noch ein Hinweis: Wenn Radsportler bei richtiger Rahmen- und Vorbaulänge trotzdem unter chronischen Rückenschmerzen leiden, kann ihnen oftmals ein um 5 bis 10 mm kürzerer Vorbau helfen.

Kräftiger Antritt. Zur besseren Kraftentfaltung ist der Radsportler auf dem Sattel etwas nach vorne gerutscht.

Fahrtechnik

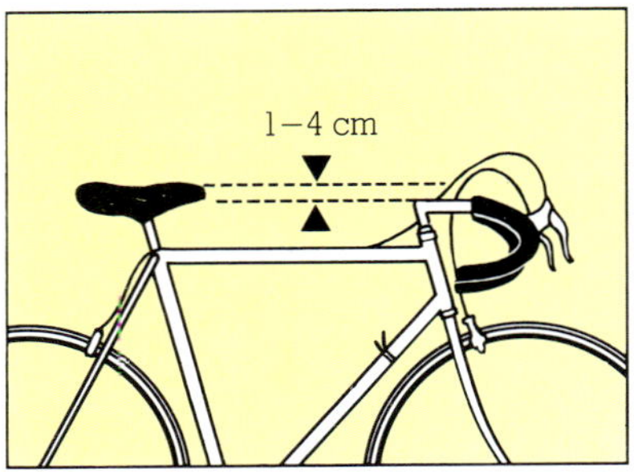

Lenkerhöhe: Je nach Körperbau und Trainingszustand kann der Lenker in Höhe des Sattels oder bis zu 3 bis 4 cm darunter eingestellt werden.

Lenkerhöhe

Bei Alltags- und Tourenrädern, bei denen man eine aufrechte Körperhaltung bevorzugt, kann der Lenker durchaus höher als der Sattel eingestellt sein. Das hat eine bequeme aufrechte Fahrweise zur Folge. Je sportlicher man fährt und je höher die Fahrgeschwindigkeit wird, desto günstiger ist es wegen des erhöhten Luftwiderstandes, eine gebeugte Körperhaltung einzunehmen. Trotzdem sollte die Atmung nicht behindert werden. Das hängt natürlich auch vom Körperbau ab: Radsportler mit Bauchansatz müssen mit einer relativ höheren Lenkerhöhe beginnen. Zu Anfang eines Radsporttrainings kann die Lenkerhöhe etwa der Sattelhöhe entsprechen. Je mehr der Trainingszustand zunimmt und das Bauchfett schwindet, desto tiefer kann der Lenker im Verhältnis zum Sattel stehen. Bei austrainierten Radsportlern kann der Lenker etwa 3 bis 4 cm unter der Sattelhöhe eingestellt werden. Dabei sollte man während der Fahrt in unterer Lenkergriffhaltung noch gut durchatmen können. Die unteren Lenkergriffe des Rennlenkers selbst sollten etwa waagerecht eingestellt sein, allenfalls dürfen sie leicht nach hinten abfallen.

Maßkarte

Bereits früher (Seite 24) wurde die individuelle Maßkarte für die festen Maße des Rennrades angelegt: Rahmenmaße, Vorbaulänge, Tretkurbellänge, Länge der Pedalhaken. Jetzt sollte man diese Maßkarte mit den variablen Maßen seiner individuellen Sitzposition ergänzen. Sattelhöhe (Abstand Mitte Tretlagerachse bis Oberrand der Sattelsitzfläche), Sattelstellung (Abstand Sattelspitze bis Lot auf die Mitte der Tretlagerachse) sowie Sitzlänge (Abstand Sattelspitze bis Hinterrand des Lenkerbügels) und Lenkerhöhe (senkrechter Abstand zwischen Satteloberrand und Oberrand des Lenkerbügels).

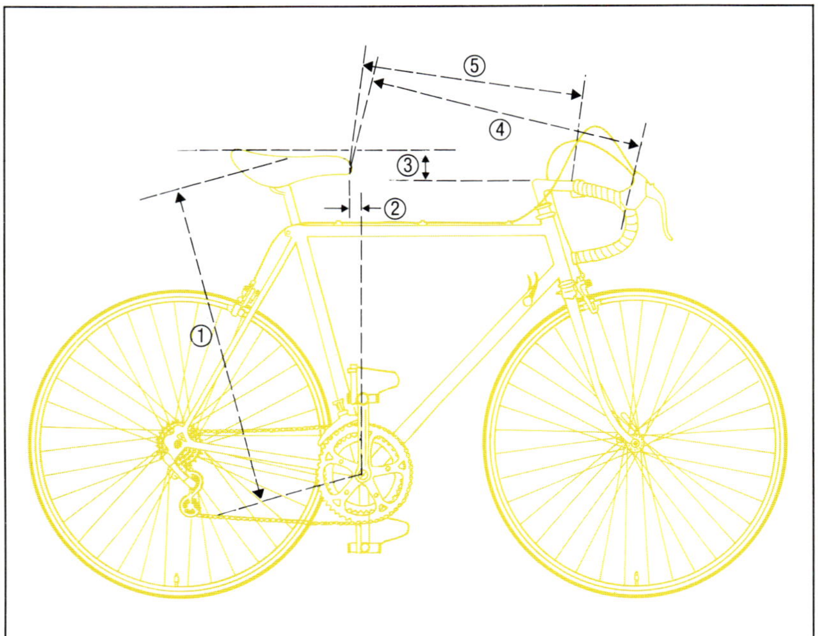

1 Sattelhöhe
2 Sattelstellung
3 Lenkerhöhe
4 Abstand Sattelspitze – Lenkerbügel (Krümmung)
5 Abstand Sattelspitze – Lenkerbügel (oben, hinterer Rand)

Maßkarte für Sitzposition.

Die Widerstandskräfte beim Radfahren

Wer gelernt hat, auf seinem Fahrrad richtig zu sitzen, sollte daran gehen, seine Fahrtechnik zu verbessern. Dazu sollte man bestimmte physikalische Grundlagen kennen, um sein Fahrrad in verschiedensten Situationen beherrschen zu können. Gerade im Radsport ist es wichtig, die Kräfte rationell und ökonomisch einzusetzen, da bei den erreichten Geschwindigkeiten Widerstandskräfte auftreten, die es in anderen Sportarten nicht gibt. Im wesentlichen sind drei Widerstandskräfte zu überwinden:

- ○ Rollreibungskraft
- ○ Luftwiderstandskraft
- ○ Hangabtriebskraft.

Der Gesamtwiderstand in der Ebene hängt von der Luftwiderstandskraft und der Rollreibungskraft ab, während beim Bergauffahren noch zusätzlich die Hangabtriebskraft zu überwinden ist. Wer weiß, von welchen Faktoren diese Kräfte abhängen, kann durch entsprechende Maßnahmen den Einfluß dieser Widerstandskräfte vermindern. Denn die menschliche Leistungsfähigkeit, welche diese Widerstandskräfte überwinden muß, ist begrenzt.

Luftwiderstandsleistung in Watt bei verschiedenen Körperhaltungen und Geschwindigkeiten

Haltung	*Windangriffsfläche (m^2)*	*Luftwiderstandsleistung (Watt) bei*			
		30 km/h	*35 km/h*	*40 km/h*	*45 km/h*
hoch	0,5	200	300	470	650
mittel	0,4	150	230	340	500
tief	0,3	110	150	250	350

Radsportleistung in Watt

In der Technik ist es üblich, die Leistung in Kilowatt (kW) oder Pferdestärken (PS) anzugeben. Diese Maßeinheiten sind uns bei der Leistungsangabe unseres Automotors durchaus geläufig. Auch beim Menschen kann man diese Maßeinheiten benutzen, um die menschliche Leistung in Zahlen anzugeben. Diese Maßeinheiten hängen wie folgt zusammen:

1 Pferdestärke (PS) = 735 Watt (W) = 0,735 Kilowatt (kW).
1 Kilowatt (kW) = 1000 Watt (W) = 1,36 Pferdestärken (PS).
0,1 Kilowatt (kW) = 100 Watt (W) = 0,136 Pferdestärken (PS).

Menschen ohne ein besonderes Training leisten mit 30 Jahren etwa 2 bis 3 Watt pro Kilogramm Körpergewicht, also etwa 150 bis 250 Watt. Für die tägliche Hausarbeit braucht man etwa eine Leistung von 100 bis 120 Watt. Wer zügig Treppen hinaufsteigt, leistet etwa 120 bis 150 Watt. Ein langsamer Dauerlauf bedeutet etwa eine Leistung von 150 bis 180 Watt. Rad-Tourenfahrer die mit einer Durchschnittsgeschwindigkeit von 25 bis 30 km/h fahren, müssen etwa 180 bis 220 Watt leisten. Radrennfahrer der Seniorenklasse mit einem durchschnittlichen Körpergewicht von 70 kg müssen ungefähr eine Leistungsfähigkeit von 300 bis 350 Watt haben, um eine Durchschnittsgeschwindigkeit von 40 km/h zu erreichen. Straßenradrennfahrer der Nationalmannschaft müssen eine Leistungsfähigkeit von etwa 400 bis 450 Watt besitzen. Radprofis liegen noch darüber. Eddy Merckx leistete über 500 Watt! Man sieht, in welch großem Bereich die menschliche Leistungsfähigkeit je nach Trainingszustand variieren kann.

Fahrgeschwindigkeit, Körperhaltung und Leistung

Für eine Geschwindigkeit von 30 km/h in der Ebene ohne Gegenwind muß man bei mittlerer Körperhaltung eine Leistung von etwa 150 Watt aufbringen, für 35 km/h eine von 240 Watt – und für 40 km/h schon eine Leistung von 300 Watt! Ein durchschnittlich trainierter Radsportler im Touristikbereich mit einer Höchstleistung von 250 Watt vermag im Training in der Ebene maximal eine Geschwindigkeit von 30 bis 35 km/h zu erreichen. Damit sollte er auch zufrieden sein. Wenn er schneller fahren möchte, muß er sich zwischenzeitlich im Windschatten eines Vordermannes ausruhen können, um dann kurzfristig über wenige Minuten seine Höchstleistung von 240 bis 250 Watt als Führender zu erbringen. Daraus kann man ermessen, welche Leistungen z. B. Radrennfahrer beim Zeitfahren aufbringen müssen, wenn sie alleine gegen die auftretenden Widerstandskräfte ankämpfen müssen. Für eine Alleinfahrt mit einer Durchschnittsgeschwindigkeit von 40 km/h braucht man nämlich eine Leistungsfähigkeit von ca. 300 Watt, die man als Dauerleistung über längere Zeit bringen muß. Beim Mannschaftszeitfahren liegt heutzutage die Durchschnittsgeschwindigkeit sogar bei 50 km/h, so daß der jeweils Führende deutlich mehr als 500 Watt während der Führungsarbeit leisten muß – das sind schon fast zwei Drittel einer Pferdestärke!

Der gute Fahrstil

Bei geringen Geschwindigkeiten spielt es keine Rolle, wie man auf seinem Fahrrad sitzt – möchte man meinen. Doch gerade der gute Fahrstil ist die Voraussetzung dafür, daß einem das Radfahren richtig Spaß macht. Gerade beim Radfahren läßt sich durch einen guten Fahrstil ohne weiteres Leistungstraining die Leistung recht deutlich verbessern – und damit die Lust am Radfahren vergrößern. Für den Radrennfahrer ist ein guter Fahrstil geradezu Voraussetzung des Erfolges. Der Radsportler muß versuchen, die auftretenden Widerstandskräfte möglichst niedrig zu halten und sie dann mit möglichst ökonomischem Krafteinsatz zu bewältigen. Wie es nicht zwei Menschen gibt, die einen völlig gleichen Gang haben, so gibt es auch kaum Radsportler, die in ihrem Fahrstil völlig übereinstimmen. Jeder hat seine individuellen Eigenheiten, vor allem in bezug auf Körperbau und Temperament. Trotzdem gibt es allgemeine Gesetzmäßigkeiten, die einen guten Fahrstil charakterisieren. Sie beziehen sich insbesondere auf die Körperhaltung und die Beinarbeit.

Körperhaltungen

Da der Luftwiderstand mit dem Quadrat der Fahrgeschwindigkeit zunimmt, muß mit größerer Geschwindigkeit die Körperhaltung auf dem Fahrrad immer aerodynamischer werden. Bei geringer Geschwindigkeit mit dem Alltags- oder Tourenfahrrad, aber auch mit dem Rennrad kann man ohne großen Nachteil eine hohe Körperhaltung einnehmen. Bei mittlerer Geschwindigkeit (20 bis 30 km/h) wird man schon eher wegen des zunehmenden Luftwiderstandes eine mittlere Körperhaltung bevorzugen. Schließlich ist es bei weiter zunehmender Geschwindigkeit (30 bis 40 km/h oder mehr) geradezu notwendig, in eine tiefe Körperhaltung überzugehen. Die verschiedenen

Körperhaltungen unterscheiden sich durch ihre unterschiedlichen Windangriffsflächen.

Bei der hohen Körperhaltung beträgt die Windangriffsfläche etwa 0,5 bis 0,6 m^2. In dieser Haltung wird der Lenker an seiner höchsten Stelle umfaßt. Bei Rennrädern ist dies der obere Teil des Lenkerbügels (»Oberlenkerhaltung«). In dieser Haltung kann man gut durchatmen – auch wenn das Bauchfett etwas vermehrt ist.

Bei der mittleren Körperhaltung beträgt die Windangriffsfläche etwa 0,4 bis 0,5 m^2. Der Oberkörper ist etwas nach vorne gebeugt. Rennradfahrer umfassen in dieser Stellung mit den Händen die Bremsgriffe von oben (»Bremsgriffshaltung«). Auch diese Haltung ist noch recht locker.

Bei der tiefen Körperhaltung vermindert sich die Windangriffsfläche bis auf 0,275 bis 0,3 m^2. Die Kopffläche verschwindet ganz in der Fläche des Rumpfes. Rennradfahrer umfassen in dieser Haltung mit den Händen den Lenkerbügel an den Lenkerbögen (»Unterlenkerhaltung«). Falls man noch zu viel Bauchfett hat, wird in dieser Haltung u. U. die Atmung etwas behindert.

Wie wichtig es ist, die verschiedenen Körperhaltungen und die unterschiedlichen Griffmöglichkeiten am Lenker zu beherrschen, soll folgendes Beispiel zeigen: Wenn ein durchschnittlich trainierter Radsportler eine maximale Leistungsfähigkeit von 200 bis 250 Watt besitzt, kann er mit

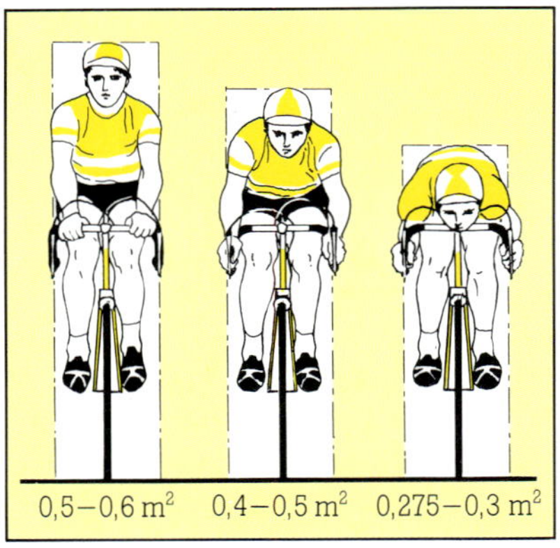

Windangriffsflächen bei verschiedenen Haltungen auf dem Rennrad.

dieser Leistungsfähigkeit in hoher Körperhaltung etwa 30 bis 32 km/h erreichen, in mittlerer Körperhaltung aber bereits 33 bis 36 km/h – und bei tiefer Körperhaltung sogar eine Geschwindigkeit von 38 bis 40 km/h.

Schließlich noch ein wichtiges Kennzeichen eines guten Radsportlers: Der Oberkörper muß in den verschiedenen Körperhaltungen beim Tretvorgang völlig ruhig gehalten werden. Am besten ist der Fahrstil, wenn sich der Oberkörper beim Treten überhaupt nicht bewegt. Dadurch kann der Lenker völlig ruhig gehalten werden. Nur so ist eine ruhige Geradeausfahrt ohne seitliche »Wellen« möglich. Während der Fahrt sind die Arme leicht gebeugt, um Stöße und Erschütterungen abfangen zu können. Man sollte immer das Gefühl haben, ganz locker auf dem Fahrrad zu sitzen. Die Muskeln der Arme, des Schultergürtels und des Nackens sollten immer wieder bewußt entspannt werden. Es ist ganz besonders wichtig, diesen ruhigen Fahrstil immer weiter zu vervollkommnen. Fehler die sich am Anfang einschleichen, sind später kaum mehr auszumerzen. Schnell und unruhig zu fahren, ist keine Kunst – man sollte zunächst lernen, langsam, locker und in perfektem Fahrstil zu trainieren. Fehler im Fahrstil verhindern, daß die persönliche Leistungsgrenze jemals erreicht wird.

Stellung des Fußes im Pedal: Großzehengrundgelenk (Fußballen) soll über der Pedalachse stehen.

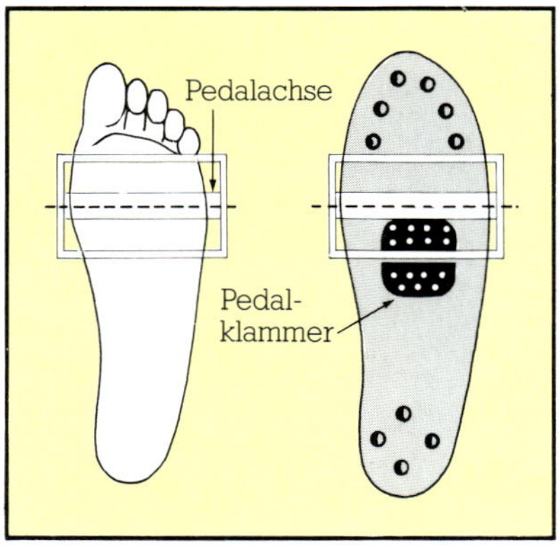

Zwischen Schuhspitze und Pedalhaken soll noch ein Zwischenraum von 2 bis 3 mm vorhanden sein.

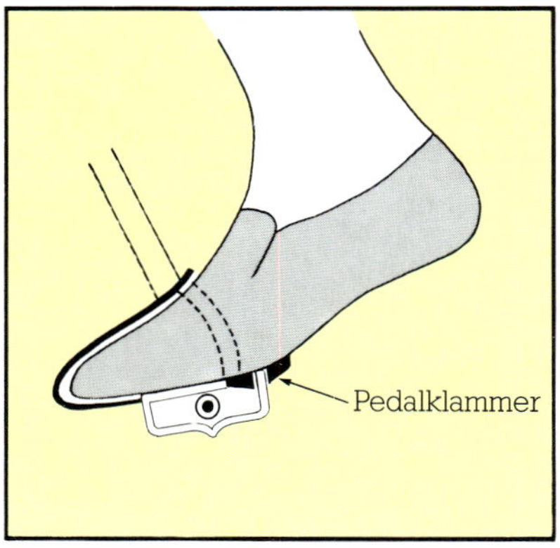

Beinarbeit

Die Beine sollen sich in zwei parallelen Ebenen möglichst dicht am Rahmen bewegen. Die Knie können sogar das Oberrohr des Rahmens leicht berühren. Diese ideale Beinarbeit ist nur möglich, wenn die Fußstellung in den Pedalen richtig ist. Das Großzehengrundgelenk sollte genau über der Pedalachse stehen, bei Pedalen ohne Pedalhaken sollte man speziell darauf achten. Bei Pedalen mit Pedalhaken muß dessen Länge zur Schuhgröße passen. Zwischen Rennhaken und Radsportschuh sollte vorne noch ein Abstand von etwa 2 mm bestehen bleiben, damit es weder Druckstellen noch Reibung am Schuh gibt. Rennradfahrer, die richtige Radsportschuhe mit Pedalklammern benutzen, sollten die Feineinstellung der Pedalklammer vornehmen, wenn der Schuh im Pedal steckt. Es ist genau zu prüfen, ob die Längsachse des Schuhes möglichst genau senkrecht zur Pedalachse und damit parallel zum Rahmen verläuft. Niemals sollten die Schuhspitzen nach außen zeigen – eher noch etwas nach innen. Nur dann können die Füße richtig parallel zur Ebene des Rahmens arbeiten. Das ist eine wichtige Voraussetzung dafür, daß ein vollkommener Fahrstil möglich wird.

Urs Freuler, einer der besten Radprofis der Welt, im Wiegetritt beim Bergauffahren.

Tds

Fahrtechnik

Bewegungsablauf

Beim Fahren auf dem Alltags- oder Tourenrad sollte man sich ebenfalls um einen perfekten Fahrstil mit paralleler Beinführung bemühen. Es sieht nicht gut aus – und ist auch biomechanisch recht ungünstig – wenn man auf dem Fahrrad mit der Mitte des Fußes oder den Fersen und mit nach außen zeigenden Fußspitzen breitbeinig durch die Gegend fährt. Insbesondere sind es folgende drei Punkte, auf die man bewußt immer wieder achten und die man regelmäßig korrigieren sollte, bis der perfekte Fahrstil erreicht ist:

- Die Beine müssen immer wie zwei Pleuelstangen exakt parallel zueinander arbeiten, Beinführung betont eng am Rahmen. Zwischen Oberrohr des Rahmens und Innenkante der Knie sollte kaum Zwischenraum sein. Frauen bevorzugen instinktiv diesen Fahrstil – Männer müssen ihn bewußt lernen.
- Ein perfekter Stilist läßt nur die Beine arbeiten – der übrige Körper bleibt völlig ruhig. Weder Kopf noch Rumpf sollten hin- und herpendeln. Ausnahmen gibt es nur bei größeren Belastungen, im Sprint und beim Bergauffahren.
- Die Beinkraft sollte während des Tretens möglichst gleichmäßig auf die Pedale verteilt werden.

Der runde Tritt: Drückt man das Pedal nur von oben nach unten (»Hackstil«), nutzt man nur einen kleinen Teil der gesamten Tretbewegung aus. Durch Heben und Senken der Fußspitze mit entsprechendem Druck nach vorn und Zug nach hinten kann man den wirksamen Sektor der Tretbewegung beträchtlich vergrößern.

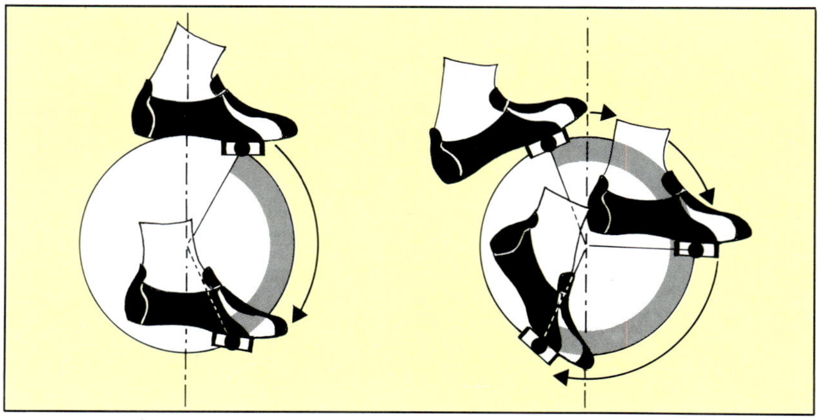

Der runde Tritt

Schließlich muß die wichtigste Fähigkeit des Radfahrers erlernt und immer wieder geübt werden: das richtige Pedalieren. Man wird sich wundern, eine Sache lernen zu sollen, von der man glaubt, sie bereits zu beherrschen. Trotzdem kann man sicher sein, daß man die Prinzipien, die den perfekten runden Tritt bestimmen, noch nicht richtig kennt – oder wenn man sie kennt, sie vielleicht noch nicht vollkommen anwendet. Auch Radprofis müssen das Pedalieren zu Beginn eines jeden Jahres aufs neue trainieren. Das mag für alle Radsportler ein Trost sein.

Die Kraft, die das Fahrrad vorwärts treibt, wird von den unteren Gliedmaßen auf die Pedale ausgeübt und von dort über Tretkurbeln, Tretlager, Kettenblätter, Kette, Zahnkranz, Hinterradnabe und das Hinterrad übertragen. Im wesentlichen sind die unteren Gliedmaßen aus drei Segmenten zusammengesetzt: Oberschenkel, Unterschenkel und Fuß, die untereinander durch Gelenke verbunden sind und sich abwechselnd beugen und strecken, aufgrund des Zusammenspieles der entsprechenden Muskeln, die sich abwechselnd zusammenziehen und entspannen. Rein technisch gesehen ist das Pedalieren ein Zusammenspiel von drei Hebeln – physiologisch gesehen die Folge bestimmter Muskelkontraktionen.

Der erste Hebel ist der Oberschenkel. Durch das Hüftgelenk ist er mit dem Becken verbunden, das im Sitzen auf dem Sattel unbeweglich einen fixen Punkt darstellt. Der Oberschenkel ist durch das Kniegelenk mit dem Unterschenkel verbunden. Beim Pedalieren führt der Oberschenkel durch Beugung und Streckung im Hüftgelenk eine regelmäßige Bewegung von oben nach unten und von unten nach oben aus.

Der zweite Hebel ist der Unterschenkel, der oben im Kniegelenk und unten im Sprunggelenk endet.

Der dritte Hebel ist der Fuß, der im Sprunggelenk mit dem Unterschenkel verbunden ist. Die Kraft wird über das Großzehengrundgelenk auf den Schuh und das Pedal übertragen. Dabei führt der Fuß eine lockere Auf- und Abbewegung im Sprunggelenk aus.

Die unteren Gliedmaßen wurden von der Natur eigentlich für das Laufen und Gehen geschaffen – aber sie eignen sich auch vorzüglich zum Pedalieren, das man genauso wie das Laufen durch ständige Übung lernen muß, um unter möglichst wenig Kraftverlust möglichst viel Energie in die mechanische Energie der Vorwärtsbewegung umwandeln zu können. Diese ideale Fähigkeit wird nur erreicht, wenn die Regeln eines guten Fahrstiles beachtet werden: Der perfekte Pedaleur bewegt normalerweise nur die unteren Gliedmaßen nahe am Rahmen des Fahrrades in zwei zueinander parallelen Ebenen, während der Rest des Körpers völlig unbeweglich bleibt, vor allem Rumpf, Kopf und Arme. Wer diese Stilistik beherrscht, kommt nun ein vielleicht noch wichtigerer Punkt hinzu, nämlich die Fähigkeit, die Kraft während der ganzen Pedalumdrehung gleichmäßig von den Füßen auf die Pedale zu übertragen, möglichst während der gesamten 360 ° der Pedalumdrehung. Wer die Pedale nur von oben nach unten drückt, nutzt nur ein klei-

nes Segment von etwa 90° statt der gesamten 360° aus. Außerdem ergibt sich daraus ein unruhiger, abgehackter Stil, der völlig unökonomisch ist. Beim perfekten Pedalieren werden Druck und Zug während des gesamten Tretvorganges gleichmäßig und immer senkrecht zur Tretkurbel ausgeübt. Dieses technische Idealbild kann man zwar nicht vollkommen erreichen, weil in den verschiedenen Punkten der Pedalumdrehung Größe und Richtung der durch die Muskulatur zu entwickelnden Kräfte wechseln – aber der gute Pedaleur kann sich diesem Idealbild weitgehend annähern. Der Stilist ist umso perfekter, je näher er diesem Idealbild kommt.
In der Abbildung ist dieses Idealbild dargestellt. In 12 aufeinanderfolgenden Pedalstellungen sind die auf das Pedal wirkenden Kräfte in Form von Kräfte-Parallelogrammen eingezeichnet. Die ideale Kraftrichtung ist jeweils durch den kräftigen Pfeil A–B senkrecht zur jeweiligen Tretkurbelstellung eingezeichnet. Diese ideale Kraft resultiert aus den beiden Kräften A–C (Vertikalkraft) und A–D (Horizontalkraft). Vertikalkräfte werden durch Druck nach unten oder durch Zug nach oben, Horizontalkräfte durch Druck und Zug nach vorne oder hinten wirksam. Wer nicht gerade ein Naturtalent im Pedalieren ist, sollte sich die charakteristischen Gegebenheiten der verschiedenen Phasen des Tretvorganges immer wieder bewußt machen (die Zahlen entsprechen den in der Abbildung angegebenen Phasen des Tretvorganges):

① Oberer toter Punkt (1). Eine Krafteinwirkung von oben nach unten hat überhaupt keine Wirkung. Nur eine Kraft; die nach vorne gerichtet ist – am besten senkrecht zur Tretkurbel – vermag das Pedal nach vorne zu bewegen. Dazu muß die Spitze des Fußes angehoben werden, um eine Schubkraft nach vorne durch die Strecker des Oberschenkels und die Beuger des Fußes ausüben zu können.

② Die Schubkraft nach vorne wird geringer, die Vertikalkraft von oben nach unten beginnt, wirksam zu werden (2).

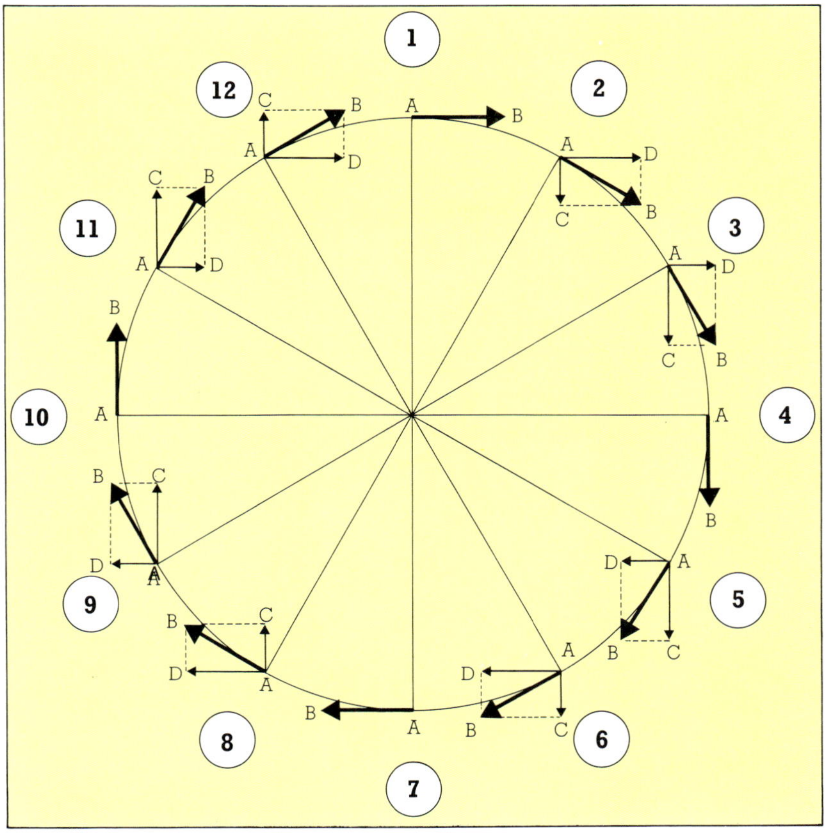

Kräfte bei der Pedalumdrehung: In jeder Phase des Tretvorganges müssen Horizontal-(A–D) und Vertikalkräfte (A–C) in einem bestimmten Verhältnis zueinander stehen, damit die resultierende Kraft (A–B) einen möglichst großen Wert erreicht. Die Länge der Pfeile gibt die Größe der Kräfte an. Es wird erkennbar, daß der günstigste Hebelarm immer senkrecht zur Tretkurbel gerichtet ist.

③ Die Vertikalkraft von oben nach unten ist bereits größer als die Schubkraft nach vorne. Der Fuß ist schon fast horizontal, die Fußspitze nur noch gering angehoben.

④ Hier wirkt nur die Vertikalkraft von oben nach unten.

⑤ Die Vertikalkraft von oben nach unten wird hier bereits mit einer gewissen Horizontalkraft von vorne nach hinten kombiniert. Sie wird von den Beugern der Oberschenkelrückseite sowie von der Gesäßmuskulatur erzeugt.

⑥ Die Zugkraft nach hinten wird jetzt größer als die nach unten gerichtete Vertikalkraft. Damit dies möglich wird, muß sich die Spitze des Fußes nach unten senken.

⑦ Unterer toter Punkt. Hier ist nur eine Zugkraft von vorne nach hinten wirksam. Druck von oben nach unten ist völlig ohne Kraftwirkung. Der Fuß muß hier im Sprunggelenk maximal nach unten gestreckt sein, die Fußspitze zeigt deutlich nach unten. Der Oberschenkel beginnt sich im Hüftgelenk zu beugen.

⑧ Die Zugkraft nach hinten wird beibehalten, eine Vertikalkraft nach oben kommt dazu. Die Fußspitze ist immer noch nach unten gerichtet. Der Oberschenkel wird durch die Hüftbeuger-Muskulatur im Hüftgelenk gebeugt und angehoben.

⑨ Hier wird der Zug nach oben weiter vergrößert und übertrifft bereits den Druck nach hinten.

⑩ Hier ist nur die Vertikalkraft, also Zug von unten nach oben wirksam.

Fahrtechnik

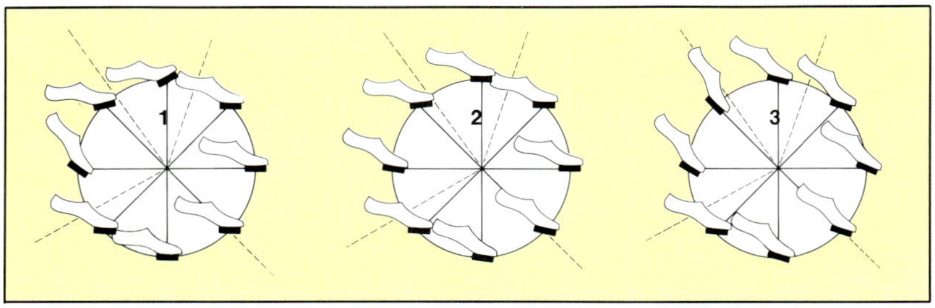

Runder Tritt
bei verschiedenen Tretfrequenzen:
1 Niedere Tretfrequenz (60 bis 90 U/min, z. B. bei Steigungen, Paßfahrten, Zeitfahren u. a.): Bewußtes Heben der Fußspitze am oberen toten Punkt und Senken der Fußspitze am unteren toten Punkt.
2 Mittlere Tretfrequenz (90 bis 110 U/min, z. B. bei lockerem Training, Fahrten in der Gruppe, Radrennen u. a.): Fuß ist am oberen und unteren toten Punkt etwa waagerecht.
3 Hohe Tretfrequenz (110 bis 150 U/min, oder höher, z. B. bei intensivem Ausdauertraining, Sprints u. a.): Fußspitze ist in allen Phasen mehr oder weniger nach unten gesenkt. Oberer und unterer toter Punkt werden mit Schwung überwunden.

(11) Das Pedal wird weiter nach oben gezogen, wobei gleichzeitig eine Zugwirkung nach vorne einsetzt.
(12) Hier sollte die nach vorne wirkende Kraft größer sein als der Zug nach oben. Dies kann je nach Tretfrequenz eine Zugwirkung bei gesenkter Fußspitze (hohe Tretfrequenz) oder eine Schubwirkung mit angehobener Fußspitze (niedrige Tretfrequenz) sein.

Werden die Kräfte in dieser Weise auf die gesamte Pedalumdrehung verteilt, erreicht man 2 Ziele:

- Die aus den Horizontal- und Vertikalkräften resultierende Kraft A–B wird immer senkrecht zur Tretkurbel wirken. Nur dadurch erreicht man den größten Effekt.
- Es werden alle im Bereich von Hüfte, Oberschenkel, Unterschenkel und Fuß vorhandenen Muskeln abwechselnd und im idealen Zusammenspiel eingesetzt und so die gesamten vorhandenen Kräfte mobilisiert.

Der wichtigste Körperteil beim Pedalieren ist der Fuß. Um die Achse des oberen Sprunggelenkes führt er ständig eine lockere Auf- und Abbewegung aus. Dabei zeigt die Fußspitze während des Tretvorganges abwechselnd nach oben und nach unten. Damit dies möglich ist, muß der Fuß im Sprunggelenk locker und ausreichend beweglich sein. Am extremsten ist diese Bewegung, wenn man eine große Übersetzung in der Ebene oder wenn man im Sitzen bergauf fährt. Je schneller die Tretgeschwindigkeit wird, umso weniger Zeit bleibt, die Fußspitze in der Nähe des oberen toten Punktes anzuheben. Der Fuß wird an dieser Stelle zunehmend waagerecht – und ist schließlich bei sehr hohen Tretfrequenzen ständig nach unten gerichtet.

Am Anfang lernt man den runden Tritt am besten, wenn diese Bewegungen im Sprunggelenk bewußt ausgeführt und das Spiel des Fußes im Sprunggelenk beobachtet werden. Man übt dies zunächst bei langsamer Tretgeschwindigkeit und niedrigem Krafteinsatz. Dann wird die Umdrehungszahl gesteigert und versucht, dieses lockere Spiel im Sprunggelenk beizubehalten. Das geht nur, wenn sich der Fuß im Sprunggelenk tatsächlich völlig locker bewegt.

Ein guter Tip ist es, dieses Gefühl für den runden Tritt jeweils nur mit einem Bein zu üben. Man nimmt z. B. den linken Fuß aus dem Rennhaken und tritt allein mit dem rechten Fuß. Dabei wird versucht, das Pedal gleichmäßig in Bewegung zu halten. Man spürt, welche Kräfte dabei notwendig und wirksam sind. Nach einigen Hundert Metern wechselt man und übt mit dem linken Fuß. Wenn man anschließend wieder mit beiden Füßen tritt, wird man beobachten, wie sich das Gefühl für den runden Tritt verbessert hat.

Sobald man das Pedalieren mit jedem Fuß einzeln beherrscht, sollte nun das Zusammenspiel beider Beine trainiert werden. Dabei ist darauf zu achten, daß das Bein, das den Zug nach oben ausführen soll, auch wirklich angehoben wird. Denn es ist zu bedenken, daß ein Bein etwa 12 bis 15 kg – also fast 20 % des Körpergewichtes! – wiegt. Wenn man auf das eine Pedal das Gewicht des Beines plus eine aktive Kraft von 10 kg von oben nach unten einwirken läßt, erhält man eine Tretkraft von etwa 22 bis 25 kg. Während gleichzeitig das andere Bein passiv auf dem nach oben gehenden Pedal ruht, geht praktisch eine Tretkraft in der Größenordnung des Beingewichtes verloren – so daß schließlich nur eine aktive Tretkraft in Höhe von 10 kg übrig bleibt. Es ist also wirklich wichtig, den Fuß auf dem von unten nach oben gehenden Pedal nicht passiv ruhen zu lassen, sondern tatsächlich einen aktiven Zug nach oben auszuüben. Das geht aber nur, wenn der Fuß auf dem Pedal fixiert ist.

Die Klasse eines Radsportlers liegt weniger in der absoluten Kraft, mit der er die Pedale nach unten drükken kann – sondern in seiner Fähigkeit, die Pedalumdrehungen locker, rund und schnell ausführen zu können. Zumindest gilt das für das Fahren in der Ebene. Eine gewisse Kraftkomponente kommt schließlich dazu, wenn ein Sprint oder Ausreißversuch im Radrennen unternommen wird oder wenn man Steigungen und Pässe überwinden muß. Trotzdem sollte auch beim Bergauffahren die Lockerheit gegenüber der reinen Kraft im Vordergrund stehen.

Für Hobby-Radfahrer werden meistens als günstigste Pedalumdrehungszahl 50 bis 60 Umdrehungen pro Minute angegeben. Von den Erfahrungen im Radsport her gesehen und auch von den Ausdauer-Aspekten betrachtet, ist diese Umdrehungszahl sicher zu gering, da man dabei mit einem zu hohen Krafteinsatz fährt. Man möchte aber durch Radfahren

kein Krafttraining – sondern ein Ausdauertraining ausführen. Bei Radrennfahrern im Training und im Wettkampf liegen die Pedalumdrehungszahlen meistens zwischen 90 und 110 pro Minute. Bei Bahnrennen werden sogar Umdrehungszahlen von 120 bis 150 pro Minute erreicht. Die Stundenweltrekorde wurden alle mit Pedalumdrehungszahlen von über 100 pro Minute erreicht. Auch der Hobby-Radsportler sollte für optimale Anpassungsvorgänge durchschnittliche Pedalumdrehungszahlen von etwa 100 pro Minute anstreben. Diese Fähigkeit, mit einer solchen Tretgeschwindigkeit locker, rund und ökonomisch zu treten, muß man sich durch lange Übung aneignen. Dazu ist es notwendig, genügend lange Zeit mit kleinen Übersetzungen (siehe S. 88ff.) zu fahren. Auch Spitzenradrennfahrer und Radprofis üben diesen runden Tritt mit kleinen Übersetzungen (z. B. 42/17 oder 42/18) während der Vorbereitungsperiode im Winter und im Frühjahr, wobei sie mit dieser Technik etwa 1000 bis 5000 km zurücklegen – bevor sie ins Trainingslager gehen und dort weiter den lockeren runden Tritt trainieren. Das Training des hohen Krafteinsatzes erfolgt erst später kurz vor und während der Wettkampfperiode.
Manche Radsportler trainieren den runden Tritt mit einer sog. starren Hinterradnabe, die keinen Freilauf hat. Mit einer solchen Hinterradnabe muß man daher ständig ohne Pause treten. Die notwendige Folge ist, daß man unbedingt rund treten muß, da sonst die Fahrweise unruhig wird und man auf dem Sattel zu hüpfen beginnt. Prinzipiell kann jedes Fahrrad mit einer starren Hinterradnabe ausgestattet werden. Dazu wird auf dem Hinterrad ein geeigneter Zahnkranz (z. B. 17 Zähne) montiert. Die Kette wird so gekürzt, daß sie gerade lang genug ist, wenn sie vorne über das kleine Blatt (42 Zähne) läuft. Wer mit einer solchen starren Nabe etwa 1000 bis 1500 km zurückgelegt hat, wird zumindest das Gefühl für den runden Tritt erworben haben. Danach kann dieser Bewegungsablauf mit der gewohnten Leerlaufnabe weiter vervollkommnet werden.

Man sieht, das Pedalieren oder der runde Tritt sind eine Wissenschaft für sich. Es bedarf geduldiger, bewußter und ausdauernder Übung, um diese Fähigkeit zu lernen, bis man sie im Unterbewußtsein beherrscht. Erst dann kann man von sich behaupten, Radfahren zu können.

Eleganter Fahrstil beim Zeitfahren (Tour de France).

Fahrtechnik

Die gute Fahrtechnik

Wenn man die richtige Sitzposition eingestellt und sich um einen guten Fahrstil bemüht hat, ist es nun mit zunehmender Geschwindigkeit notwendig, einerseits die auftretenden Widerstandskräfte möglichst optimal zu überwinden und gleichzeitig die Gegebenheiten von Straßenverlauf und Gelände zu beherrschen. Eine gute Fahrtechnik ist zur optimalen Leistungsentfaltung, aus Gründen der Sicherheit und zur Unfallverhütung unbedingt wichtig.

Kurvenfahren

Mit dem Fahrrad sind hohe Geschwindigkeiten möglich, vor allem beim Bergabfahren. Wer zu schnell in eine Kurve fährt, kann man leicht aus ihr hinausgetragen werden. Auch kann man stürzen, wenn das kurveninnere Pedal den Boden berührt. Es kann auch gefährlich werden, zum falschen Zeitpunkt zu bremsen. Der Radrennfahrer muß jede Kurve mit optimaler Geschwindigkeit durchfahren können. Allein wegen der Häufigkeit – und auch wegen ihrer Gefährlichkeit – sollten Kurven nicht unterschätzt werden. Die richtige Kurventechnik ist sehr wichtig – ab einer gewissen Geschwindigkeit sogar lebenswichtig.

In den Kurven wirkt die Zentrifugalkraft nach außen. Dabei sind folgende Kräfte von Bedeutung:

m = Masse, gemessen in Kilogramm
r = Radius der Kurve
w = Winkelgeschwindigkeit in der Kurve

Die Zentrifugalkraft F_Z hängt mit den genannten Faktoren wie folgt zusammen:

$$F_Z = m \times \frac{w^2}{r}$$

Aus diesen Zusammenhängen lassen sich folgende Grundsätze ableiten:

- Die Zentrifugalkraft wird umso größer, je größer das Gesamtgewicht von Sportler und Rennmaschine ist.
- Die Zentrifugalkraft wächst mit dem Quadrat der Fahrgeschwindigkeit.
- Die Zentrifugalkraft ist umso größer, je kleiner der Kurvenradius wird, d. h. je stärker die Kurve gekrümmt ist.

Den Fliehkräften in der Kurve kann entgegengewirkt werden, indem man Körper und Rennmaschine nach der Seite der Kurve neigt. Dabei muß die Position des Fahrers auf dem Fahrrad stabilisiert werden. Dazu wird das kurvenäußere Bein durchgestreckt, um durch Druck auf das kurvenäußere Pedal die Stabilität zu vergrößern. Zusätzlich wird die Stabilität auf dem Rennrad vergrößert, wenn man in der Kurve in der unteren Lenkergriffhaltung fährt. Der Lenkereinschlag wird umso geringer, je höher die Geschwindigkeit wird.

Auch aus diesem Grund muß bei höherer Geschwindigkeit die Neigung von Mensch und Fahrrad zur Kurveninnenseite entsprechend verstärkt werden. Die maximale Neigung, die man mit dem Rennrad auf trockenem Asphalt einnehmen kann, beträgt etwa 73 °, auf Beton etwa 80 °. Bei stärkerer Neigung besteht die Gefahr, daß die Laufräder abrutschen. Im Idealfall sollen Mensch und Fahrrad in der Kurve die gleiche Schräglage haben. Es gibt aber auch eine Kurventechnik, in der der Oberkörper aufrechter bleibt und das Fahrrad stärker geneigt ist. Schließlich kann man noch nach der Kurveninnenseite mit dem Oberkörper neigen und das kurveninnere Bein hinausstellen. Diese Technik sollte aber nicht zur Gewohnheit werden, sondern eher als Reserve dienen, wenn einmal während der Kurvenfahrt festgestellt wird, daß man doch zu schnell in sie hineingefahren ist. Dann kann durch dieses Bein-Ausstellen noch ein zusätzliches Gegengewicht gegen die zu große Zentrifugalkraft geschaffen werden.

Bremsen sollte man jeweils vor der Kurve. In der Kurve selbst soll nicht gebremst werden. In der Kurve ist es günstig, durch Zurückrutschen auf dem Sattel nach hinten das Hinterrad mehr zu belasten.

Beim Bergabfahren ist auch zu bedenken, daß die Haftungskräfte mit sehr stark aufgepumpten Reifen vermindert sind, ebenso wenn die Fahrbahnfläche durch Regen oder Sand rutschig wird.

Die Zentrifugalkraft kann vermindert werden, wenn man die Fahrlinie in der Kurve so legt, daß der Radius der Kurvenkrümmung größer wird. Das wird auch als »Schneiden« der Kurve bezeichnet. Kurven dürfen nur geschnitten werden, wenn während eines Radrennens die Straße vollkommen gesperrt ist. Auf öffentlichen

Position des Radfahrers in der Kurve:
1 Der Rumpf hat die gleiche Schräglage wie das Fahrrad (übliche Kurventechnik).
2 Der Rumpf ist nach innen geneigt, das Bein nach innen ausgestellt, das Fahrrad weist eine geringere Neigung auf.
3 Das Fahrrad ist stärker in die Kurve geneigt als der Oberkörper, das Bein ist nach innen ausgestellt.

Straßen dürfen Linkskurven höchstens bis zum Mittelstreifen geschnitten werden. Trotzdem sollte man bei jeder Kurve immer noch mindestens einen Sicherheitsspielraum von einem Meter haben, um Hindernissen ausweichen zu können.
Sieht man plötzlich Sand oder Rollsplitt vor sich, muß man sich kurz aus der Schräglage aufrichten, etwas geradeaus fahren und dann mit beiden Bremsen abbremsen; denn es ist sehr gefährlich, in der Schräglage zu bremsen.
Wer bei Radrennen in einer Gruppe fährt, sollte versuchen, vor der Kurve nach vorne zu fahren, um sich die ideale Fahrlinie selbst aussuchen zu können. Falls dies nicht möglich ist, sollte man zumindest an der inneren Kurvenseite bleiben.
Wer nämlich an der Außenseite fahren muß, kann durch einen abrutschenden oder stürzenden Fahrer selbst zu Fall gebracht werden.
Die Kurventechnik muß man langsam entwickeln, indem man zuerst in der Ebene Wellen- und Schlangenlinien mit wechselnder seitlicher Neigung fährt. Wer diese Technik locker und sicher beherrscht, trainiert sie mit der dazugehörigen Tretbewegung.
Dabei sollte man immer das kurveninnere Pedal anheben.
Wichtig: Bei unübersichtlichen Kurven ist unbedingt rechts zu fahren. Ausholmanöver und Kurvenschneiden sollte man unterlassen. Bei Rennrädern muß man sicher sein, daß beide Reifen gut aufgeklebt sind!

Kurventechnik: Oberkörper und Rennrad in einer Ebene, kurveninneres Pedal angehoben.

Bergauf- und Bergabfahren

Im wesentlichen werden vier verschiedene Bergfahrpositionen unterschieden:

- Bergauffahren im Stehen: der Wiegetritt
- Bergauffahren im Sitzen mit oberer Lenkergriffhaltung
- Bergauffahren im Sitzen mit Bremsgriffhaltung
- Bergabfahren in tiefer aerodynamischer Haltung.

Wiegetritt

Beim Wiegetritt wird der gesamte Körper in athletischer Weise beansprucht. Der Sinn des Wiegetritts liegt darin, Körpergewicht und Krafteinsatz möglichst optimal auszunutzen. Dabei wird das Körpergewicht jeweils auf das gestreckte Bein verlagert. Gleichzeitig übt man mit Armen und Rumpf einen Zug am Lenker aus. Dadurch wird das Fahrrad jeweils nach der entgegengesetzten Seite gekippt, wobei der Rumpf selbst senkrecht bleibt. Wenn z. B. das linke Bein auf das Pedal drückt, drückt die rechte Hand den Lenker nach unten, während die linke ihn nach oben zieht, so daß das Fahrrad nach rechts gekippt wird. Der Lenker wird dabei meist an den Bremsgriffen gefaßt. Der Wiegetritt wird meist bei steilen Anstiegen, längeren Steigungen, Ausreißversuchen oder schnellen Antritten im Radrennen eingesetzt. Bergspezialisten, auch »Kletterer« genannt, können sehr lange Bergstrekken im Wiegetritt zurücklegen. Ein Technikwechsel zwischen Wiegetritt und sitzender Position kann durch Wechsel der eingesetzten Muskulatur eine frühzeitige Ermüdung verhindern. Manche Bergspezialisten, wie z. B. früher der Spanier Frederico Bahamontes, genannt der »Adler von Toledo«, wechseln bei langen Paßfahrten regelmäßig nach einer bestimmten Anzahl von Pedalumdrehungen vom Wiegetritt zur sitzenden Position und umgekehrt. Jeder muß beim Bergauffahren seinen eigenen Rhythmus finden.
Gerade beim Wiegetritt wird deutlich, daß ein Radsportler auch eine gut ausgebildete Arm-, Oberkörper-Rumpf- und Rückenmuskulatur benötigt. Für den Anfänger ist es meistens am schwierigsten, das Körpergewicht richtig zu verlagern. Wird der Körperschwerpunkt nämlich zu weit nach vorne verlegt, kann das Hinterrad durchrutschen. Liegt aber der Körperschwerpunkt zu weit hinten, so wird das Eigengewicht des Körpers nicht optimal eingesetzt. Außerdem kann man so die Muskulatur der Arme, des Oberkörpers und des Rumpfes nicht in idealer Weise gebrauchen. Daher sollte der Wiegetritt unbedingt ein Teil des Trainingsprogramms sein. Vor allem bei Radrennen wird der Wiegetritt oft in entscheidenden Phasen angewendet – und dann sollte man ihn auch beherrschen.

Bergauffahren in oberer Lenkergriffhaltung (Tour de France).

Bergabfahren

Der Anfänger sollte beim Bergabfahren weniger auf hohes Tempo als auf eine sichere Kurventechnik achten. Trotzdem ist es interessant, wie ein Radrennfahrer nach dem Anstieg in die Abfahrt geht. Er tritt nämlich kurz vor Erreichen der Bergkuppe noch einmal kräftig an, gewinnt an Tempo und schaltet dann auf der Kuppe in eine große Übersetzung. In dieser

Bernard Hinault an der Spitze des Feldes bei der Tour de Suisse.

66
17
88
PDM

Beim Fahren in Bremsgriffhaltung ist bei guter Bremsbereitschaft eine gute Körperarbeit auf dem Rennrad möglich.

tritt er voll in die Abfahrt hinein, bis die Geschwindigkeit so groß wird, daß Tretbewegungen keinen Sinn mehr haben. Dabei muß er eine möglichst aerodynamische Haltung einnehmen: Er beugt sich weit nach vorne, nimmt die Ellbogen nach innen und drückt die Knie an den Rahmen. Füße, Pedale und Tretkurbeln werden waagerecht gestellt, um möglichst wenig Windwiderstand zu bieten. Der Kopf wird in den Nacken genommen, der Blick nach vorne gerichtet, damit die Strecke übersehen werden kann. In gewisser Weise kann sich der Radrennsportler in der Abfahrt etwas erholen, da die Geschwindigkeit durch die freiwerdende Hangabtriebskraft meist auch ohne Tretbewegungen erhalten bleibt. Da aber dabei oft Geschwindigkeiten von 60 bis 80 km/h und darüber erzielt werden, muß er bei aller Entspannung trotzdem stark konzentriert bleiben, um Hindernisse und Straßenunebenheiten rechtzeitig zu erkennen. Die Kurven muß er in einwandfreier Kurventechnik durchfahren, ständig muß er gefahrene Geschwindigkeit und Kurvenkrümmung, Bodenbeschaffenheit und Reifenhaftung gegeneinander abwägen. Besonders bei langen Abfahrten sollte die Beinmuskulatur locker bleiben. Von Zeit zu Zeit wird das eine und dann das andere Bein gestreckt und ab und zu lockere Vorwärts- und Rückwärtsbewegungen mit den Pedalen ausgeführt. Diese Tretbewegungen dienen dazu, die Muskulatur zu lockern und sie andererseits vor Unterkühlung zu schützen; denn bei der hohen Geschwindigkeit werden Muskulatur und Gelenke u. U. durch den Fahrtwind deutlich abgekühlt. Das ist möglichst zu verhindern, damit in der Ebene locker und mit schnellem Tritt weitergefahren werden kann.

Fahren am Hinterrad (Windschattenfahren)

Der Luftwiderstand wächst mit dem Quadrat der Geschwindigkeit. Doch der Radsportler schafft hinter sich einen Raum, in dem ein deutlich geringerer Luftwiderstand besteht. Dieser Raum wird als Windschatten bezeichnet. Der im Windschatten Fahrende spart gegenüber dem Führenden bis zu 40 % und mehr an Leistung. Oder umgekehrt ausgedrückt: Der Führende muß gegenüber dem Hintermann 60 bis 70 % mehr an Leistung aufbringen! Diese Zahlen klingen erstaunlich, aber sie sind durch wissenschaftliche Untersuchungen belegt. Dadurch erklärt sich, warum relativ leistungsschwache Radsportler oft trotzdem recht gute Erfolge aufweisen können, wenn es ihnen gelingt, bis zum Ziel eines Radrennens im Windschatten anderer Fahrer zu

Bergabfahren in tief gebeugter unterer Lenkergriffhaltung.

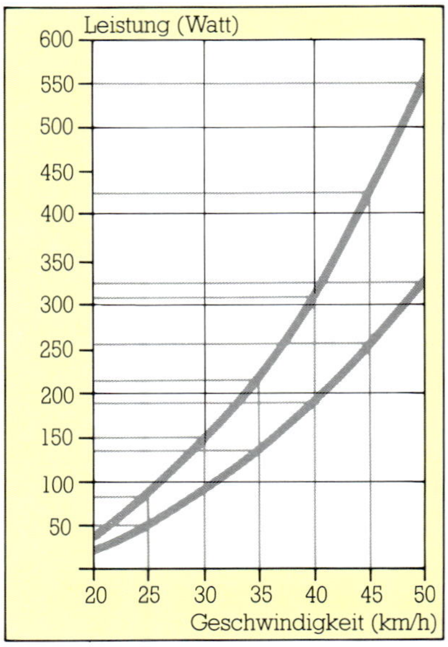

Windschattenfahren: Der Führende (obere Linie) muß eine deutlich größere Leistung als der in seinem Windschatten Fahrende (untere Linie) erbringen.

bleiben – um dann im Sprint vielleicht sogar zu gewinnen. Ausgesprochene »Hinterradfahrer« sind daher verständlicherweise bei ihren Kameraden nicht sehr beliebt. Nach den Regeln der Fairneß wird erwartet, daß man sich in einer Gruppe gegenseitig regelmäßig ablöst und daß sich jeder an der Führungsarbeit beteiligt. Wegen der hohen Leistungsersparnis durch den Windschatten ist es meistens nicht möglich, einen Hinterradfahrer gleicher Leistungsstärke in der Ebene bei Windstille oder gar bei Gegenwind regulär abzuschütteln. Dazu muß man schon einige Tricks anwenden, z. B. sog. »Wellen« fahren und so den »Hinterradlutscher« im Wind »stehen lassen«. Nur wenn die Bedeutung des Luftwiderstandes abnimmt, wie bei Steigungen oder Rükkenwind, hat man eine Chance, einen unwillkommenen Hinterradfahrer abzuschütteln. Meistens jedoch wechselt man sich in der Führungsarbeit ab – bei Tourenfahrten und in der Radtouristik ist das sogar Ehrensache. Bei der Technik des Hinterradfahrens ist aber folgendes zu beachten:

Prinzipiell sollte der am Hinterrad fahrende Fahrer immer seitlich mit mindestens 5 bis 15 cm Abstand zum Hinterrad seines Vordermannes fahren. Nur so hat er genügende Sicht nach vorne und kann unvorhergesehenen Hindernissen ausweichen. Auch können durch das seitlich versetzte Fahren Tempounregelmäßigkeiten des Vordermannes durch gefahrloses Auffahren ausgeglichen werden, ohne bremsen zu müssen. Denn ständiges Bremsen und Wiederantreten bedeutet unnötigen Kraftverlust.
Eine übliche Regel besagt, daß der Führende nach Beendigung seiner Führungsarbeit in Windrichtung seitlich wegfährt, um so seinem Hintermann die Führungsarbeit zu überlassen. Da sich aber manchmal Mißverständnisse über die tatsächliche Windrichtung und das davon abhängige seitliche Wegfahren ergeben – und weil man sich bei Anfängern nicht darauf verlassen kann, daß diese Regel immer eingehalten wird – hat es sich bewährt, zusätzlich zum seitlichen Sicherheitsabstand noch einen Abstand nach vorne zum Hinterrad des Vordermannes von 30 bis 40 cm (Anfänger 50 bis 60 cm) zu lassen. Zu häufig kommt es zu Stürzen, wenn Anfänger diese Regel mißachten, mit ihrem Vorderrad zu weit nach vorne fahren – und dann vom nach der falschen Richtung ablösenden Vordermann »abgeräumt« werden – oder selbst mit ihrem Vorderrad das Hinterrad des Vordermannes berühren.
Das Hinterradfahren erfordert ständige Aufmerksamkeit. Man sollte nicht unbeweglich vor sich hin starren und träumen, sondern immer konzentriert und aufmerksam bleiben. Das geht leichter, wenn man seinen Blick etwas wandern läßt, z. B. über das Tretlager, die Beine und den Rücken des Vordermannes und wieder zurück. Man fährt ruhiger, wenn der Fixpunkt nicht zu nahe liegt. Mit zunehmender Übung wächst die Sicherheit des Hinterradfahrens, so daß sich der Abstand zum Vordermann von selbst verkürzt.

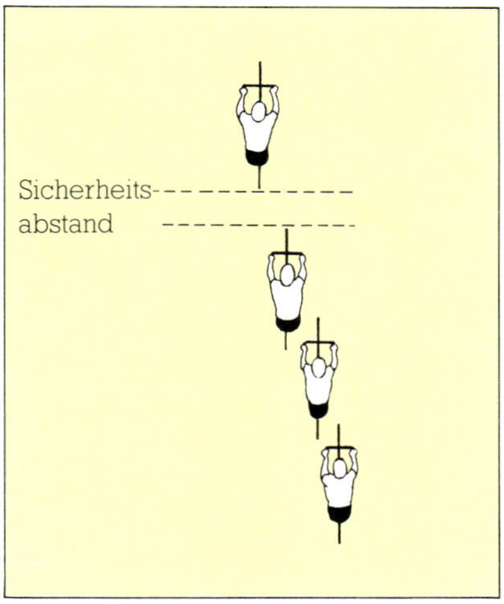

Hinterradfahren mit Sicherheitsabstand: Für Anfänger und auch sonst ist es ein guter Tip, beim Hinterradfahren nicht nur seitlich versetzt, sondern auch mit einem Sicherheitsabstand zum Vordermann zu fahren.

Windschattenfahren im Feld beim Rennen.

Fahrtechnik

Fahren in der Gruppe

Auch beim Radfahren ist das Gruppenerlebnis mit Spaß und Freude von großer Bedeutung. Das ist genauso wie bei anderen Sportarten. Aber beim Radfahren ist wegen der größeren Geschwindigkeit die Bedeutung des Windschattens viel größer. Setzt sich die Gruppe aus Radfahrern verschiedener Leistungsstärke zusammen, so werden die Stärkeren die Führungsarbeit übernehmen – die Schwächeren können infolge des geringeren Luftwiderstandes im Windschatten trotzdem ein relativ hohes Tempo mithalten.

Allgemeine Richtlinien

Die Anordnung der in der Gruppe fahrenden Fahrer wird durch die Windrichtung bestimmt. Wenn der Wind seitlich auf die Gruppe trifft, müssen die Radsportler sich in der Windrichtung staffeln, um unter diesen Verhältnissen trotzdem in den Genuß des Windschattens zu kommen. Prinzipiell muß der jeweils Führende durch erhöhte Leistung den Luftwiderstand allein überwinden, muß aber gleichzeitig die Straße und ihren Verlauf recht genau im Auge behalten, da er gewissermaßen die Verantwortung für die hinter ihm Fahrenden trägt. Hindernisse – parkende Autos, Schlaglöcher u. a. – müssen vom Führenden immer in einem langen Bogen umfahren und den Nachfolgenden signalisiert werden.
Nach Ende der Führungsarbeit geht der Führende in Windrichtung seit-

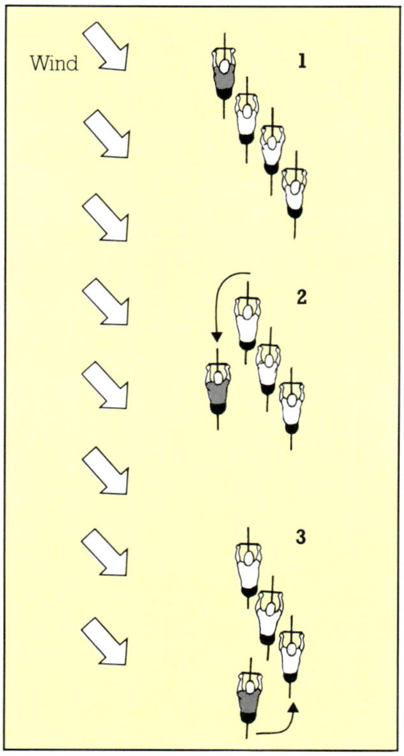

Fahren in der Gruppe: Staffelung immer in Windrichtung, Ablösung entgegen der Windrichtung.

Konzentriertes Fahren in der Gruppe in Bremsgriffhaltung.

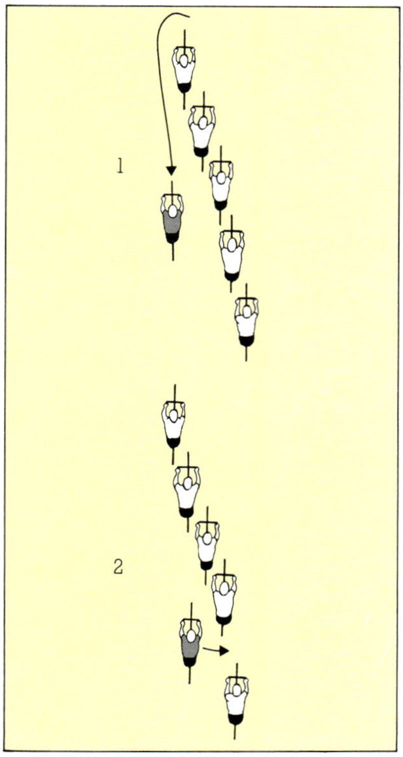

Fahren in der Gruppe für Anfänger: Aufenthalt am Ende der Gruppe; macht Platz frei für den Fahrer, der sich aus der Führung zurückfallen läßt und sich vor ihm wieder einreiht.

lich weg und läßt sich an das Ende der Gruppe fallen. Die Dauer der Führungsarbeit ergibt sich aus der Leistungsfähigkeit des Führenden, den Windverhältnissen und dem gefahrenen Tempo. Je höher das Tempo der Gruppe wird, desto höher wird die Belastung des Führenden – und desto kürzer wird in der Regel die Führungsarbeit. Das ist besser, als solange zu warten, bis der Führende wegen Ermüdung das Tempo verlangsamen muß. Der die Führung übernehmende Fahrer muß mit gleichem Tempo weiterfahren, damit die Gruppe gleichmäßig rollt. Es ist sehr wichtig, den Übergang vom Windschattenfahren zur Führungsarbeit ohne Tempoverlust gleichmäßig durch Trittgefühl und Tretgeschwindigkeit zu vollziehen. Das erfordert eine vollkommene Technik des Pedalierens.

Wenn man als leistungsschwacher Fahrer in einer stärkeren Gruppe mitfährt, sollte man ganz auf die Führungsarbeit verzichten und sich am Ende der Gruppe aufhalten. Das ist auch Anfängern anzuraten. Immer wenn sich der jeweils Führende an das Ende der Gruppe zurückfallen läßt, macht man ihm Platz und bietet ihm eine Lücke, in die er sich einreihen kann. Auf diese Weise kann man sich langsam an das Tempo und die Gruppenarbeit gewöhnen.

Spezielle Techniken

Bei Radrennen werden noch andere Techniken der Gruppenarbeit eingesetzt: Doppelreihe, Belgische Reihe oder Kreisel sowie das Fahren auf der Windkante.

Doppelreihe

Bei einer Doppelreihe fahren jeweils zwei Radsportler nebeneinander, so daß praktisch zwei nebeneinander fahrende Einzelreihen entstehen. Prinzipiell gelten die gleichen Regeln wie für das Windschattenfahren in einer Einzelreihe. Die Ablösung an der Spitze muß jedoch anders erfolgen: Auf ein Zeichen (Kopfnicken, Heben eines Fingers u. a.) treten die jeweils Führenden etwas stärker an, um sich vom Hintermann zu lösen, und gehen dann jeweils nach außen weg, d. h. der auf der rechten Seite fahrende Fahrer läßt sich nach rechts, der auf der linken Seite fahrende nach links an der Außenseite der Gruppe zurückfallen. Dabei erfolgt die Ablösung nicht ganz auf gleicher Höhe, sondern etwas diagonal versetzt, damit für die in der Reihe fahrenden Fahrer kein Engpaß entsteht. Größere Trainingsgruppen fahren meistens in der Doppelreihe. Das ist auch nach den Verkehrsvorschriften erlaubt.

Doppelreihe: Ablösung erfolgt nach außen und etwas gegeneinander versetzt.

Belgische Reihe oder Kreisel

Nicht alle Radrennfahrer beherrschen diese Technik. Sie empfiehlt sich aber besonders bei kleinen Gruppen, die mit hohem Tempo fahren wollen. Eigentlich handelt es sich um zwei Einzelreihen, die gegeneinander versetzt nach Art einer Kreisformation fahren und sich so gegenseitig Windschatten geben. Im Unterschied zur Doppelreihe gibt es hier nur einen Führenden, der solange führt und Tempo macht, bis er mit seinem Hinterrad am Vorderrad seines ehemaligen Vordermannes vorbeigezogen ist. Dann setzt er sich seitlich – je nach Windrichtung rechts oder links – neben den Überholten und wird seinerseits wieder überholt. Diese recht interessante Gruppenarbeit bedeutet, daß jeder Fahrer ständig Windschatten von seinem Vor-

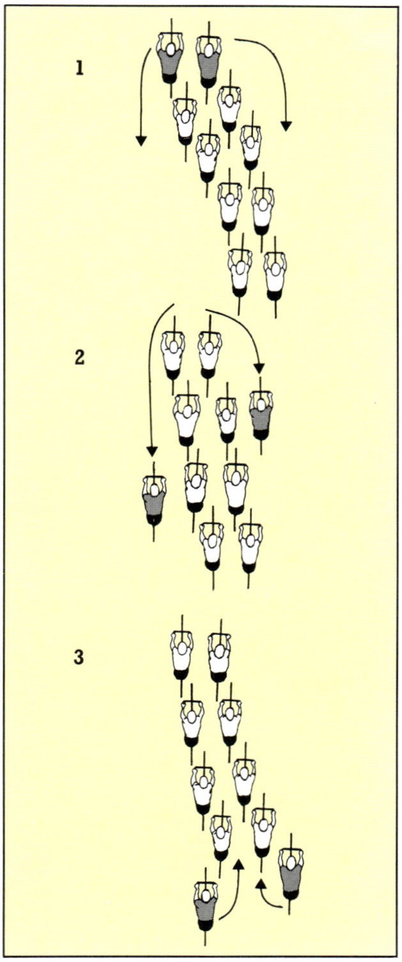

Fahrtechnik

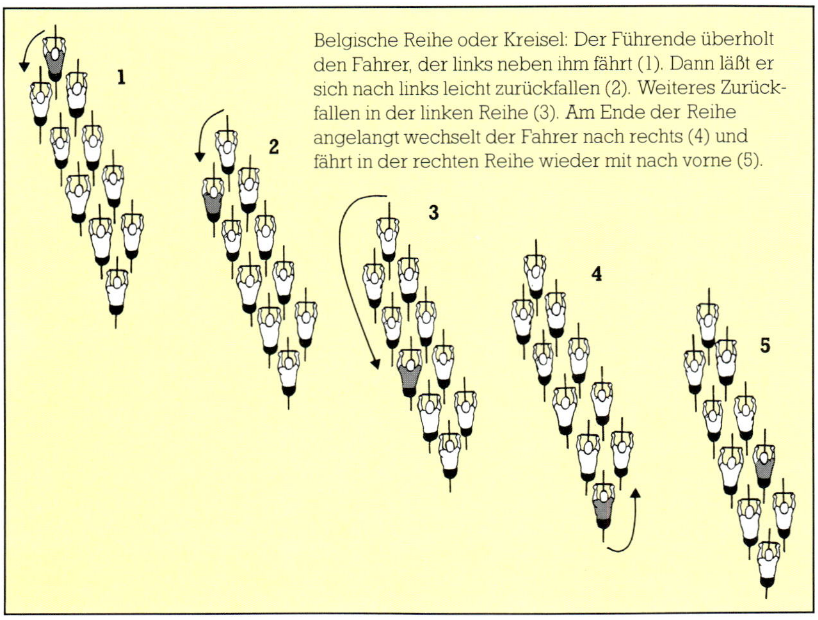

Belgische Reihe oder Kreisel: Der Führende überholt den Fahrer, der links neben ihm fährt (1). Dann läßt er sich nach links leicht zurückfallen (2). Weiteres Zurückfallen in der linken Reihe (3). Am Ende der Reihe angelangt wechselt der Fahrer nach rechts (4) und fährt in der rechten Reihe wieder mit nach vorne (5).

»Windkante«: Der Wind kommt von rechts, die Fahrer staffeln sich nach links. Die dunkel gezeichneten Fahrer finden keinen Platz mehr in der Staffel, »stehen im Wind«. Der Luftwiderstand für diese Fahrer ist beträchtlich größer als für die in der Staffel fahrenden.

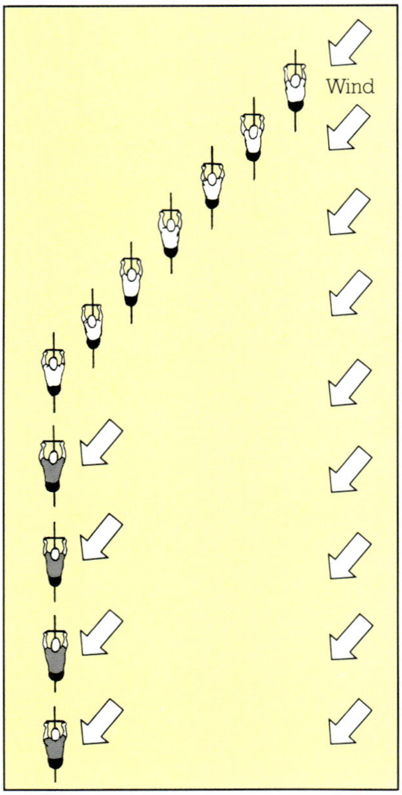

dermann erhält – außer wenn er gerade selbst führen muß. Auf diese Weise führen die beiden Einzelreihen eine ständige Kreisbewegung durch. Die Einzelreihe, die sich zurückfallen läßt, fährt etwas langsamer als die überholende Reihe. Diese sog. Belgische Reihe (Belgischer Kreisel) muß im Training gründlich geübt werden, damit sie im Rennen anwendbar ist.

Fahren auf der »Windkante«

Kommt der Wind von schräg vorne oder stark seitlich, muß sich die Gruppe mehr oder minder seitlich staffeln. Diese seitliche Staffelung hat im Radrennen ihre Grenze in der ganzen – und beim Training höchstens in der halben Straßenbreite. Fahrer, die dann in der seitlich gestaffelten Gruppe keinen Platz mehr finden, »stehen im Wind«. Wie man sich denken kann, haben sie eine sehr ungünstige Position, da ihnen der Windschatten ihres Vordermannes nichts nützt, da er zu weit seitlich liegt, man sich aber nicht mehr seitlich einordnen kann. Das bedeutet Kraftverlust und deutliche Mehrarbeit. Wenn sich die führende Gruppe einig ist und das Tempo hoch hält – oder sogar verschärft – wird den auf der »Windkante« fahrenden Fahrern bald die Kraft ausgehen. Dann können sie den Anschluß nicht mehr halten. Die einzige Rettung liegt jetzt darin, rechtzeitig eine neue Staffel zu bilden, die der ersten in einem gewissen Abstand folgt. Auf diese Weise können mehrere Windstaffeln hintereinander entstehen.

Überwinden von Hindernissen

Bei der relativ hohen Fahrgeschwindigkeit auf dem Fahrrad – vor allem auch auf dem Rennrad! – sollte man immer wachsam sein: Straßenverlauf, Windrichtung, Vordermann, Verkehrssituation und Beschaffenheit der Straße sollten ständig beobachtet werden. Trotzdem können unvermittelt Hindernisse auftreten wie z. B. Schlaglöcher, Straßenbahnschienen, große Steine oder Äste, Bordsteine u. dgl. Daher sollte man schon im Training üben, Hindernisse richtig zu überwinden. Schienen überfährt man schräg, ebenso breite Gräben. Kurze sandige Wegabschnitte oder sumpfige, weiche Straßenstellen durchfährt man am besten mit einem kurzen Antritt. Bei feuchter oder lehmiger Straße sowie bei Ölflecken muß man die verminderte Bodenhaftung berücksichtigen, besonders in engen Kurven.
Schlaglöcher, schmale Gräben, Steine oder Baumwurzeln überwindet

Überwinden von Hindernissen: Durchfahren eines Grabens (1 richtig, 2 falsch).

man am besten durch Hochreißen des Vorderrades. Man geht kurz aus dem Sattel, stellt die Tretkurbeln waagerecht, umfaßt kräftig den Lenker und reißt ihn mit einer ruckartigen Rückwärtsbewegung des Rumpfes nach oben. Geübt werden kann diese Fähigkeit am besten, wenn man ab und zu einen Bordstein hinauffährt. Auch das Hinterrad kann angehoben werden, wenn das Körpergewicht anschließend nach vorne über den Lenker verlagert wird und die Pedale mit den fest angeschnallten Füßen nach oben gerissen werden. Wenn man diese beiden Bewegungen – Hochreißen des Lenkers und des Hinterrades – gleichzeitig ausführt, kann man mit dem Rennrad bei einer Geschwindigkeit von etwa 35 km/h durchaus Sprünge von 1,5 bis 2 m ausführen. Dabei hebt sich das Fahrrad ca. 25 bis 30 cm vom Erdboden ab. Wichtig dabei ist, den Lenker fest und ganz gerade zu halten, damit man ihn bei der Landung nicht seitlich verreißt und so zu Fall kommt. Am besten übt man diese Technik zunächst im Schrittempo, so daß bei langsamer Fahrt Sprünge von 10 bis 15 cm Weite ausgeführt werden können. Das Hochreißen des Vorderrades und das Ausführen kleiner Sprünge mit dem Rennrad gehören zu einer vollkommenen Technik des Radfahrens: Man verbessert seine Körperbeherrschung, wird mit dem Fahrrad besser vertraut und hat das sichere Gefühl, daß man bei unvermittelt auftretenden Gefahren schnell reagieren kann.

Fahren in der Gruppe (Doppelreihe) mit hoher Geschwindigkeit in unterer Lenkergriffhaltung.

Fahrtechnik

Freihändig Fahren sollte geübt sein. Es dient der Lockerung und ist, wie man sieht, zum Essen und Trinken während des Rennens notwendig.

Freihändig-Fahren

Es ist nicht anzuraten, im normalen Straßenverkehr freihändig zu fahren. Jedoch ist es bei freier Straße durchaus nützlich, ab und zu die Hände vom Lenker zu lösen, um aufrecht im Sattel sitzend die Arme locker neben dem Körper hängen zu lassen. Das dient der Erholung während einer längeren Fahrt, entlastet die Rückenmuskulatur und schult gleichzeitig das Gleichgewichtsgefühl. Man bekommt so auch ein besseres Gefühl für das Fahrverhalten des Fahrrades. Zunächst sollte man nur zögernd und vorsichtig einige Meter freihändig zu fahren versuchen, und zwar nur geradeaus. Dabei wird ein stabileres Fahrverhalten erreicht, wenn bei waagerechter Tretkurbelstellung die Knie an den Rahmen angelegt werden. Bei zunehmender Sicherheit kann man später versuchen, auch kleine Bögen und Kurven freihändig zu fahren.
Ein anderer Grund, sich während des Trainings und des Radrennens von Zeit zu Zeit aufzurichten, ist die Möglichkeit, so besser durchatmen zu können. Die Dehnbarkeit des Brustkorbes ist in aufrechter Haltung mit herabhängenden Armen am größten – größer noch, als wenn man die Arme, wie meist bei Atemübungen empfohlen, über den Kopf nach oben hebt. Außerdem kann man in dieser freihändigen Haltung mit herabhängenden Armen die Muskulatur der Arme, des Schultergürtels und des Nackens lockern.

Verhütung von Unfällen und Verletzungen

Beim Radfahren, besonders beim Straßenradsport während des Trainings und im Wettkampf, sind die häufigsten Ursachen von Unfällen und Schäden:
- ○ Zu hohe Geschwindigkeit
- ○ Straßenbeschaffenheit, Streckenprofil
- ○ Wetterbedingungen
- ○ Mängel am Material des Fahrrades
- ○ Dichte des Fahrerfeldes, der Gruppe
- ○ Mangelhafter Trainingszustand.

Besonders die ständige hohe Konzentration beim Hinterradfahren stellt große Anforderungen, vor allem beim Anfänger. Wenn man ermüdet, läßt auch die Konzentration nach. Daher ist für eine gleichmäßig hohe Konzentration unbedingt ein guter Trainingszustand notwendig; denn wer an der Grenze seiner Leistungsfähigkeit fährt, dessen Reaktion läßt ganz automatisch nach. Eine weitere Voraussetzung ist die Beherrschung der Technik des Hinterradfahrens mit genügend großem seitlichen Abstand und einem Sicherheitsabstand nach vorne. Bei Stürzen kommt es der Häufigkeit nach zu folgenden Verletzungen:
1. Flächenhafte Hautabschürfungen
2. Schlüsselbeinbrüche
3. Gehirnerschütterungen.

Unfälle müssen nicht sein – sie können durch richtiges Verhalten verhindert werden.

Die Hautabschürfungen sind meistens mit Straßenstaub verschmutzt. Daher sollte jeder Radsportler eine Wundstarrkrampf (Tetanus)-Impfung haben. Zur Vorbeugung und zum Schutz gegen Kopfverletzungen sollte man eine Sturzkappe oder besser noch einen Helm tragen.
Von den Sportschäden sind nur Überlastungsschäden der Wirbelsäule, besonders bei Jugendlichen, und der Kniegelenke zu erwähnen.
Auch wenn man Fahrtechnik und Sitzposition öfter wechselt, wird die Wirbelsäule im unteren Bereich manchmal zu stark belastet. Daher sollte jeder Radsportler, besonders der Jugendliche, eine konsequente Wirbelsäulen-Ausgleichsgymnastik betreiben.
Überlastungsschäden am Kniegelenk gehen meistens auf großen Druck auf die Kniescheibe und auf zu starken Zug der Ansatzsehne des Oberschenkelmuskels am Schienbein zurück. Zur Verhütung dieser Überlastungsschäden sollte die Übersetzung nicht zu schnell zu hoch gewählt werden, besonders bei Jugendlichen, damit maximale Krafteinsätze vermieden werden. Bemerkenswert ist, daß es beim Radfahren nicht zu ausgesprochenen Gelenkschäden (Arthrosen) kommt – auch nicht bei Berufsradrennfahrern, die z. B. in einer Zeit von zehn Jahren etwa 300000 km zurücklegen und dabei fast 50 Millionen (!) Pedalumdrehungen ausführen – ein Beweis für die gelenkschonende Fortbewegung des Radfahrens!

Verkehrsvorschriften und Regeln beachten

Verkehrsvorschriften gelten auch für Radfahrer. Ampeln und Vorfahrtsregeln müssen beachtet werden. Normalerweise sollte es nicht vorkommen, daß Radfahrer auf Radwegen oder Straßen zusammenstoßen. Ein guter Radsportler behält immer die Übersicht, gibt lieber einmal nach, auch wenn er im Recht wäre. Was nützt es, wenn er im Recht ist – und trotzdem im Krankenhaus landet? Man muß ein Gefühl für Verkehrssituationen entwickeln. Man kann sich z. B. nicht darauf verlassen, daß man von rechts abbiegenden Autofahrern auf dem Radweg gesehen wird. An alle Kreuzungen sollte man bremsbereit heranfahren – auch wenn die Ampel grün zeigt. Eine häufige Unfallursache ist auch das Rechtsüberholen von Autos, insbesondere von Lastkraftwagen, die meist nicht damit rechnen. Häufig sehen sie den Radfahrer gar nicht, wenn er im toten Winkel des Seitenspiegels fährt.
Das Umschauen während der Fahrt ist sowohl im Straßenverkehr wie auch beim Fahren in der Gruppe oder im Radrennen sehr wichtig. Im Laufe der Zeit entwickelt man ein Gefühl, was hinter einem vorgeht – trotzdem wird es häufig notwendig sein, sich durch Umschauen von der Richtigkeit seines Gefühls zu überzeugen. Auch beim Linksabbiegen sollte man sich immer umschauen und sich überzeugen, daß das Manöver gefahrlos möglich ist.

Bereits Kinder sollten frühzeitig das richtige Verhalten im Straßenverkehr lernen.

Eltern und Kinder

Jährlich verunglücken in unserem Land mehr als 15000 radfahrende Kinder. Das liegt mit daran, daß viele Eltern ihre Kinder zu früh mit dem Fahrrad auf die Straße lassen. Wenn ein Kind gut im Sattel sitzt, bedeutet das noch nicht, daß es auch die Verkehrsregeln beherrscht. Ein 5 Jahre altes Kind kann Geschwindigkeiten und Entfernungen noch nicht einschätzen. Auch reagieren Kinder viel spontaner als Erwachsene. Erst mit 11 Jahren kann man ein Kind einigermaßen verläßlich im Straßenverkehr fahren lassen. Denn erst dann kann es das Gleichgewicht halten, richtig geradeaus fahren, lenken, nach links und rechts schauen, richtig bremsen, Gefahren rechtzeitig erkennen und darauf reagieren.
Eltern sollten folgende Tatsachen wissen:

- Der praktische Verkehrsunterricht beginnt in den Schulen erst in der 4. Klasse. Vorher können Kinder die Verkehrsvorschriften noch nicht kennen.
- Gemeinsam mit den Kindern sollte der sicherste Weg ausgesucht werden.
- Kinder unter 8 Jahren dürfen auch den Gehweg benutzen, wenn kein Fahrradweg vorhanden ist.
- Es ist immer darauf zu achten, daß am Fahrrad alles funktioniert: Glocke, Bremsen, Scheinwerfer, rote Schlußleuchte, Rückstrahler, Reflektoren in den Speichen und an den Pedalen. Die Reifen sollten immer gut aufgepumpt und nicht abgefahren sein. Die Kette sollte nicht durchhängen. Lenker, Sattel, Pedale, Gepäckträger und Dynamo müssen immer fest angeschraubt sein.

Der Radsportler im Straßenverkehr

Eigentlich ist ein Rennrad ohne Beleuchtung und ohne Reflektoren in den Speichen nicht verkehrssicher, ebensowenig ein BMX-Rad. Trainierende Radsportler dürfen jedoch mit dem Rennrad offiziell trainieren, wenn sie eine gültige Lizenz besitzen. Ansonsten ist die Situation von Hobby-Radsportlern in den Verkehrsvorschriften nicht geregelt. Man sollte daher besonders rücksichtsvoll im Straßenverkehr fahren und ein gutes Beispiel geben.
Allerdings können für den aktiven Radsportler manche Radwege recht risikoreich sein. Außerdem können darauf spazierengehende Fußgänger durch den lautlos und schnell heranfahrenden Radsportler erschreckt werden. Das Tempo der Radsportler liegt eher in der Größenordnung von Mofas. Daher mag es manchmal schwierig sein, zu entscheiden, ob man tatsächlich auf solchen Radwegen mit erhöhten Risiken fahren sollte – oder lieber auf der Straße. Grundsätzlich sollte aber auch ein Radsportler folgende Regeln beachten: Der Abstand zum Straßenrand sollte immer etwa 80 cm betragen, damit er Sicherheitsreserven hat, wenn ein Pkw oder Lkw zu dicht vorbeifährt.
Man sollte stets das ganze Verkehrsgeschehen überblicken, seine Aufmerksamkeit stets weit nach vorne und auch nach hinten richten, um Verkehrsentwicklungen frühzeitig erkennen und sich rechtzeitig darauf einstellen zu können.
Bei stehenden Fahrzeugen immer frühzeitig nach links ausweichen und langsam vorbeirollen, auch wenn der Fahrer selbst seltener ohne Zurückschauen aussteigt als der Beifahrer nach rechts.
Im Stau nur langsam an den langsam fahrenden oder stehenden Autos vorbeirollen.
Im Gruppentraining auf belebten Straßen möglichst in Einzelreihe fahren, nur auf verkehrsarmen Nebenstraßen in Doppelreihe. Beim Überqueren von Kreuzungen muß der Führende berücksichtigen, daß die ganze Gruppe länger dazu braucht als ein einzelner Fahrer.
Radsportler, die mit Computer trainieren, sollten ihn erst außerhalb der Stadtgrenzen einstellen! Denn sonst geraten sie in Versuchung, in der Stadt zu schnell zu fahren und Verkehrsvorschriften zu übertreten, – nur damit die Durchschnittsgeschwindigkeit hoch bleibt! Wegen der Abgase ist ein intensives Tempo in der Stadt auch gar nicht besonders trainingswirksam und gesund. Daher sollte auch der Radsportler im Stadtgebiet immer zurückhaltend fahren.

Schnelles Fahren in der Gruppe erfordert hohe Konzentration. In der Mitte dieser Gruppe eine unserer erfolgreichsten Radrennfahrerinnen, Ute Enzenauer.

Die Übersetzung

Der Sinn der Übersetzung besteht darin, die biologischen Kräfte des Organismus unter optimalen Bedingungen frei zu entfalten und sie an unterschiedliches Gelände anzupassen. Auch die Windverhältnisse spielen dabei eine große Rolle. Ebenso gelingt es durch die richtige Übersetzung, die unterschiedlichen Kraft-, Schnelligkeits- und Ausdauerfähigkeiten möglichst ökonomisch der jeweiligen Situation angepaßt umzusetzen.

Maßeinheiten der Übersetzung

In der Technik versteht man unter Übersetzung das Verhältnis zwischen der Antriebs- und Abtriebsdrehzahl eines Getriebes. Beim Fahrrad hängen Übersetzung und aufzuwendende Pedalkraft von folgenden Faktoren ab:

- Zähnezahl des vorderen Kettenblattes
- Zähnezahl des hinteren Zahnkranzes
- Länge der Tretkurbeln
- Durchmesser des angetriebenen Laufrades, also des Hinterrades.

Der Durchmesser eines Laufrades beträgt beim Fahrrad des Erwachsenen meistens 28 Zoll (ein englischer Zoll = 2,54 cm), beim Rennrad 27 Zoll. Die Verwendung dieser Maßeinheit geht auf die Zeiten des Hochrades zurück. Infolge der dünneren Reifen beträgt heute der Durchmesser eines Laufrades beim Rennrad nur noch 26,4 Zoll, das bedeutet: 26,4 × 2,54 cm = 67,06 cm. Der Umfang eines solchen Laufrades beträgt dabei etwa 209 bis 211 cm – je nach Reifenstärke. Da die Größe der Laufräder und die Länge der Tretkurbeln beim Fahrrad nur selten verändert werden, hängt die jeweilige Übersetzung nur noch von der Größe des verwendeten Kettenblattes und des jeweiligen Ritzels des Zahnkranzes ab.

Es gibt verschiedene Möglichkeiten, die jeweilige Übersetzung durch Zahlen zu charakterisieren. Dazu sind folgende Angaben notwendig:

z_1 = Zähnezahl des Kettenblattes
z_2 = Zähnezahl des Zahnkranzes
d = Durchmesser des Hinterrades
u = Umfang des Hinterrades.

Im wesentlichen gibt es vier verschiedene Möglichkeiten, die Übersetzung in Zahlen anzugeben:

- Das eigentliche Übersetzungsverhältnis, d. h. das Ergebnis, das man erhält, wenn man die Zähnezahl des Kettenblattes durch die Zähnezahl des Zahnkranzes teilt.
- Angabe in Zoll, indem man das Verhältnis der Zähnezahl des Kettenblattes und des Zahnkranzes in Beziehung zum Hinterraddurchmesser setzt.
- Angabe in Meter, die man durch eine Pedalumdrehung zurücklegt. Dieses Maß wird auch »Entfaltung« genannt.
- Angabe der verwendeten Zähnezahl von Kettenblatt und Zahnkranz.

Übersetzungsverhältnis

Diese Angabe ergibt sich, wenn man die Zähnezahl des aufliegenden Kettenblattes durch die Zähnezahl des

Übersetzungstabelle in Zoll*)

Zahnkranz Zähne	Kettenblatt														
	38	40	42	44	45	46	48	49	50	51	52	53	54	55	56
12	83,28	87,67	92,05	96,43	98,63	100,82	105,20	107,39	109,58	111,78	113,97	116,16	118,35	120,54	122,73
13	76,88	80,92	84,97	89,02	91,04	93,06	97,11	99,13	101,15	103,18	105,20	107,22	109,25	111,27	113,29
14	71,39	75,14	78,90	82,66	84,54	86,41	90,17	92,05	93,93	95,81	97,69	99,56	101,44	103,32	105,20
15	66,63	70,13	73,64	77,15	78,90	80,65	84,16	85,91	87,67	89,42	91,17	92,93	94,68	96,43	98,19
16	62,46	65,75	69,04	72,33	73,97	75,61	78,90	80,54	82,19	83,83	85,48	87,12	88,76	90,41	92,05
17	58,79	61,88	64,98	68,07	69,62	71,16	74,26	75,81	77,35	78,90	80,45	81,99	83,54	85,09	86,64
18	55,52	58,44	61,37	64,29	65,75	67,21	70,13	71,59	73,06	74,52	75,98	77,44	78,90	80,36	81,82
19	52,60	55,37	58,14	60,91	62,29	63,67	66,44	67,83	69,21	70,59	71,98	73,36	74,75	76,13	77,52
20	49,97	52,60	55,23	57,86	59,18	60,49	63,12	64,44	65,75	67,07	68,38	69,70	71,01	72,33	73,64
21	47,59	50,10	52,60	55,10	56,36	57,61	60,11	61,37	62,62	63,87	65,12	66,38	67,63	68,88	70,13
22	45,43	47,82	50,21	52,60	53,80	54,99	57,38	58,58	59,77	60,97	62,16	63,36	64,55	65,75	66,95
23	43,45	45,74	48,03	50,31	51,46	52,60	54,89	56,03	57,17	58,32	59,46	60,60	61,75	62,89	64,03
24	41,64	43,83	46,03	48,22	49,31	50,41	52,60	53,70	54,79	55,89	56,98	58,08	59,18	60,27	61,37
25	39,98	42,08	44,18	46,29	47,34	48,39	50,50	51,55	52,60	53,65	54,70	55,76	56,81	57,86	58,91
26	38,44	40,46	42,48	44,51	45,52	46,53	48,55	49,57	50,58	51,59	52,60	53,61	54,62	55,63	56,65
27	37,01	38,96	40,91	42,86	43,83	44,81	46,76	47,73	48,70	49,68	50,65	51,63	52,60	53,57	54,55
28	35,69	37,57	39,45	41,33	42,27	43,21	45,09	46,03	46,96	47,90	48,84	49,78	50,72	51,66	52,60
29	34,46	36,28	38,09	39,90	40,81	41,72	43,53	44,44	45,34	46,25	47,16	48,07	48,97	49,88	50,79
30	33,31	35,07	36,82	38,57	39,45	40,33	42,08	42,96	43,83	44,71	45,59	46,46	47,34	48,22	49,09

*) Die Angaben beruhen auf einem effektiven Laufrad-Durchmesser von 26,3 Zoll bei Rennrädern

verwendeten Ritzels teilt, z. B. 52:13 = 4:1. Oder 42:14 = 3:1. Dieses reine Übersetzungsverhältnis wird aber kaum verwendet.

Übersetzung in Zoll

Die Angabe der Übersetzung in Zoll wird in Radsportkreisen üblicherweise benutzt. Man erhält diesen Wert nach der Formel:

$$\text{Übersetzung (Zoll)} = \frac{z_1}{z_2} \times d$$

Dabei wird der Durchmesser d des Hinterrades in englischen Zoll (meistens 27) angegeben.

Beispiel: Vorne 42 Zähne, hinten 16 Zähne, Laufrad 27 Zoll Durchmesser:

$$\frac{42}{16} \times 27 = 70{,}88 \text{ Zoll.}$$

Wie bereits erwähnt, liegt der Durchmesser der heutigen Laufräder bei Rennrädern infolge der dünneren Reifen – übrigens auch der Trainingsreifen – nur noch bei 26,4 Zoll. Wenn man die Eindellung des Reifens durch die Gewichtsbelastung beim Fahren mitberücksichtigt, hat man nur noch einen wirksamen Raddurchmesser von durchschnittlich 26,3 Zoll. Auf dieser modernen und praxisnahen Grundlage beruhen die weiteren Zahlenangaben im Text und in den Tabellen dieses Buches. In Wirklichkeit würde also die Übersetzung im obigen Beispiel folgendermaßen zu berechnen sein:

$$\frac{42}{16} \times 26{,}3 = 69{,}04 \text{ Zoll.}$$

Übersetzung in Meter

Ein weiteres indirektes Maß für die Übersetzung ist die pro Pedalumdrehung zurückgelegte Wegstrecke in Meter. In der Technik wird diese Wegstrecke als »Entfaltung« bezeichnet. Sie hängt außer vom Verhältnis zwischen der Zähnezahl des vorderen Kettenblattes und der des Zahnkranzes im wesentlichen vom Umfang des Hinterrades ab. Das Verhältnis von Kreisdurchmesser zu Kreisumfang ist in der Physik durch die Konstante festgelegt.
$\pi = 3{,}1415926535\ldots$ rund 3,14.

Die Formel für den Umfang u heißt:
$u = d \times \pi$
Das bedeutet für den Umfang des Hinterrades von 27 Zoll Durchmesser:
$u = 27 \times 2{,}54 \text{ cm} \times 3{,}14 = 215{,}3 \text{ cm}$.
Aber das war einmal ... Die Laufräder der heutigen Rennräder haben infolge ihrer schmaleren und niedrigeren Reifen nur einen durchschnittlichen Umfang von 209 bis 211 cm. Die Berechnungen in diesem Buch beruhen auf einem durchschnittlichen Hinterradumfang von 210 cm.

Die Berechnung der Übersetzung – oder besser Entfaltung – in Meter erfolgt durch folgende Formel:

$$\text{Übersetzung (m)} = \frac{z_1}{z_2} \times u$$

Weg pro Pedalumdrehung bei verschiedenen Übersetzungen: Mit zunehmender Zähnezahl der Zahnkranzritzel wird der Unterschied des zurückgelegten Weges pro Pedalumdrehung immer kleiner. Daher muß mit zunehmender Zähnezahl der Zahnkranzritzel für eine gleichmäßige Abstufung eine größere Differenz der Zähnezahl gewählt werden.

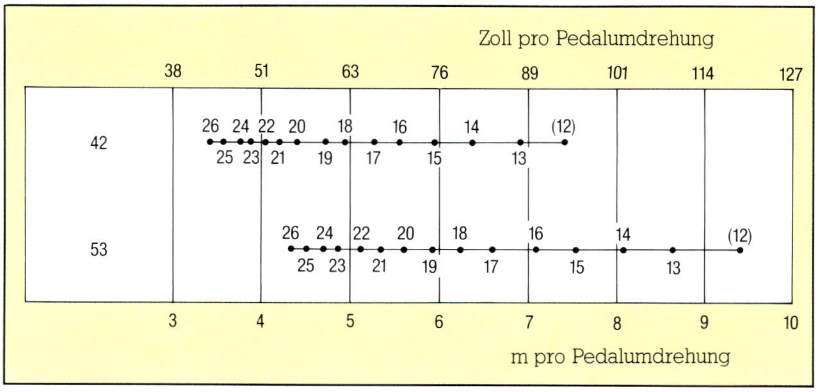

Beispiel: Die Übersetzung von 42/16 entspricht dann folgender Wegstrecke pro Pedalumdrehung:
42:16 × 2,10 m = 5,51 m.
Die Übersetzung von 69 Zoll entspricht also einer Entfaltung von 5,51 m pro Pedalumdrehung.

Angabe der Übersetzung durch Angabe der Zähnezahl

In der Radsportpraxis gibt man die gefahrene Übersetzung üblicherweise in Zoll an – oder einfach in der Angabe der Anzahl der Zähne. In anderen Ländern, z. B. Italien und Frankreich, bevorzugt man die Angabe der Entfaltung in Meter pro Pedalumdrehung. Für unser Vorstellungsvermögen ist jedoch der Unterschied zwischen einer Übersetzung von 87 Zoll (53/16) und 69 Zoll (42/16) etwas leichter faßbar, als der Unterschied in der Entfaltung von 6,96 und 5,51 Meter. Trotzdem ist es auf die Dauer für den Verwender am klarsten, die Übersetzung einfach durch die Angabe der Zähnezahl zu charakterisieren, z. B. 53/16, 42/16 usw.

Übersetzungstabellen

Damit man nicht jedesmal bei der Zusammenstellung individueller Zahnkränze Berechnungen von Übersetzungen anstellen muß, gibt es Übersetzungstabellen, sowohl in Zoll als

Übersetzungstabelle in Meter*)

Zahnkranz Zähne	*Kettenblatt*														
	38	40	42	44	45	46	48	49	50	51	52	53	54	55	56
12	6,65	7,00	7,35	7,70	7,88	8,05	8,40	8,58	8,75	8,93	9,10	9,28	9,45	9,63	9,80
13	6,14	6,46	6,78	7,11	7,27	7,43	7,75	7,92	8,08	8,24	8,40	8,56	8,72	8,88	9,05
14	5,70	6,00	6,30	6,60	6,75	6,90	7,20	7,35	7,50	7,65	7,80	7,95	8,10	8,25	8,40
15	5,32	5,60	5,88	6,16	6,30	6,44	6,72	6,86	7,00	7,14	7,28	7,42	7,56	7,70	7,84
16	4,99	5,25	5,51	5,78	5,91	6,04	6,30	6,43	6,56	6,69	6,83	6,96	7,09	7,22	7,35
17	4,69	4,94	5,19	5,44	5,56	5,68	5,93	6,05	6,18	6,30	6,42	6,55	6,67	6,79	6,92
18	4,43	4,67	4,90	5,13	5,25	5,37	5,60	5,72	5,83	5,95	6,07	6,18	6,30	6,42	6,53
19	4,20	4,42	4,64	4,86	4,97	5,08	5,31	5,42	5,53	5,64	5,75	5,86	5,97	6,08	6,19
20	3,99	4,20	4,41	4,62	4,73	4,83	5,04	5,15	5,25	5,36	5,46	5,57	5,67	5,78	5,88
21	3,80	4,00	4,20	4,40	4,50	4,60	4,80	4,90	5,00	5,10	5,20	5,30	5,40	5,50	5,60
22	3,63	3,82	4,01	4,20	4,30	4,39	4,58	4,68	4,77	4,87	4,96	5,06	5,15	5,25	5,35
23	3,47	3,65	3,83	4,02	4,11	4,20	4,38	4,47	4,57	4,66	4,75	4,84	4,93	5,02	5,11
24	3,33	3,50	3,68	3,85	3,94	4,03	4,20	4,29	4,38	4,46	4,55	4,64	4,73	4,81	4,90
25	3,19	3,36	3,53	3,70	3,78	3,86	4,03	4,12	4,20	4,28	4,37	4,45	4,54	4,62	4,70
26	3,07	3,23	3,39	3,55	3,63	3,72	3,88	3,96	4,04	4,12	4,20	4,28	4,36	4,44	4,52
27	2,96	3,11	3,27	3,42	3,50	3,58	3,73	3,81	3,89	3,97	4,04	4,12	4,20	4,28	4,36
28	2,85	3,00	3,15	3,30	3,38	3,45	3,60	3,68	3,75	3,83	3,90	3,98	4,05	4,13	4,20
29	2,75	2,90	3,04	3,19	3,26	3,33	3,48	3,55	3,62	3,69	3,77	3,84	3,91	3,98	4,06
30	2,66	2,80	2,94	3,08	3,15	3,22	3,36	3,43	3,50	3,57	3,64	3,71	3,78	3,85	3,92

*) Die Angaben beruhen auf einem effektiven Laufrad-Umfang von 210 cm bei Rennrädern

auch in Metern pro Pedalumdrehung. Die Tabellen in diesem Buch beruhen auf den neuesten Messungen bei modernen Rennrädern: Laufraddurchmesser 26,3 Zoll, Laufradumfang 210 cm.

Standardzahnkränze

Bei der Zusammenstellung von Zahnkränzen kann man auf Erfahrungswerte zurückgreifen. Bei einem 6fach-Zahnkranz werden in der Regel mit dem großen Kettenblatt nur die vier äußeren Ritzel benutzt, mit dem kleinen Kettenblatt nur die vier inneren Ritzel. Der Zahnkranz sollte so aufgebaut sein, daß unter diesen Voraussetzungen eine gut abgestufte Übersetzung oder Entfaltung möglich ist, ohne daß eine Übersetzung zweimal vorkommt. So ist z. B. die Übersetzung von 51/17 die gleiche wie 42/14.
Bewährt hat sich folgende Standardzusammenstellung:
Kettenblätter: 53 und 42 Zähne,
Zahnkranz: 13, 14, 15, 17, 19, 21 Zähne.
Nach oben hin muß die Differenz zwischen den Zähnezahlen größer werden, damit eine sinnvolle Abstufung gewährleistet ist. Bei der angegebenen Standardübersetzung würden die Gänge in folgender Reihenfolge geschaltet, wenn man von der kleinsten bis zur größten Übersetzung geht:
42/21 (52,6 Zoll; 4,20 m)
42/19 (58,1 Zoll; 4,64 m)
42/17 (65,0 Zoll; 5,19 m)
42/15 (73,6 Zoll; 5,88 m)
53/19 (73,4 Zoll; 5,86 m)
53/17 (82,0 Zoll; 6,55 m)
53/15 (93,0 Zoll; 7,42 m)
53/14 (99,6 Zoll; 7,95 m)
53/13 (107,2 Zoll; 8,56 m)

Die Übersetzung 53/19 und 42/15 ist also fast identisch. Bei beiden ist jedoch die Kettenlinie bereits etwas schräg. Es kommt auf die Situation an, welchen von beiden Gängen man bevorzugt. Bleibt man nach Benutzung dieser Schaltungsmöglichkeit auf dem großen Kettenblatt, wird man den Gang 53/19 einlegen. Fährt man bereits auf dem kleinen Kettenblatt – und wird dem Gelände entsprechend auch dort bleiben – schaltet man auf 42/15.
In sehr bergigem Gelände wäre auch folgende Zusammenstellung zu empfehlen: Kettenblätter: 53/42; Zahnkranz: 13, 14, 15, 17, 20, 24. Wer Pässe fährt, braucht hinten einen großen Zahnkranz bis 26 oder gar 28 Zähnen. Für Zeitfahren wird ein sog. Stufenkranz, dessen Ritzel regelmäßig einen Zahn Unterschied haben, benutzt, z. B.: 13, 14, 15, 16, 17, 18 oder 12, 13, 14, 15, 16, 17. Ein Stufenkranz ist für das Training im Gelände wegen der zu geringen Abstufungen nicht geeignet.

Unterschiedliche Eigenschaften gleicher Übersetzungen

Wie aus den Übersetzungstabellen zu entnehmen ist, gibt es durch Variation in der Zähnezahl des Kettenblattes und der Ritzel des Zahnkranzes oftmals verschiedene Möglichkeiten für die gleiche Übersetzung. So ist z. B. die Übersetzung 53/19, so gut wie identisch mit 42/15, nämlich rund 74 Zoll – aber auch mit anderen Übersetzungen, wie z. B. 56/20, 50/18, 45/16 oder 39/14. Obwohl diese Übersetzungen alle quantitativ fast gleich sind, gibt es qualitative Unterschiede, so daß es nicht immer ganz gleichgültig ist, welche Übersetzungen man auswählt.
Von identischen Übersetzungen hat die mit mehr Gesamt-Zähnen, also die mit dem größeren Kettenblatt und dem größeren Zahnkranz-Ritzel, folgende Vorteile:

- Bessere Kraftverteilung auf eine größere Anzahl von Zähnen
- Herabsetzung der Tangentialkraft auf Kette, Zahnkranz und Nabe des Hinterrades
- Geringere auf den Rahmen wirkende Torsionskraft
- Gleichmäßiger, runder Tritt.

Demgegenüber sind folgende Nachteile abzuwägen:

- Möglicherweise längere Kette notwendig
- Größeres Gewicht des kraftübertragenden Systems
- Geringere Schnelligkeit beim Antritt: er wird weicher und weniger hart.

Entsprechend gelten die umgekehrten Vor- und Nachteile bei identischen Übersetzungen mit einer geringeren Gesamtzahl von Zähnen. Somit wird man die Übersetzungen mit der größeren Gesamt-Zähnezahl für das Zeitfahren und für längere Fahrten in ebenem Gelände bevorzugen. Bei Fahrten in bergigem Gelände und bei Radrennen, in denen es auf Spurtschnelligkeit und einen schnellen Wechsel der Fahrgeschwindigkeit ankommt, wird man eher die härtere, agilere Übersetzung mit der kleineren Gesamtzahl von Zähnen benutzen. Diese Überlegungen zeigen, mit welchen Feinheiten im Radsport zu rechnen ist. Ein praktisches Beispiel dafür ist die Übersetzung von 89 Zoll im Bahnradsport: In Bahnverfolgungsrennen, bei denen eine gleichmäßig hohe Geschwindigkeit gefahren wird, verwendet man für diese Übersetzung eine Zähnezahl von 51/15 – im Bahnsprint aber, bei dem von der Antritts-Schnelligkeit alles abhängt, bevorzugt man das härtere System mit der geringeren Zähnezahl von 48/14.

Die optimale Tretgeschwindigkeit

Dieses Kapitel ist eines der interessantesten im Radsport überhaupt, da hier wissenschaftliche Untersuchungen und Erfahrungen von ganzen Radsport-Generationen ineinanderfließen.
Radrennfahrer aller Zeiten haben schon immer hohe Tretfrequenzen bevorzugt. Sie machten nämlich die Erfahrung, daß sie nur auf diese Weise ihre Höchstform erreichen können. Man kann sogar folgendes Gesetz formulieren:
Bei gleicher Fahrgeschwindigkeit bevorzugt der besser trainierte Radsportler die höhere Tretfrequenz – und umgekehrt: Der Radsportler,

dessen Leistungsfähigkeit sinkt, nimmt Zuflucht zu größeren Übersetzungen mit niedrigerer Tretgeschwindigkeit.
Diese Tatsache scheint jene wissenschaftlichen Untersuchungen über die Tretfrequenz zu unterstützen, die besagen, daß niedrigere Tretfrequenzen ökonomischer seien. Der Starke scheint seine überschüssigen Kräfte durch eine unökonomisch hohe Tretfrequenz zu verschleudern, während der Schwächere sparsam mit seinen vorhandenen Kräften umgehen muß.
Es gibt jedoch noch ein weiteres Gesetz, welches diese Ausnahme widerlegt:
Wer zu früh und zu lange große Übersetzungen mit zu niedriger Tretfrequenz bevorzugt, dessen Leistung nimmt weiter ab – und dessen Form geht verloren.
Die beiden genannten Gesetze sind von großer praktischer Bedeutung für jeden Radsportler. Sie lassen sich durch moderne Untersuchungen über die Zusammensetzung der Muskelfaserstruktur (siehe S. 101) erklären. Aus dem einfachen physikalischen Gesetz: Arbeit = Kraft × Weg lassen sich zwei Folgerungen ziehen:

- Wird bei gleicher Arbeit der Weg verkürzt – weniger Pedalumdrehungen –, muß der Krafteinsatz zunehmen.
- Soll bei gleicher Arbeit der Krafteinsatz vermindert werden, muß man den Weg verlängern – also mehr Pedalumdrehungen ausführen.

Da der ausdauernde Radsportler in seiner Beinmuskulatur vorwiegend Ausdauerfasern benötigt, um gegen Ermüdung widerstandsfähig zu sein und eine große Sauerstoffaufnahme zu haben, muß er die Entstehung von Kraftfasern durch zu hohen Krafteinsatz vermeiden. Denn Kraftfasern ermüden schnell und haben eine geringere Sauerstoffaufnahmefähigkeit. Die Form geht verloren. Um Ausdauerfasern zu erzeugen, muß man Ausdauer trainieren – und gleichzeitig einen zu hohen Krafteinsatz über längere Zeit vermeiden. Nach der genannten Formel muß man den Weg

verlängern, um bei gleicher Geschwindigkeit mit einem geringeren Krafteinsatz auszukommen. Den Weg verlängern heißt aber im Radsport, die kleinere Übersetzung mit mehr Pedalumdrehungen zu fahren. Ausdauerfasern müssen im Training aufgebaut werden, daher sollte der Krafteinsatz möglichst gering sein, so daß man relativ hohe Tretfrequenzen bevorzugen muß. Die optimale Tretgeschwindigkeit im Training sollte etwa zwischen 100 bis 120 Umdrehungen pro Minute liegen. Dazu sind entsprechend kleine Übersetzungen (z. B. 42/18, 42/17, 42/16) zu benutzen. Im Radrennen muß notgedrungen wegen des hohen Tempos mit hohem Krafteinsatz gefahren werden. Ausdauerfasern haben jedoch nur begrenzte Krafteigenschaften, so daß Radrennfahrer auch im Radrennen relativ hohe Tretfrequenzen, meist zwischen 90 bis 100 Umdrehungen pro Minute, benutzen. Ganz abgesehen davon, daß man sich mit einer hohen Tretfrequenz besser den wechselnden Geschwindigkeiten eines Radrennens anpassen kann. Schließlich kommt noch ein weiterer Gesichtspunkt hinzu, der für eine hohe Tretfrequenz mit geringerem Krafteinsatz spricht: Nämlich die Muskeldurchblutung. Sie wird nämlich durch die Anspannung der Muskulatur herabgesetzt, da die kleinen Blutkapillaren zusammengedrückt werden. Die arterielle Blutversorgung wird bereits deutlich behindert, wenn erst 20% der maximalen Kraft eingesetzt werden. Ab 50% der maximalen isometrischen Kontraktionskraft kommt es schon zum völligen Verschluß der kleinen Blutgefäße. Großer Krafteinsatz behindert also die Durchblutung, während Muskelentspannung sie fördert. Auch aus diesen Gründen sollte der Krafteinsatz beim Tretvorgang möglichst gering und dazu möglichst kurz sein, damit die Phasen der Muskelentspannung mit guter Muskeldurchblutung häufiger sind. Das ist durch eine hohe Tretgeschwindigkeit gewährleistet. Prinzipiell muß man im Training mit höheren Drehzahlen arbeiten, um optimale Anpassungen des Organismus zu erzielen. Andererseits muß ein Radrennfahrer auch im Rennen fähig sein, hohe Tretfrequenzen über lange Zeit ohne Ermüdung zu treten. Denn in einem schnellen Fahrerfeld werden viel höhere Geschwindigkeiten gefahren als bei Alleinfahrten im Training. Außerdem wechselt die Geschwindigkeit je nach den taktischen Gegebenheiten ständig, so daß man auch aus diesem Grund nicht immer mit der größten Übersetzung, z. B. 53/13, fahren kann. Der Tempowechsel wird meistens durch Wechsel der Tretgeschwindigkeit vollzogen. Nach Radrennen, vor allem wenn man überwiegend mit großen Gängen gefahren ist, muß man immer wieder Trainingsfahrten mit kleineren Gängen und hohen Umdrehungszahlen einschalten. Nur so erhält man sich seine Ausdauer-Form. Wer immer im Training schon hohe Gänge tritt, wird vielleicht »Trainingsweltmeister« – aber er wird niemals seine Wettkampfhöchstform erreichen. Daher erfordern Training und Rennen unterschiedliche Übersetzungen und Tretgeschwindigkeiten.
Tretgeschwindigkeit und runder Tritt im Radsport sind eine Wissenschaft für sich. Sie bedürfen geduldiger und ausdauernder Übung. Erst wer den optimalen Bewegungsablauf mühelos beherrscht, kann man von sich behaupten, radfahren zu können.

Übersetzungsbeschränkung bei Schülern und Jugendlichen

Radsportler sind Ausdauersportler – und keine Kraftsportler. Die bisherigen Ausführungen belegen, daß sich Ausdauer-Anpassungen bei Radsportlern am besten mit hohen Tretgeschwindigkeiten entwickeln. Ausdauer und Kraft sind miteinander konkurrierende Eigenschaften. Die Ausbildung der Fähigkeit »Kraft« blockiert die Ausbildung der Fähigkeit »Ausdauer«. Deswegen ist es vernünftig und logisch, die Übersetzung bei Schülern und Jugendlichen – also in der Entwicklungszeit – nach oben zu begrenzen. Entsprechend dem Lebensalter sind Fahrer und Fahrerinnen durch den Bund Deutscher Radfahrer e. V. in folgende Altersklassen eingeteilt:

Schüler Klasse C	8–10 Jahre
Schüler Klasse B	10–12 Jahre
Schüler Klasse A	12–14 Jahre
Jugendklasse B	14–16 Jahre
Jugendklasse A	16–18 Jahre
Amateurklasse	18–35 Jahre
Schülerinnen	10–14 Jahre
Mädchenklasse	14–18 Jahre
Frauenklasse	ab 18 Jahren
Seniorenklasse	ab 35 Jahren

Nach der Sportordnung des Bundes Deutscher Radfahrer e. V. gelten gegenwärtig folgende Übersetzungsbeschränkungen nach oben, wobei für die Zollangabe ein Raddurchmesser von 27 Zoll zugrunde gelegt wurde:
Schülerklasse B und C:
69 Zoll (z. B. 46/18 Zähne)
Schülerklasse A:
73,89 Zoll (z. B. 49/18 Zähne)
Jugendklasse B:
82,6 Zoll (z. B. 52/17 Zähne)
Für separat ausgeschriebene Mädchen-Schülerinnenrennen gilt:
Schülerinnen 11 bis 14 Jahre,
Mädchen 15 bis 18 Jahre.
Übersetzungsbeschränkung:
Schülerinnen 69 Zoll,
Mädchen 82,6 Zoll.
Schüler und Jugendliche sollen von Anfang an lernen, mit kleinen Übersetzungen und hoher Tretfrequenz zu fahren. Diese Empfehlung beruht auf den Erfahrungen ganzer Radsportgenerationen – und wird heute durch wissenschaftliche Ergebnisse über die Muskelfaserstruktur erhärtet. Daher sollte man schon beim Kauf eines Fahrrades für Schüler und Jugendliche – auch wenn sie keine Radrennen fahren wollen – darauf achten, die angegebenen Übersetzungen nicht zu überschreiten. Nur dadurch erwerben Kinder und Jugendliche die beabsichtigten Ausdauereigenschaften – die gleichzeitig von hohem gesundheitlichen Wert für das gesamte Leben sind.

Das Training im Radsport ist sehr vielfältig, außerdem bedeutet es für jeden etwas anderes – je nach dem, wie intensiv er den Radsport betreiben möchte. Grundbegriffe und Grundgesetze des Leistungs- und Hochleistungssportes gelten prinzipiell – wenn auch in geringerer Ausprägung – auch im Breiten- und Gesundheitssport. Daher ist es für jeden Radsportler, gleichgültig in welcher der genannten Kategorien er den Radsport betreiben möchte, wichtig und interessant, wie er mit möglichst geringem Aufwand den größtmöglichen Erfolg erzielen kann. Gerade im Radsport kann man durch richtiges, klug geplantes und zusammengesetztes Training sehr große Anpassungen und Fortschritte erzielen.

Die Vorbereitungsperiode im Frühjahr dient der Schulung des lockeren Trittes und der Grundlagenausdauer.

Grundgesetze der Leistungssteigerung

Ohne Aufgaben und Anforderungen verkümmern die Funktionen des menschlichen Körpers – umgekehrt passen sie sich an gesteigerte äußere Belastungen an, wenn diese bestimmte Bedingungen erfüllen. Zwischen Belastung, Anpassung und Leistungssteigerung bestehen die im folgenden genannten gesetzmäßigen Beziehungen.

Trainingsintensität und Trainingsumfang

Die Trainingsreize müssen eine gewisse Intensität und einen bestimmten Mindestumfang erreichen, um Anpassungsvorgänge auslösen zu können. Dies vermögen grundsätzlich nur solche Trainingsreize, die das innere Gleichgewicht des Organismus so stark beeinflussen, daß sie tatsächlich auch subjektiv als Belastung empfunden werden. Daher können die Reize bei einem geringen Trainingszustand gering sein, müssen aber bei zunehmendem Trainingszustand stärker werden, um weitere leistungssteigernde Anpassungen auszulösen. Daher kommt man im Breiten- und Gesundheitssport mit einem Training von geringer Intensität und geringem Umfang aus, während im Leistungs- und Hochleistungssport Trainingsintensität und Trainingsumfang manchmal kaum faßbare Dimensionen erreichen.

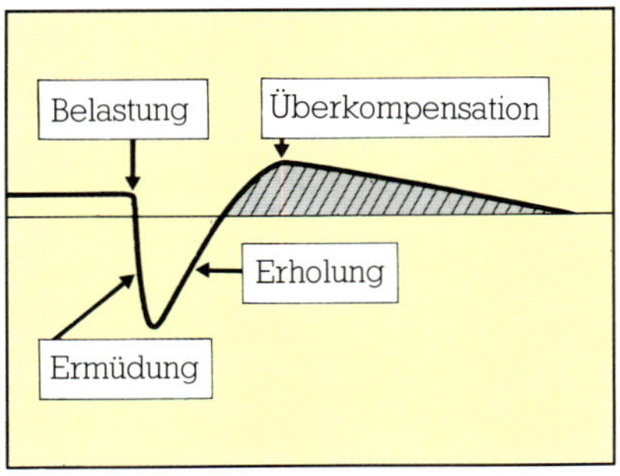

Zyklus der Überkompensation: Regelmäßiger Wechsel zwischen Belastung, Ermüdung, Erholung und Überkompensation als Grundlage des Trainingsprozesses.

Zyklus der Superkompensation

Belastung, Ermüdung, Erholung und Überkompensation (Superkompensation) müssen in regelmäßigem Rhythmus miteinander abwechseln. Jede trainingswirksame Belastung führt zu einer vorübergehenden Ermüdung des Organismus mit vorübergehender Herabsetzung der Leistungsfähigkeit. In der nachfolgenden Phase der Erholung (Regeneration) laufen die beabsichtigten funktionellen und gestaltlichen Anpassungsprozesse ab. Dabei regeneriert sich der Organismus über das vorbestehende Ausgangsniveau hinaus, ein Phänomen, das als Überkompensation oder Superkompensation bezeichnet wird. Damit soll erreicht werden, daß man einer erneuten Belastung besser gewachsen ist. Dieses Phänomen der Superkompensation einwirkender Trainingsreize ist die Grundlage jeder Leistungssteigerung. Daher müssen Belastung, Ermüdung, Erholung und Überkompensation im Trainingsprozeß als Einheit betrachtet werden.

Summation der Trainingseffekte: Weil das Stadium der Überkompensation sich allmählich innerhalb von 2 bis 4 Tagen zurückbildet, ergibt sich bei geringer Trainingshäufigkeit (a) ein geringerer Leistungszuwachs als bei größerer mit dichterfolgenden Trainingsreizen (b). Der beste Trainingseffekt ergibt sich, wenn die neue Belastung im Höhepunkt der Überkompensation erfolgt.

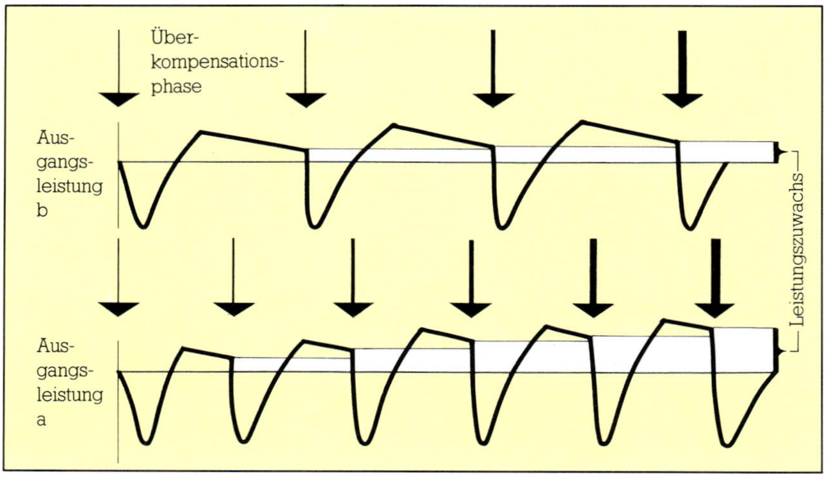

Leistungsstillstand und sprunghafte Leistungssteigerung

Jede trainingswirksame Belastung hinterläßt einen Trainingseffekt. Trotzdem gibt es immer wieder Abschnitte im Trainingsprozeß, in denen sich der Leistungszustand nicht weiter zu verbessern scheint. Dieser scheinbare Leistungsstillstand wird aber dann plötzlich in bestimmten Zeitabständen durch eine sprunghafte Leistungssteigerung – die sog. »verspätete Transformation« – abgelöst. Dieses Phänomen kann manchmal durch besonders intensive Trainingsbelastungen oder durch harte Wettkämpfe hervorgerufen werden.

Trainingszustand und Trainingshäufigkeit

Trainingsbedingte Anpassungen bilden sich zurück, wenn die Belastungsanforderungen zu gering dosiert und nicht im richtigen Zeitabstand erneut erfolgen.
Eine optimale Leistungssteigerung tritt nur dann ein, wenn der neue Trainingsreiz in die Phase der Superkompensation des vorhergehenden Trainingsreizes fällt. Es gibt jedoch auch regenerative Trainingsreize, die im Sinne einer aktiven Erholung die Schnelligkeit der Regeneration fördern. Mit zunehmendem Trainingszustand nimmt auch die Schnelligkeit der Regenerationsfähigkeit zu. Daher können dann die Belastungen in immer kürzeren Abständen aufeinander folgen. Ist der Trainingszustand gering, muß die Erholungsphase länger sein. Die Optimierung dieses Prozesses ist allerdings sehr schwierig.

Aber das, was man als Trainingszustand bezeichnet, ist kein bleibender Zustand, sondern ein labiles Gleichgewicht, das immer wieder neu erarbeitet und aufrecht erhalten werden muß. Der Organismus paßt sich immer der aktuell geforderten Belastungsstruktur an.
Grundsätzlich sollten bei der Planung von Trainingsbelastungen immer folgende Faktoren berücksichtigt werden:

- Belastungsintensität
- Belastungsdichte
- Belastungsumfang
- Belastungsdauer
- Belastungsstruktur
- Belastungsgrad und
- Belastungshäufigkeit.

Leistungsprofil des Radsportlers

Im Breiten- und Gesundheitssport genügt es, die Grundlagenausdauer durch richtiges Training mit geringer Intensität, mittleren bis größeren Umfängen und hoher Tretgeschwindigkeit bei geringem Krafteinsatz zu verbessern. Aber auch der Freizeitsportler kann aus den Erkenntnissen im Leistungs- und Hochleistungssport den eigenen Anpassungsprozeß an das Training besser verstehen. Die leistungsbestimmenden Faktoren im Radsport aus der Perspektive des Wettkampfradsportlers sind folgende:

- Persönliche Eigenschaften (Charakter, Willensstärke, Motivation, intellektuelle Fähigkeiten)
- Konditionelle Fähigkeiten (Ausdauer, Schnelligkeit, Kraft, Gelenkigkeit)
- Technik
- Taktik.

Jede Radsportdisziplin hat ein eigenes Anforderungsprofil, vor allem in bezug auf die konditionellen Fähigkeiten Ausdauer, Schnelligkeit und Kraft.

Stunde der Wahrheit: Kondition und Willenskraft zeigen sich am deutlichsten bei einer Bergankunft.

Physiologische Grundlagen des Radsporttrainings

Ein wichtiger Trainingsgrundsatz ist der Grundsatz der Bewußtheit, d. h. daß man den gesamten Trainingsprozeß bewußt auf das Trainingsziel ausrichten muß. Von diesem Ziel ausgehend muß der Radsportler immer verstehen, welche Aufgaben es warum und wie zu lösen gilt. Nur dann kann er sein Training wirklich selbst steuern. Die weitgehende Selbststeuerung des Radsportlers ist Voraussetzung für eine optimale Belastungssteuerung.

Die »menschliche Maschine«

Fahrrad und Radsportler sind zwei verschiedene Maschinen, die für eine bestimmte Leistung in optimaler Weise zusammenarbeiten müssen. Die eine Maschine, das Fahrrad, besteht aus Metall, Gummi und Leder, die andere, der Mensch, aus Zellen, Geweben, Organen und Organsystemen. Zwei derart verschiedene Maschinen kann man nur dann ökonomisch zusammenarbeiten lassen, wenn man beide genau kennt. Der Radsportler sollte daher die Vorgänge in seinem Körper genau so gut verstehen wie die technischen Zusammenhänge bei seinem Fahrrad, gleichgültig ob Alltagsfahrrad, Tourenfahrrad, Sportrad, Rennrad oder Mountain-Bike.
Bau und Funktion des menschlichen Körpers können hier nur kurz gestreift werden. Der Radsportler sollte jedoch weitere Möglichkeiten nutzen, sich darin weiterzubilden.
In der »menschlichen Maschine« wirken mehrere spezialisierte Organsysteme zusammen:

- Knochen- oder Skelettsystem (Knochen, Gelenke, Bänder)
- Muskelsystem (Muskeln, Sehnen, Faszien)
- Nervensystem (Großhirn, Kleinhirn, Rückenmark, Nerven)
- Gefäßsystem (Blut- und Lymphgefäße)
- Herz-Kreislauf- und Atmungssystem (kardiopulmonales System)
- Verdauungssystem (Speiseröhre, Magen, Darm, Leber, Bauchspeicheldrüse)
- System der Hormondrüsen (Hirnanhangdrüse, Schilddrüse, Nebennieren, Keimdrüsen, Bauchspeicheldrüse)
- System der Harn- und Geschlechtsorgane (Nieren, Harnleiter, Harnblase, Harnröhre)
- Hautsystem (Haut, Haare, Nägel, Talg- und Schweißdrüsen)
- System der Sinnesorgane (Augen, Ohren, Nase, Gefühl und Geschmack).

Leben bedeutet Bewegung, Energie-Entfaltung, Atmung mit Aufnahme von Sauerstoff und Abgabe von Kohlendioxyd.

Formen der Energiebereitstellung

Es ist auch heute noch ein nicht ganz gelöstes Geheimnis, wie Energie an biologische Strukturen gebunden und aus ihnen wieder freigesetzt werden kann. Man weiß jedoch, daß die Energie in unserem Körper in Form von energiereichen Phosphatbindungen – Adenosintriphosphat (ATP) und Kreatinphosphat – gespeichert und aus diesen Verbindungen bei Bedarf freigesetzt werden kann. Über den Stoffwechsel müssen dann diese energiereichen Phosphatbindungen wieder aufgeladen werden, damit immer genügend Energiereserven für Muskelbewegungen, Organtätigkeit und alle anderen energieverbrauchenden Prozesse des Organismus zur Verfügung stehen. Insgesamt gibt es drei Wege der Energiefreisetzung, die weitgehend von der Dauer und Intensität der Belastung abhängen.

Kurze, explosive Leistungen bis zu 6 bis 8 Sekunden, wie z. B. ein Radsprint von 60 bis 80 m lassen dem Organismus keine Zeit, Energie

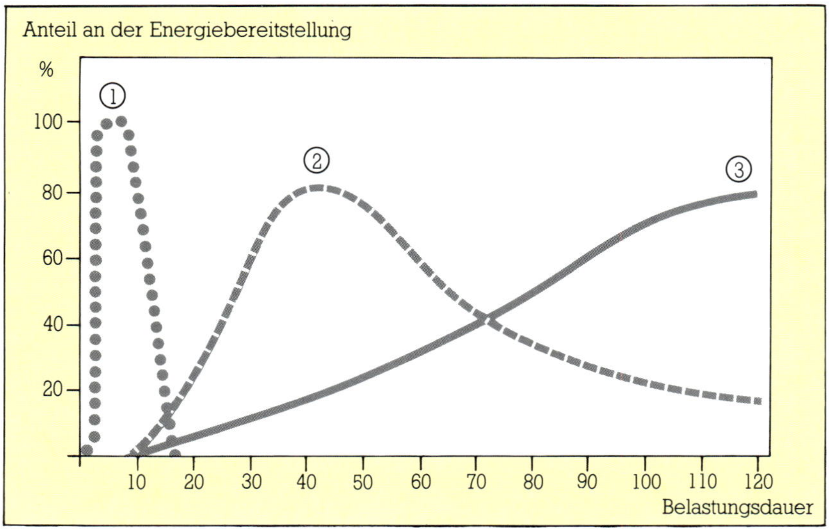

Formen der Energiebereitstellung:
1 Bei kurzen, explosiven Belastungen Energielieferung aus energiereichen Phosphaten (ATP, KP) (anaerob-alaktazide Energiegewinnung).
2 Bei kurzen intensiven Belastungen (z. B. Intervalle), Belastungsdauer 40 bis 60 Sekunden, anaerobe Energiegewinnung aus Glykogen mit Milchsäurebildung (anaerob-laktazide Energiegewinnung).
3 Bei zunehmender Belastungsdauer (Langzeitintervalle, Langzeitausdauer), Belastungsdauer über 2 Minuten, zunehmende aerobe Energiegewinnung (je nach Belastungsintensität aus Glykogen und/oder Fettsäuren).

Anteil der aeroben und anaeroben Kapazität bei Maximalbelastungen unterschiedlicher Dauer. Belastungsformen mit einer Belastungsdauer, die über 2 Minuten hinausgehen wird die aerobe Energiegewinnung (aerobe Kapazität) zum leistungsbestimmenden Faktor.

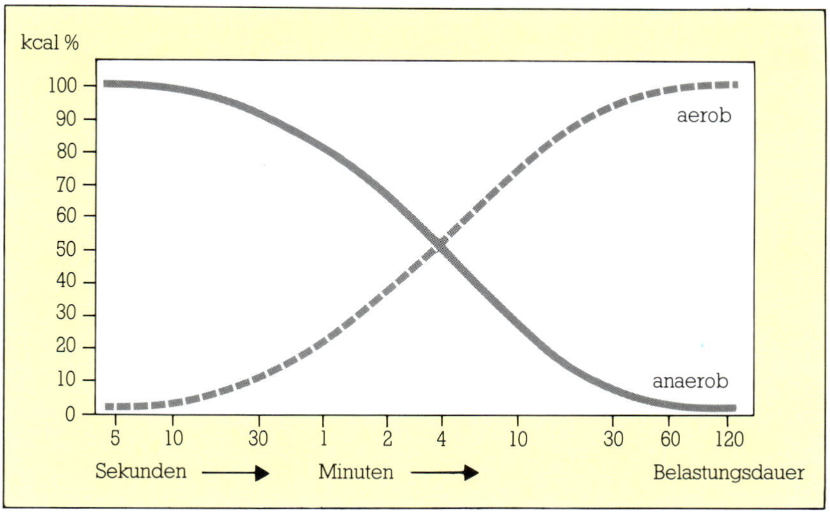

durch langsam anlaufende Stoffwechselvorgänge zu liefern. Hier wird die akut zur Verfügung stehende, in energiereichen Phosphatbindungen gespeicherte Energiemenge in der Arbeitsmuskulatur selbst zur Energiegewinnung herangezogen. Es bleibt auch keine Zeit, Sauerstoff in genügender Menge heranzutransportieren. Die Energiegewinnung erfolgt also ohne Sauerstoff (anaerob) und ohne Bildung von Milchsäure (Laktat). Man bezeichnet diese Form der Energiegewinnung daher als anaerob-alaktazide Energiegewinnung.

Maximale Leistungen bis zu 40 bis 50 Sekunden Dauer: Auch bei dieser Belastungsform ist es nicht möglich, genügend Sauerstoff heranzutransportieren (anaerobe Leistung). Andererseits reichen die energiereichen Phosphate, die in der Muskulatur bereit liegen, nur maximal 6 bis 8 Sekunden. Die energiereichen Phosphatbindungen müssen schnell durch Abbau von Glykogen (Kohlenhydratspeicher) oder Glukose (Blutzucker) regeneriert werden. Dabei entsteht Milchsäure (Laktat), die zunächst ohne genügend Sauerstoff nicht weiter abgebaut werden kann und sich daher im Blut anhäuft. Diese Form der Energiegewinnung nennt man daher anaerob-laktazide Energiebereitstellung. Wenn der Säurewert des Blutes bestimmte Werte erreicht, wird die Muskeltätigkeit behindert, so daß das Tempo vermindert werden muß. Diese Form der Energiegewinnung steht bei Radsprints von ca. 400 bis 600 m im Vordergrund.

Belastungen von mehr als 2 Minuten Dauer können nicht mehr ohne Sauerstoff bewältigt werden. Der Organismus muß also mit Sauerstoff (aerob) arbeiten können. Dabei darf die maximale Sauerstoffaufnahmefähigkeit nicht überschritten werden. Dementsprechend ist das Tempo geringer als bei den beiden vorher genannten Belastungsformen. Diese Form der Energiegewinnung nennt man aerobe Energiegewinnung. Die Regeneration der energiereichen Phosphatbindungen erfolgt nun durch den oxidativen Abbau von Kohlenhydraten und Fetten. Das Verhältnis, in dem Kohlenhydrate und Fette verbrannt werden, hängt vom Ausdauer-Trainingszustand (sprich: maximale Sauerstoffaufnahmefähigkeit) ab und von der Intensität der Belastung. Die Optimierung des Energiestoffwechsels ist der grundlegende Anpassungsvorgang im Radsporttraining.

Auswirkungen des Radsportes auf den Organismus

Durch Radsporttraining treten in unserem Organismus Veränderungen auf, die man als Anpassung (Adaptation) bezeichnet. Unter Anpassung versteht man ganz allgemein die Umstellung körperlicher und psychischer Funktionssysteme auf ein höheres Leistungsniveau und die Einstellung auf spezielle äußere Bedingungen, die sich unter dem Einfluß äußerer Belastungen vollzieht. Trainingsbelastungen rufen funktionelle, biochemische und gestaltliche Veränderungen im Organismus hervor und tragen zur Verbesserung psychischer Eigenschaften bei. Prinzipiell werden Anpassungsvorgänge nur dann ausgelöst, wenn die Trainingsbelastung eine in bezug auf die momentane Leistungsfähigkeit bestimmte optimale Intensität und einen bestimmten Mindestumfang erreicht. Die Art der Anpassung hängt von der Art der vorausgegangenen Belastung ab. Von den konditionellen Fähigkeiten Kraft, Schnelligkeit und Ausdauer ist für den Radsportler die Ausdauer am wichtigsten. Unter Ausdauer versteht man ganz allgemein die Fähigkeit, eine bestimmte Leistung über einen längeren Zeitraum ohne Ermüdung durchhalten zu können. Man unterscheidet im Prinzip zwei Anpassungsstufen, die sich nur gradmäßig voneinander unterscheiden. Im Breiten- und Gesundheitssport ist das Training von geringerer Zeitdauer und geringerer Intensität geprägt, so daß sich hier mehr funktionelle Verbesserungen der Organsysteme entwickeln. Die Grundlagenausdauer ist die Grundlage für weitere Leistungssteigerungen. Die höhergradige Anpassungsstufe im Leistungs- und Hochleistungssport wird durch ein Training von hoher Intensität und hohem Umfang ausgebildet. Erst auf dieser Stufe kommt es zur Vergrößerung der Organdimensionen, z. B. des Herzens. Diese wettkampfspezifische Ausdauer ist eine hochintensive Ausdauer, die sich auf der Grundlagenausdauer aufbaut. Im folgenden sollen die Anpassungsprozesse kurz beschrieben werden.

Auswirkungen auf Herz und Kreislauf

Die auf Ausdauer beanspruchte Muskulatur benötigt Sauerstoff zur Energiegewinnung. Deswegen muß der Organismus dafür sorgen, daß möglichst viel Sauerstoff an die Muskelzellen herantransportiert wird. Das geschieht durch eine bessere Blutversorgung der arbeitenden Muskulatur, auch mit Ausbildung neuer, kleiner Blutgefäße (Kapillaren), sowie durch eine ökonomischere Arbeit von Herz und Lunge. Herz und Lunge haben also eine dienende Funktion, nämlich den Bedarf an Sauerstoff und Nährstoffen der peripheren Arbeitsmuskulatur zu decken. Im Breiten- und Gesundheitssport, in dem vorwiegend die Grundlagenausdauer ausgebildet wird, sind diese Anforderungen nicht so hoch, daß sich das Herz deswegen vergrößern muß. Es gibt also kein vergrößertes Sportherz im Breiten- und Gesundheitssport! Es vergrößert sich allenfalls das Schlagvolumen des Herzens, d. h. die pro Herzschlag ausgeworfene Blutmenge, ohne daß sich das Herz äußerlich vergrößern muß. Trotzdem wird insgesamt die Sauerstoffaufnahmefähigkeit des gesamten Organismus verbessert. Erst bei höherer Trainingsintensität, wie im Leistungs- und Hochleistungssport, mit einer entsprechend längeren Trainingsdauer vergrößert sich auch das Herzvolumen als eine Anpassung an den stärker erhöhten Sauerstoffbedarf der Arbeitsmuskulatur. Daher haben die Sportler mit der größten und intensivsten Ausdauerleistungsfähigkeit auch die größten Herzvolumina aufzuweisen. Das »Sportherz« ist – das sollte man unbedingt wissen – ein leistungsangepaßtes Herz, das weder krankhaft noch nachteilig, sondern dem normalen Herzen in vieler Hinsicht überlegen ist. Durch entsprechende Beanspruchung wird die Muskulatur des Herzens durch harmonisches Wachstum aller Herzabschnitte kräftiger. Mit der Längen- und Dickenzunahme der Herzmuskelfasern geht eine entsprechend verbesserte Gefäß- und Blutversorgung des Herzens einher. Dadurch wird eine weitere Vergrößerung des Schlagvolumens möglich, so daß ein trainiertes Sportherz in Ruhe und bei vergleichbaren Belastungsstufen mit viel weniger Schlägen auskommt als ein nicht trainiertes, nicht angepaßtes »Büroherz«.
So kommt es, daß die tägliche Arbeit eines trainierten Herzens im Vergleich zu dem eines untrainierten fast nur noch die Hälfte (!) beträgt. Das Herz wird also auf Dauer trotz intensiver Trainingsbelastungen geschont. Das bedeutet im Bereich des Gesundheits- und Breitensportes eine deutlich geringere Sterblichkeit an Herzkranzgefäßerkrankungen im Vergleich zur »Normal«-Bevölkerung. Der Puls in Ruhe (Ruhepuls) ist ein relativ guter Maßstab für den Trainingszustand. Er wird am besten morgens vor dem Aufstehen gemessen. Bei untrainierten Menschen liegt er meist zwischen 70 und 80 Schlägen pro Minute. Bei Breiten- und Gesundheitssportlern verringert sich dieser Ruhepuls bis auf 60 Pulsschläge pro Minute oder darunter. Das ist allein schon durch die Umstellung und Beruhigung des vegetativen Nervensystems möglich. Auf diese Weise kommt der Organismus schon mit weniger Herzschlägen aus, bevor sich das Herz vergrößert. Bei einem vergrößerten Radsportherz ist der Ruhepuls noch geringer. Er liegt dann bei 40 bis 50 Schlägen pro Minute. Der vom Autor selbst gemessene »Bestwert« betrug 28 Schläge pro Minute! Ein über die gewohnte Zahl hinausgehender Ruhepuls kann frühzeitig auf gesundheitliche Störungen (Infekte) oder Übertraining hinweisen.

Auswirkungen auf das Nervensystem

Man unterscheidet das willkürliche und das unwillkürliche Nervensystem. Das willkürliche Nervensystem besteht aus Gehirn, Rückenmark und peripheren Nerven. Das unwillkürliche – autonome – Nervensystem besteht aus dem sympathischen und parasympathischen Nervensystem, das im Zusammenspiel die Tätigkeit der Organe und die Gesamterregbarkeit des ganzen Organismus steuert. Durch Ausdauertraining wird das gesamte Nervensystem in seiner Funktion verbessert. Im unwillkürlichen Nervensystem findet eine Umstellung vom sympathischen zum parasympathischen Nervensystem statt. Dadurch wird der trainierte Mensch ruhiger und kann sich schneller regenerieren. Die psycho-physische Belastbarkeit verbessert sich bei gleichzeitiger Zunahme der Erholungsfähigkeit. Die Umstellung auf das parasympathische Nervensystem (Nervus vagus) äußert sich auch in einer Herabsetzung des Ruhepulses.

Wer mit dem Rennrad Pässe fährt (hier Stilfser Joch), braucht eine hohe Sauerstoffaufnahmefähigkeit – und muß gegen Klimareize abgehärtet sein.

Maximale Sauerstoffaufnahmefähigkeit (aerobe Kapazität)

Die maximale Sauerstoffaufnahmefähigkeit begrenzt die mögliche Intensität einer Ausdauerleistung nach oben, also das Tempo, das man über längere Zeit durchhalten kann, ohne in einen Sauerstoffmangel zu geraten. Die Fähigkeit der maximalen Sauerstoffaufnahme unterliegt einem biologischen Alterungsprozeß. So vermag ein 20- bis 30jähriger Mann etwa 3,3 l Sauerstoff pro Minute aufzunehmen, eine gleichaltrige Frau etwa 2,2 l. Umgerechnet auf das Körpergewicht bedeutet das, daß Mann und Frau ca. 35 bis 45 ml Sauerstoff pro Kilogramm Körpergewicht aufnehmen können. Im Laufe des Lebens geht dieser Wert kontinuierlich zurück, so daß er im 70. Lebensjahr etwa die Hälfte des Ausgangswertes erreicht. Die meisten Menschen finden sich aus Unwissenheit mit diesem Alterungsprozeß ab und betrachten diesen Abbau als Schicksal. Ihnen sollte man jedoch sagen, daß es durchaus möglich ist, die maximale Sauerstoffaufnahmefähigkeit durch ein entsprechendes Aus-

CARRERA
La Gazzetta

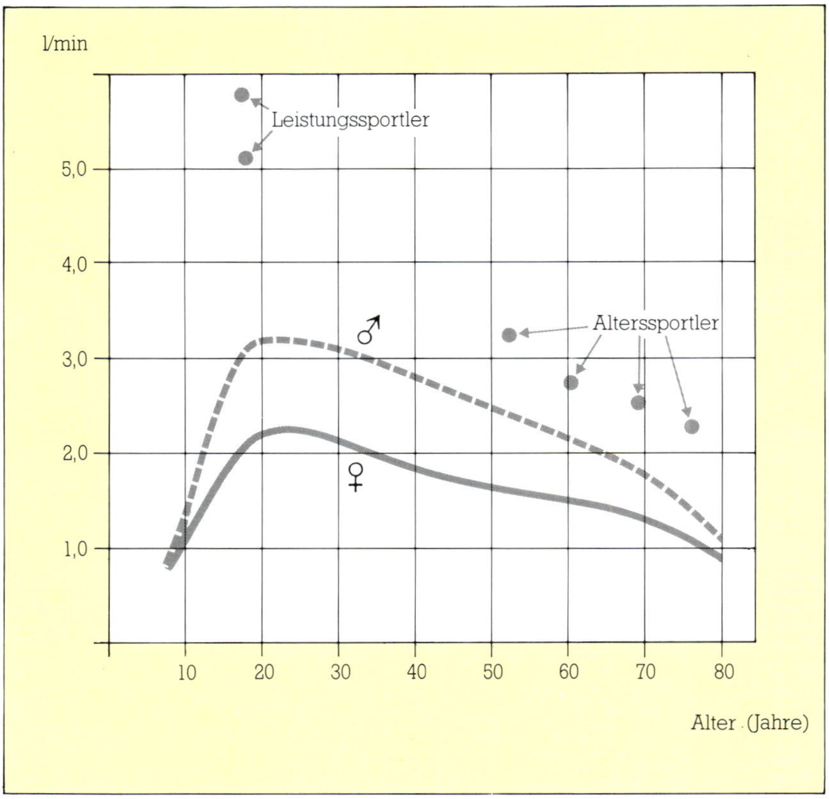

Maximale Sauerstoffaufnahmefähigkeit im Laufe des Lebens bei Männern (♂) und Frauen (♀) in Litern pro Minute. Einzelne Werte von Leistungs- und Alterssportlern in Ausdauersportarten zum Vergleich.

dauertraining, z. B. Rad-Training, über viele Jahrzehnte aufrechtzuerhalten und zu verbessern. Hochtrainierte Ausdauersportler erreichen nämlich Werte um 6 l maximale Sauerstoffaufnahmefähigkeit pro Minute, d. h. um 80 bis 90 ml Sauerstoffaufnahme pro Kilogramm Körpergewicht! Alterssportler im Radsport sind durchaus in der Lage, bis zum Alter von 60 oder 70 Jahren und darüber eine maximale Sauerstoffaufnahme von 3 l/min. und mehr aufzubauen und zu halten – das entspricht fast den Werten eines untrainierten 30jährigen! Radsport ermöglicht es bei richtigem Training, biologisch mindestens 30 oder 40 Jahre lang 30 Jahre alt zu bleiben!
Diese verbesserte Sauerstoffaufnahmefähigkeit ist die Folge von Stoffwechselanpassungen an den Trainingsprozeß – und diese sind wiederum Ausdruck einer veränderten Muskelfaserzusammensetzung in der Arbeitsmuskulatur.

Stoffwechselanpassungen

Aerobe Stoffwechselvorgänge – also die Energiegewinnung mit Sauerstoff-laufen fast ausschließlich durch Oxidation von Kohlenhydraten und Fetten ab. Kohlenhydrate sind im menschlichen Körper in Form von Glykogen in der Muskulatur und in der Leber gespeichert. Das Glykogen besteht aus verzweigten Ketten von Traubenzuckermolekülen. Diese werden bei Bedarf abgespalten. Die Formel des Traubenzuckers ist folgende: $C_6H_{12}O_6$ (C = Kohlenstoff, H = Wasserstoff, O = Sauerstoff), d. h., ein Molekül Traubenzucker bringt sechs

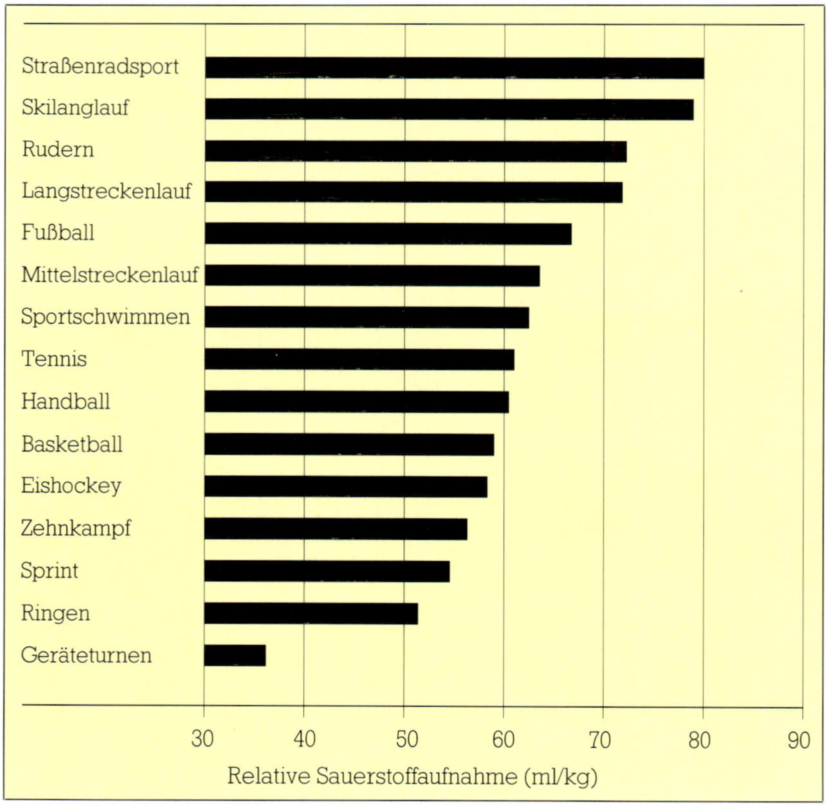

Relative maximale Sauerstoffaufnahme bezogen auf 1 kg Körpergewicht bei ausgewählten Leistungssportlern verschiedener Sportarten.

Atome Sauerstoff mit. Das bedeutet für den Organismus: Wenn die Intensität der körperlichen Belastung so stark ansteigt, daß er an der Grenze der maximalen Sauerstoffaufnahmefähigkeit arbeiten muß, braucht er zunehmend Nährstoffe, die selbst Sauerstoff enthalten – nämlich die Kohlenhydrate oder ihre Speicherform, das Glykogen. Demgegenüber bringen Fette fast keinen Sauerstoff im Molekül mit. Sie haben aber einen anderen Vorteil: Sie können pro Gewichtseinheit doppelt soviel Energie speichern als die Kohlenhydrate. Auch sind die Fettreserven des Organismus ungleich größer als die Glykogenreserven. Daher sind die Glykogenspeicher sehr kostbare Energiequellen für Belastungen an der Grenze der maximalen Sauerstoffaufnahmefähigkeit, während bei geringerer Belastungsintensität zunehmend mehr Fette zur Energiegewinnung herangezogen werden können. Der Fettstoffwechsel dient also dazu, die kostbaren Kohlenhydratreserven zu schonen. Der Fettstoffwechsel muß jedoch immer aufs neue trainiert werden, damit der Organismus ihn als Energiequelle nutzen kann. Das Training des Fettstoffwechsels erfolgt durch das Training der Grundlagenausdauer bei geringer bis mittlerer Intensität und relativ hohem Umfang des Trainings. Das Training muß gewissermaßen unter optimalen Sauerstoffbedingungen ablaufen, damit der Sauerstoffbedarf nicht zum begrenzenden Faktor wird. Das ist die wichtigste Trainingsform im Breiten- und Gesundheitssport. Ein gut ausgebildeter Fettstoffwechsel ist gewissermaßen ein biochemisches Qualitätsmerkmal für einen guten Ausdauertrainingszustand. Diese Stoffwechselanpassung trainieren auch Radprofis jedes Frühjahr durch Zurücklegen langer Trainingsstrekken mit kleinen Übersetzungen bei geringem bis mäßigem Tempo, das etwa so bemessen ist, daß man sich ohne Atemnot unterhalten kann.
Das Training des Radsportlers muß also zwei wichtige Ziele erreichen:

- ○ Erhöhung der maximalen Sauerstoffaufnahmefähigkeit
- ○ Verbesserung der Energiegewinnung aus dem Fettstoffwechsel.

Diese Anpassungsvorgänge laufen in der Arbeitsmuskulatur ab und erfordern den Aufbau ganz spezieller Muskelfasern, die fähig sind, diese Anforderungen zu erfüllen.

Muskelfasern und Training:
Links: ca. 50% Ausdauerfasern vor Beginn des Trainings.
Rechts: ca. 80% Ausdauerfasern nach sechs WochenRadsport-Training (nach H. Howald).

Muskelfaserzusammensetzung

Prinzipiell unterscheidet man innerhalb des Muskels verschiedene Muskelfasertypen, wobei vor allem zwei von Bedeutung sind, nämlich die Ausdauerfasern und die Schnellkraftfasern. Die Voraussetzung für eine hohe Ausdauerleistungsfähigkeit ist ein hoher Anteil von Ausdauerfasern, der durch entsprechendes Training erzeugt werden kann. Man sollte die neueren Erkenntnisse über diese Vorgänge genau kennen, da sie gerade im Radsport große Auswirkungen auf das Training, auf die Wahl der Übersetzung und die Höhe der Tretfrequenz haben.

Ausdauerfasern

Ausdauertraining baut Muskelfasern mit einer hohen Sauerstoffaufnahmefähigkeit auf, die durch einen leistungsfähigeren aeroben Energiestoffwechsel bedingt ist. Die Enzyme für den aeroben Stoffwechsel sind in den sog. Mitochondrien, den Kraftwerken der Zelle, lokalisiert. Zur besseren Sauerstoffbindung enthalten diese Muskelfasern vermehrt Muskelfarbstoff (Myoglobin). Zur besseren Durchblutung sind sie von zahlreichen kleinen Blutgefäßen (Kapillaren) umgeben. Als Energiereserven enthalten sie vermehrt Glykogen und Fett. Ihre Zuckungsgeschwindigkeit und Krafteigenschaften sind zwar geringer als die bei Schnellkraftfasern – aber ihre Widerstandsfähigkeit gegen Ermüdung ungleich höher. Wegen der genannten Eigenschaften werden diese Ausdauerfasern auch langsame rote Fasern (Muskelfasern vom Typ I) genannt. Ausdauerfasern sind dünn und können daher viel besser mit Sauerstoff versorgt werden als die dickeren Kraft- und Schnellkraftfasern.

Schnellkraftfasern

Diese Muskelfasern sind mehr für den anaeroben Stoffwechsel, also die Energiegewinnung ohne Sauerstoff, ausgerüstet. Sie enthalten weniger Enzyme für den aeroben Energiestoffwechsel mit Sauerstoff, also weniger Mitochondrien, weniger Muskelfarbstoff (Myoglobin) und weniger

Vergleich von Ausdauerfasern und Schnellkraftfasern

	Ausdauerfasern	*Schnellkraftfasern*
Faserdicke	dünn	dick
maximale Sauerstoffaufnahme	hoch	niedrig
Muskelfarbstoff (Myoglobin) für Sauerstofftransport	hoch	niedrig
Enzyme für den aeroben Stoffwechsel (Mitochondrien)	zahlreich	gering
Blutgefäßneubildung (Kapillarisierung)	hoch	gering
Energiespeicher: energiereiche Phosphate (ATP, KP) Glykogen Fette	 niedrig hoch hoch	 hoch hoch niedrig
anaerobe Enzyme (Milchsäurebildung)	niedrig	hoch
Kraftentfaltung	gering bis mittel	hoch
Ermüdbarkeit	gering	groß

kleine Blutgefäße (Kapillaren). Die Energiereserven sind auf den anaeroben Stoffwechsel ohne Sauerstoff abgestellt, also mehr energiereiche Phosphate, etwa gleich viel Glykogen wie Ausdauerfasern – aber keine Fettreserven. Ihre Zuckungsgeschwindigkeit ist schneller, ihre Kraftleistung größer als die von Ausdauerfasern – aber ihre Ermüdungswiderstandsfähigkeit ist viel geringer. Daher werden diese Muskelfasern auch als weiße, schnelle Fasern (Muskelfasern vom Typ II) bezeichnet. Schnellkraft- und Kraftfasern müssen ihre Eiweißstrukturen und ihren Querschnitt vergrößern, um den Kraftbelastungen standhalten zu können. Deswegen sind sie dicker als Ausdauerfasern – und das ist der Grund, warum sie schwerer mit Sauerstoff zu versorgen sind.

Muskelfasern vom Zwischentyp

Diese Muskelfasern, auch Intermediärfasern oder Muskelfasern vom Typ II A genannt, stehen zwischen den beiden genannten Muskelfasertypen, sowohl was ihre Kontraktionseigenschaften als auch was ihre Stoffwechselfunktionen betrifft. Je nach Beanspruchungsform können sie in Schnellkraft – oder Ausdauerfasern umgewandelt werden.

Ausdauerfasern, Ausdauerleistung und Ausdauertraining

Wissenschaftliche Untersuchungen haben gezeigt, daß das Verhältnis von Ausdauer- zu Schnellkraftfasern bei der Durchschnittsbevölkerung etwa 50:50 beträgt. Sehr gut trainierte Ausdauersportler weisen in ihrer Arbeitsmuskulatur jedoch einen Anteil von Ausdauerfasern bis zu 90 % auf. Das entspricht genau dem hohen Ausdauerleistungsstand dieser Athleten.

Untersuchungen haben bewiesen, daß insbesondere die Intermediärfasern durch richtiges Ausdauertraining in Ausdauerfasern umgewandelt werden können – umgekehrt werden sie aber in Kraftfasern umgewandelt, wenn man falsch trainiert. Ausdauerfasern bilden sich auch in Trainingspausen – z. B. nach Verletzungen – zurück oder wenn die Trainingshäufigkeit zu gering wird.

Konsequenzen für den Trainingsprozeß

Die Art der Trainingsbelastung und ihre Häufigkeit bestimmen also langfristig die Zusammensetzung der Muskelfaserstruktur – und diese ist Grundlage der erreichten Leistungsfähigkeit. Herz, Kreislauf und Atmung passen sich sekundär diesen primären Veränderungen an, um die aufgebauten Leistungsstrukturen der Muskulatur mit genügend Sauerstoff und Nährstoffen zu versorgen.

Optimale Trainingsbelastungen

Ausdauer und Kraft sind miteinander konkurrierende Eigenschaften, die im Radsport in einem bestimmten Verhältnis stehen müssen. Der Radsportler sollte sich zunächst bemühen, mit möglichst wenig Krafteinsatz möglichst hohe Ausdauerleistungen zu trainieren, um die entsprechende Muskelfaserstruktur aufzubauen. Das Verhältnis zwischen Ausdauer und Kraft wird im Radsport durch die Verwendung entsprechender Übersetzungen bestimmt – das ist völlig anders als in anderen Sportarten! Für den Trainingsprozeß im Radsport er-

geben sich aus den heutigen wissenschaftlichen Erkenntnissen folgende Grundgesetze:

- ○ Ausdauerfasern werden aufgebaut, wenn mit kleinen Gängen und hohen Umdrehungszahlen größere Strecken zurückgelegt werden.
- ○ Schnellkraft- und Kraftfasern werden aufgebaut, wenn überwiegend mit großen Gängen und hohem Krafteinsatz mit langsamer Tretfrequenz trainiert wird. Auch ein zu großer Anteil eines intensiven Intervalltrainings mit hohen anaeroben Anteilen fördert die Umwandlung von Ausdauerfasern in Schnellkraftfasern.
- ○ Ausdauerfasern sind dünner als Schnellkraft- und Kraftfasern. Daher sind »dünne« Beine im Radsport ein Qualitätsmerkmal einer guten Form – während »dicke« Beine einen Formverlust signalisieren. Dünne Beine sind ausdauernder, dünne Muskelfasern können besser mit Sauerstoff versorgt werden. Dicke Beine ermüden schneller und leiden eher unter Sauerstoffmangel.
- ○ Nach Trainingseinheiten oder Wettkämpfen mit großen Gängen

Querfeldeinrennen erfordern Ausdauer, Technik und leichtathletische Fähigkeiten (Dieter Uebing, der mit über 40 Jahren noch mit der Weltspitze mithielt).

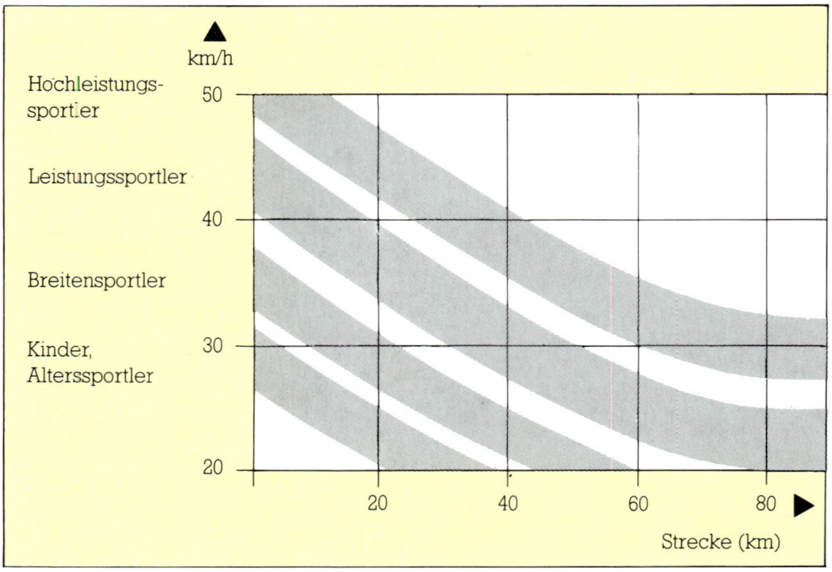

Trainingswirksame Bereiche (Streckenlänge und Durchschnittsgeschwindigkeit) bei Radsportlern verschiedener Leistungsstärke (modifiziert nach H. Harre).

und langsamer Tretfrequenz sollte ein Training mit betont hoher Tretfrequenz und geringem Krafteinsatz mit kleinen Gängen anschließen, um die Umwandlung in Schnellkraft- und Kraftfasern aufzuhalten und die Rückbildung in Ausdauerfasern zu veranlassen.

- Um den antrainierten hohen Anteil von Ausdauer-Muskelfasern aufrechtzuerhalten, sollte man genügend häufig, also mindestens drei- bis viermal pro Woche, trainieren.
- Der Trainingsplan des Radsportlers sollte mindestens 90 % solcher Trainingseinheiten enthalten, die der Ausbildung von Ausdauerfasern dienen. Der Anteil von Schnelligkeits- und Intervallarbeit sollte demgegenüber gering sein – und dann immer wieder von lockeren Ausdauer-Trainingseinheiten abgelöst werden.

Die Dosierung des Trainings

Die Hauptfaktoren für Leistungssteigerung und Trainingssteuerung sind Intensität, Dauer (Umfang) und Häufigkeit der Trainingsbelastungen. Die jeweilige Belastungsanforderung, die aktuelle Leistungsfähigkeit und die momentane Belastungsverträglichkeit bestimmen den Belastungsgrad des Organismus durch eine bestimmte Trainingsbelastung. Je geringer der Trainingszustand, desto mehr muß man sich vor zu intensiven Belastungen hüten. Denn die Trainingswirksamkeit einer Belastung nimmt ab, wenn ein bestimmter Ermüdungsgrad überschritten wird. Nach dem Ausprägungsgrad der Ermüdung kann man zwischen geringer, mittlerer, optimaler und starker Ermüdung durch Grenzbelastungen unterscheiden. Gute Trainingseffekte erzeugen Belastungen, die eine mittlere bis starke Ermüdung verursachen. Nach einer solchen Belastung sollte der Radsportler jedoch noch fähig und bereit sein, körperlich und geistig arbeiten zu können. Am nächsten Morgen muß er sich frisch und erholt fühlen. Er sollte nach 24 Stunden, spätestens aber nach 48 Stunden in der Lage sein, das gleiche Trainingspensum zu wiederholen. Grundsätzlich muß der Trainingsumfang abnehmen, wenn die Trainingsintensität zunimmt – und umgekehrt: Der Trainingsumfang kann länger werden, wenn die Intensität des Trainings geringer wird. Besonders junge und ältere Radsportler sollten darauf achten, die Trainingsintensität nicht zu hoch zu wählen, ebenso Radsportler im Gesundheits- und Breitensport. Hohe Trainingsintensitäten sind eigentlich nur für aktive Radsportler zu empfehlen, die persönliche Höchstleistungen oder Wettkämpfe anstreben.

Intensitätsbereiche und Trainingssteuerung

Optimales Training bedeutet, mit möglichst geringem Zeitaufwand den bestmöglichen Trainingseffekt zu erzielen. Dabei ist die Wahl der richtigen Intensität des Trainings – im Radsport bestimmt durch Übersetzung, Tretgeschwindigkeit und Fahrgeschwindigkeit – der Faktor mit der größten Bedeutung. Im Breiten- und Gesundheitssport werden hier die größten Fehler gemacht: Man neigt dazu, mit zu hoher Trainingsintensität, d. h. zu schnell, zu fahren. Deswegen ist es sehr wichtig, das richtige Gefühl für die optimale Trainingsintensität zu erwerben.
Außer dem Ermüdungsgrad, der im Breiten- und Gesundheitssport zur Beurteilung der Trainingsbelastung meistens ausreicht, gibt es für fortgeschrittenere Radsportler sowie für jene, die sich im Leistungs- und Hochleistungssport betätigen, weitere Möglichkeiten, den Intensitätsgrad festzulegen. Zu diesem Zweck wird das Training nach Intensitätsbereichen aufgeschlüsselt, um diese dann als Bausteine im Trainingsplan gezielt kombinieren zu können. So kann der Trainingsprozeß immer wieder aktuell und individuell dem jeweiligen Leistungsvermögen angepaßt werden.
Um die Zusammenhänge besser verstehen zu können, sollen hier noch einige Grundlagen vermittelt werden. Mit zunehmender Intensität der Leistung steigt der Sauerstoffbedarf des Organismus. Die maximale Ausdauerleistungsfähigkeit ist erreicht, wenn die maximale Sauerstoffaufnahmefähigkeit (VO_2max) – auch aerobe

Intensitätsbereiche und Laktatleistungskurve.

Kapazität genannt – völlig ausgeschöpft ist. Wird diese Grenze durch weitere Steigerung der Belastungsintensität überschritten, muß der Organismus eine Sauerstoffschuld eingehen, so daß die Energiegewinnung teilweise anaerob, d. h. ohne Sauerstoff erbracht werden muß. Dabei entsteht als Stoffwechselprodukt Milchsäure, die mit zunehmender Belastungsintensität immer weiter ansteigt. Die Milchsäurekonzentration im Blut, welche die Grenze zwischen aerober und anaerober Energiegewinnung anzeigt, nennt man aerob-anaerobe Schwelle. Vereinbarungsgemäß liegt dieser Punkt bei einem Milchsäurewert von 4 mmol/l. Bei Überschreiten dieser Schwelle steigen die Milchsäurewerte steil an. Mit zunehmender Ausdauerleistungsfähigkeit steigt die maximale Sauerstoffaufnahme – und die aerob-anaerobe Schwelle mit einem kritischen Ansteigen der Milchsäurewerte wird in den Bereich einer höheren Leistung verschoben. Die individuelle Laktat-Leistungskurve ist für den jeweiligen Leistungsstand charakteristisch. Sie wird im Hochleistungssport zur Trainingssteuerung eingesetzt. Jedoch ist dies im Breiten- und Gesundheitssport sowie auch im Leistungssport zur Zeit noch nicht möglich. Trotzdem kann man durch direkte oder indirekte Zeichen ungefähr erkennen, in welcher Intensitätsstufe man sich befindet.
Weiterhin kann auch ohne genaue Kenntnis der aerob-anaeroben Schwelle die Herzschlagzahl pro Minute zur Steuerung der Trainingsintensität herangezogen werden. Dabei ist zu beachten, daß die maximale Herzfrequenz mit zunehmendem Lebensalter absinkt. Die optimale Trainingspulsfrequenz für den Breiten- und Gesundheitssport erhält man meistens durch die Formel 180 minus Lebensalter. Weitere Werte siehe in der nebenstehenden Tabelle. Für alle Radsportler, die ab einem Lebensalter von 35 Jahren neu mit dem Radsport beginnen wollen, ist eine ärztliche Untersuchung mit Fahrradergometerbelastung anzuraten. Dabei kann man die auf den verschiedenen Belastungsstufen gemessene Herzfrequenz für die Trainingssteuerung heranziehen.
Man sollte sich unbedingt die im folgenden beschriebenen Intensitätsbereiche einprägen, um im Training selbst immer zu wissen, in welchem Intensitätsbereich man sich befindet.

Intensitätsbereiche, Laktatleistungskurve und Herzfrequenz
(modifiziert nach Dr. G. HUBER, Freiburg)

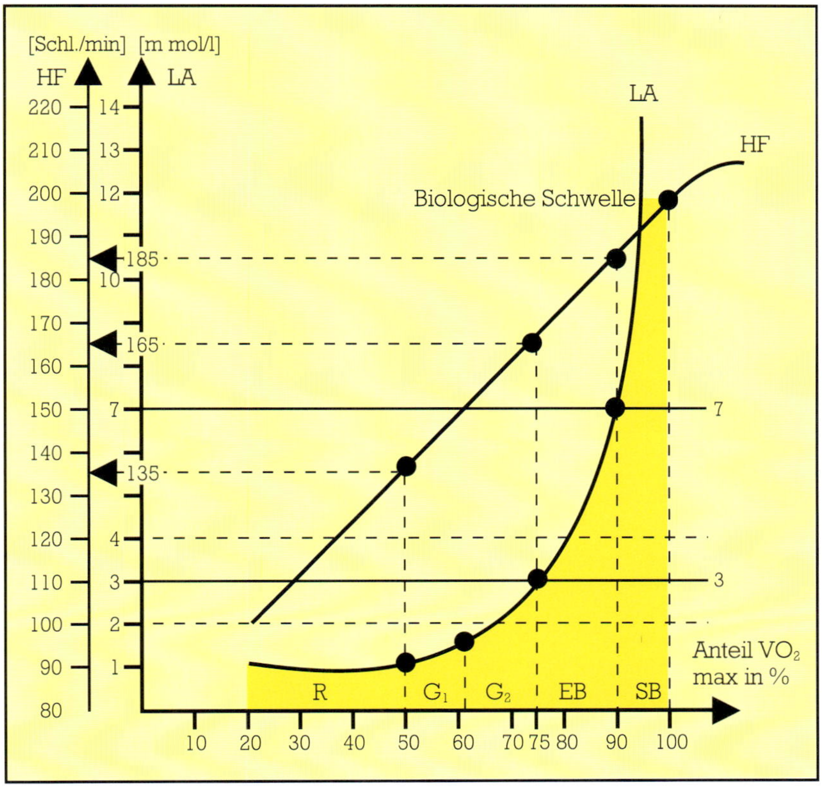

LA Laktat (Milchsäure)
HF Herzfrequenz
VO_2 max maximale Sauerstoffaufnahmefähigkeit
R Regenerationstraining
G_1 Grundlagenausdauer 1
Langzeitausdauer
extensives Ausdauertraining
G_2 Grundlagenausdauer 2
Ausdauerintervalle
intensives Ausdauertraining
EB Entwicklungsbereich
Intensive Intervalle wettkampfspezifische Ausdauer
SB Spitzenbereich, Sprints

Intensitätsbereich I

Trainingsziel
Lockeres Training zur Regeneration und aktiven Erholung, Techniktraining, Stoffwechseltraining (Fettstoffwechsel).

Intensität
Belastungsgrad gering, etwa 30 bis 50 % der maximalen Sauerstoffaufnahmefähigkeit, d. h. der maximalen aeroben Leistungsfähigkeit. Man kann sich unterhalten und mehrere Sätze hintereinander sprechen. Die Atmung ist ruhig und gleichmäßig. Die Herzfrequenz liegt bei ca. 160 Schlägen minus Lebensalter. Breitensportler fahren dabei etwa 15 bis 20 km/h, Leistungssportler etwa 25 bis 28 km/h. Kleine Gänge, z. B. 42/18.

Subjektives Gefühl
Man fühlt sich frei und locker, genießt Luft und Landschaft sowie den lockeren runden Tritt. Man ist gelöst und unterhält sich gerne. Man hat Zeit, die Gegend auf sich wirken zu lassen.

Streckenlänge
Im Breiten- und Gesundheitssport ca. 20 bis 40 km, im Leistungs- und Hochleistungssport ca. 60 bis 100 km oder mehr.

Intensitätsbereich II

Trainingsziel
Training der Grundlagenausdauer und des Stoffwechsels (Fettstoffwechsel). Ausdauertraining mit niedriger Intensität (extensives Ausdauertraining). Techniktraining, runder Tritt, hohe Tretfrequenz (100 bis 120 U/min), kleine Gänge (z. B. 42/17).

Intensität
Gering, etwa zwei Drittel der maximalen Sauerstoffaufnahmefähigkeit. Die Atmung ist leicht beschleunigt, man kann aber leicht noch längere Sätze ohne Atemnot sprechen. Die Herzfrequenz liegt bei etwa 170 Schläge minus Lebensalter. Der Breiten- und Gesundheitssportler fährt dabei etwa 20 bis 25 km/h, der Leistungs- und Hochleistungssportler etwa 30 km/h.

Subjektives Gefühl
Man kommt flott vorwärts, empfindet das Tempo jedoch nicht als unangenehm. Der Geist ist frei, man kann sich die Gegend ansehen und sich dabei ohne Schwierigkeiten unterhalten. Atmung und Herzschlag sind kaum zu spüren.

Streckenlänge
Im Breiten- und Gesundheitssport ca. 30 bis 40 km, im Leistungs- und Hochleistungssport ca. 80 bis 100 km oder mehr.

Intensitätsbereich III

Trainingsziel
Intensives aerobes Ausdauertraining, aerobes Stoffwechseltraining – etwa zu gleichen Teilen Fett- und Kohlenhydratstoffwechsel, Muskelglykogen wird teilweise verbraucht. Keine wesentliche Milchsäurebildung. Ausbildung von Tempo- und Willenshärte, vor allem bei längeren Trainingsstrecken.

Intensität
Etwa 70 bis 80 % der maximalen Sauerstoffaufnahmefähigkeit. Die Atmung ist etwas beschleunigt, man kann jedoch kurze Sätze ohne Atemnot sprechen. Die Herzfrequenz liegt bei ca. 180 Schlägen minus Lebensalter. Der Breiten- und Gesundheitssportler legt dabei etwa 30 km/h zurück, der Leistungs- und Hochleistungssportler etwa 35 bis 38 km/h. Kleine bis mittlere Übersetzungen (z. B. 42/16 bis 53/17).

Subjektives Gefühl
Gefühl eines intensiven Trainings. Die Atmung ist etwas beschleunigt – aber ohne Kurzluftigkeit. Man muß erhöhte Konzentration und Willenskraft aufwenden. Das Gesichtsfeld wird etwas enger, die Landschaft wird aber noch wahrgenommen. Die Lust zur Unterhaltung nimmt ab.

Streckenlänge
Im Breiten- und Gesundheitssport ca. 20 bis 30 km, im Leistungs- und Hochleistungssport etwa 40 bis 60 bis 120 km oder mehr.

<u>Wichtig für Breiten- und Gesundheitssportler:</u> Im Breiten- oder Gesundheitssport sollte nicht intensiver als in diesem Intensitätsbereich trainiert werden – den überwiegenden Anteil des Trainings sollte man mehr in Stufe I und II absolvieren. Die folgenden höheren Intensitätsbereiche sollten dem Leistungs- und Hochleistungssportler vorbehalten bleiben!

Intensitätsbereich IV

Trainingsziel
Gezielte Schulung der Willens- und Tempohärte. Training der Kraftausdauer mit Wettkampfgeschwindigkeit. Dabei relativ hohe Gänge – aber trotzdem mit hoher Tretgeschwindigkeit, z. B. Übersetzung 53/16 mit 90 bis 100 Umdrehungen pro Minute. Der Energiestoffwechsel ist noch aerob, Milchsäurewerte im Bereich der aerob-anaeroben Schwelle. Vorwiegend Kohlenhydratstoffwechsel mit Verbrauch von Muskelglykogen.

Intensität
Etwa 80 bis 90 % der maximalen Sauerstoffaufnahmefähigkeit. Diese Intensität ist nur bei gutem Trainingszustand über längere Zeit aufrechtzuerhalten. Die Atmung ist deutlich beschleunigt. Man kann nur noch einzelne kurze Worte sprechen. Die Herzfrequenz liegt bei etwa ca. 190 Schlägen minus Lebensalter.

Subjektives Gefühl
Kurzatmigkeit und beginnende Milchsäurebildung vermitteln das Gefühl stärkerer Belastung. Das Gesichtsfeld engt sich weiter ein und beschränkt sich auf den Straßenverlauf sowie die Landschaft am Rand der Straße. Dazu sind erhöhte Willenskraft und Konzentration notwendig.

Streckenlänge
Im Breitensport ist dieser Intensitätsbereich möglichst zu meiden, allenfalls für Intervalltraining (Kurzzeitintervalle für 1 bis 2 Minuten) zu verwenden. Im Leistungs- und Hochleistungssport wäre das die Intensität für Langzeitintervalle, z. B. für die Führungsarbeit in der Gruppe, Wechsel alle 2 bis 4 Minuten. Bei Alleinfahrten für Langzeitintervalle von 5 bis 10 Minuten oder mehr.

Intensitätsbereich V

Trainingsziel
Anaerobes Training mit Ansteigen der Milchsäurewerte im Blut über die aerob-anaerobe Schwelle hinaus (ca. 7–15 mmol/l Laktat). Schulung der Kraft- und Schnelligkeitsausdauer. Intervalltraining im Bereich der Mittelzeitausdauer (2 bis 10 Minuten). Gewöhnung an die Wettkampfgeschwindigkeit. Training der Willensstoßkraft. Kraftausdauertraining durch hohe Gänge, z. B. 53/15, mit trotzdem hoher Tretfrequenz von etwa 90 bis 100 Umdrehungen pro Minute.

Intensität
Die maximale Sauerstoffaufnahmefähigkeit wird überschritten und eine gewisse Sauerstoffschuld eingegangen. Dabei ist die Atmung stark

beschleunigt. Man kann nur noch Wortfetzen mit Pausen sprechen. Herzfrequenz etwa 200 Schläge minus Lebensalter. Fahrgeschwindigkeit liegt etwas über der Wettkampfgeschwindigkeit.

Subjektives Gefühl
Die ansteigenden Milchsäurewerte erzeugen Unlustgefühle. Das Gesichts- und Gedankenfeld ist stark eingeengt. Man nimmt bewußt nur noch Straßenrand und Straßenverlauf wahr. Willenskraft und Konzentration sind stark erhöht.

Streckenlänge
Beim Intervalltraining zum Training der Mittelzeitausdauer 2 bis 10 Minuten, bei Führungsarbeit in der Gruppe 1 bis 2 Minuten.

Intensitätsbereich VI

Trainingsziel
Schulung der Willensstoßkraft, der Sprinteigenschaften, der Schnelligkeit und der Kraftausdauer. Der Energiestoffwechsel jetzt stärker anaerob, die Milchsäurewerte steigen mit zunehmender Belastungsdauer an.

Intensität
Etwa 120 % der maximalen Sauerstoffaufnahmefähigkeit, Überschreiten der aeroben Kapazität – daher Sauerstoffschuld und Milchsäurebildung (Laktatwerte um oder über 15 mmol/l). Der Atemgrenzwert wird erreicht. Sprechen nicht mehr möglich. Herzfrequenz ca. 210 Schläge minus Lebensalter. Fahrgeschwindigkeit deutlich über Wettkampfgeschwindigkeit. Hohe Gänge, hohe Tretgeschwindigkeit – oder kleine bis mittlere Gänge bei sehr hoher Tretgeschwindigkeit (über 130 Umdrehungen pro Minute).

Subjektives Gefühl
Maximale Willensanstrengung. Nur bei bester Motivation möglich. Hohe Milchsäurewerte und Atemnot führen zu deutlichen Unlustgefühlen.

Streckenlänge
Bei Führungsarbeit in der Gruppe – z. B. beim 100-km-Mannschaftsfahren – etwa 20 bis 30 Sekunden, wobei wegen der kurzen Belastungsdauer noch relativ wenig Milchsäure entsteht, da Energiegewinnung anaerob noch vorwiegend mit energiereichen Phosphaten. Bei Intervalltraining (Kurzzeitausdauer) 45 Sekunden bis 2 Minuten, deutlicher Anstieg der Milchsäurewerte, vor allem wenn Belastungsserien absolviert werden. In dieser Intensitätsstufe kann man durch verschiedene Zeitdauer die Qualitäten des anaeroben Stoffwechsels und der psychischen Toleranz dieser Belastung trainieren:

- Training und Anhäufung der energiereichen Phosphate (anaerob-alaktazide Energiegewinnung) durch kurze Sprints von 10 bis 30 Sekunden.
- Training der anaerob-laktaziden Energiegewinnung mit Anstieg der Milchsäurewerte durch eine Belastungsdauer von 45 Sekunden bis etwa 2 Minuten.
- Training und Schulung der Azidosetoleranz, d. h. des psychischen Ertragens hoher Milchsäurewerte im Blut.

Wichtiger Grundsatz: Erfahrungen haben gezeigt, daß man mit den Intensitätsstufen V und VI im Trainingsplan vorsichtig umgehen muß. Denn zu häufiges Training in diesen Intensitätsbereichen lassen die Leistungsentwicklung paradoxerweise auf einem mittleren Niveau stagnieren oder gar zurückgehen! Die Fähigkeit, ein hohes Tempo fahren zu können, wird also nicht unbedingt durch ständiges Training mit hohem Tempo trainiert.
Eine Steigerung der aeroben Leistungsfähigkeit ist oft erst wieder dann möglich, wenn die Trainingsbe-

Zeitfahren: Ausdauer mit höchster Intensität, Konzentration und Willenskraft.

lastungen auf die Intensitätsbereiche II und III zurückgenommen werden! Im allgemeinen gilt der Grundsatz: Je kürzer eine Trainingsstrecke ist, desto intensiver kann sie gefahren werden – und umgekehrt: Je länger die Trainingsstrecke, desto extensiver (geringer) sollte die Intensität (Geschwindigkeit) sein. Der resultierende Belastungsgrad sollte nicht zur Erschöpfung, sondern immer nur zu leichter bis mittlerer – nur manchmal bis starker – Ermüdung führen.
Man sollte wissen, daß mit den Milchsäurewerten fast parallel die Streßhormone Noradrenalin und Adrenalin ansteigen. Mit den Streßhormonen steigt auch der Blutdruck. Daher sollte der Breiten- und Gesundheitssportler diese Intensitätsbereiche meiden. Der Leistungs- und Hochleistungssportler sollte sie dagegen gezielt, aber sparsam einsetzen, danach aber genügend Zeit für die Regeneration einplanen oder eine aktive Erholung im Intensitätsbereich I und II einschalten. Vor allem Jugendliche und junge Radsportler sollten diesen Grundsatz beachten, da ihr vegetatives Nervensystem längere Zeit zur Erholung benötigt als das des ausgewachsenen Radsportathleten.

Einfluß und Bedeutung von Kraft und Schnelligkeit auf Kurzzeit-, Mittelzeit- und Langzeitausdauer (nach D. Harre).

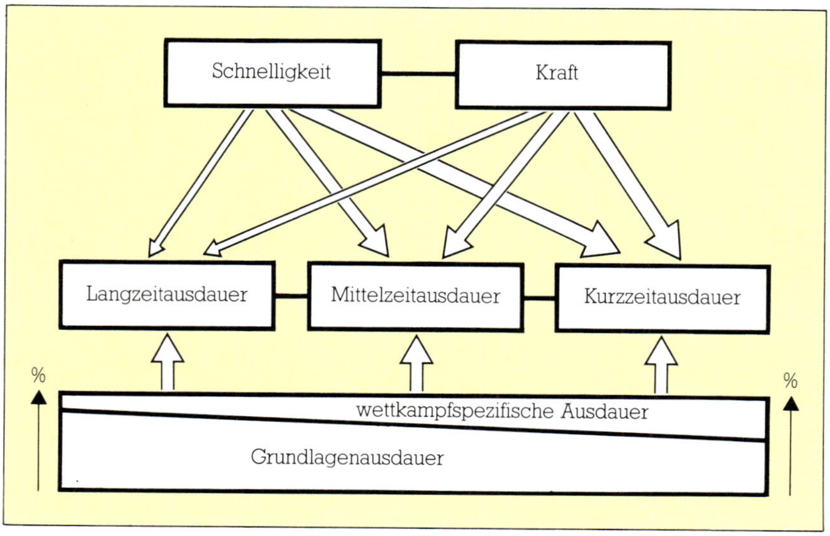

Ausdauer und Ausdauertraining

Unter Ausdauer versteht man die Fähigkeit, eine bestimmte Leistung über eine langen Zeitraum ohne Ermüdung durchhalten zu können. Die Fahrgeschwindigkeit soll durch ein optimales Verhältnis zwischen Krafteinsatz und Tretfrequenz erreicht und aufrechterhalten werden. Im Radsport unterscheidet man folgende Ausdauerformen:

- ○ Grundlagenausdauer
- ○ Wettkampfspezifische Ausdauer: Kurzzeitausdauer, Mittelzeitausdauer, Langzeitausdauer, Kraftausdauer, Schnelligkeitsausdauer.

Diese Ausdauerformen stehen untereinander in einer Wechselbeziehung.
Die Grundlagenausdauer bildet die Basis aller anderen Ausdauerformen, ermöglicht die Verträglichkeit intensiverer Belastungen und verbessert die Regenerationsfähigkeit. Man baut sie durch ein Training mit geringer bis mittlerer Intensität (Fahrgeschwindigkeit ca. 20 bis 30 km/h), hoher Tretfrequenz (100 bis 120 U/min) mit geringem Krafteinsatz (Übersetzung z. B. 42/17 oder 42/18) und großem Trainingsumfang (je nach Leistungsstand etwa 40 km bis über 200 km) auf. Durch diese Form des Trainings werden gezielt Ausdauerfasern in der Arbeitsmuskulatur entwickelt. Biochemisch wird vor allem der Fettstoffwechsel trainiert. Die Muskulatur bleibt dünn, wird optimal durchblutet und reichlich mit Sauerstoff versorgt. Alle Adaptationen der Anpassungsstufe I (siehe S. 98) werden erreicht.
Die wettkampfspezifische Ausdauer ist gegenüber der Grundlagenausdauer durch eine höhere Intensität (Geschwindigkeit ca. 35 bis 40 km/h oder mehr) gekennzeichnet. Sie wird mit größeren Gängen z. B. 53/16), hoher Tretfrequenz (90 bis 100 U/min) und einem Umfang erworben, der etwa der Wettkampfstrecke entspricht oder über sie hinausgeht. Die Intensität der Belastung bewegt sich im Bereich der aerob-anaeroben Schwelle und geht somit an die Grenze der maximalen Sauerstoffaufnahmefähigkeit heran. Zur Energiegewinnung müssen dabei wegen ihres gegenüber den Fetten größeren Sauerstoffgehaltes zunehmend Kohlenhydrate als Energielieferanten herangezogen werden. Während das Training der Grundlagenausdauer vorwiegend den Fettstoffwechsel trainiert, stellt das Training der wettkampfspezifischen Ausdauer hohe Anforderungen an den Kohlenhydratstoffwechsel.
Kurzzeitausdauer (Belastungen von 45 Sekunden bis 2 Minuten) und Mittelzeitausdauer (Belastungen von 2 bis 10 Minuten) sind Ausdauereigenschaften, wie sie vorwiegend für den Bahnradsport benötigt werden. Daher soll hier nicht weiter auf sie eingegangen werden.
Langzeitausdauer dagegen ist für sportliche Leistungen notwendig, die zwischen 10 Minuten und mehreren Stunden dauern, wie sie im Straßenradsport üblich sind. Die Leistung wird überwiegend durch aerobe Stoffwechselvorgänge mit Sauerstoff erbracht. Anaerobe Stoffwechselprozesse mit Sauerstoffschuld werden im Straßenradsport nur unter bestimmten taktischen Bedingungen – Ausreißversuch, Zwischenspurt, Bergstrecken, Endspurt – benötigt.
Kraftausdauer bedeutet eine hohe Kraftleistungsfähigkeit über längere Zeit. Eine hohe Kraftausdauer ist bei Radrennen über lange Strecken, bei Bergetappen und Bergrennen sowie im Zeitfahren notwendig. Kraftaus-

dauertraining wird mit großem Krafteinsatz bei großen Übersetzungen (z. B. 53/16 bis 53/15) und hoher Tretfrequenz (90 bis 110 U/min) trainiert. Man kann sie auch nach der Intervallmethode in Serien trainiern, wobei die Belastungsdauer 45 Sekunden bis 2 Minuten (Kurzzeitausdauer) oder 2 bis 10 Minuten (Mittelzeitausdauer) betragen kann. Je kürzer die Teilstrecke, desto höher kann das Tempo sein. Bei diesem Training entsteht durch anaerobe Stoffwechselvorgänge Milchsäure, die durch genügend lange Pausen, in denen man mit langsamem Tempo und kleinen Gängen weiterfährt, wieder abgebaut werden muß. Kraftausdauer-Muskelfasern sind etwas dicker als die dünnen reinen Ausdauerfasern. Jedoch haben sie gegenüber Kraftfasern eine hohe aerobe Stoffwechselkapazität mit einer hohen Zahl von Mitochondrien, so daß trotz Verdickung der Muskulatur bis zu einem gewissen Grad die maximale Ausdauerleistungsfähigkeit erhalten oder verbessert werden kann.
Schnelligkeitsausdauer bedeutet Ermüdungswiderstandsfähigkeit gegen Schnelligkeitsbelastungen, die mit submaximaler bis maximaler Geschwindigkeit erbracht werden. Dabei werden im Radsport hohe Gänge mit hoher Tretfrequenz bewegt, z. B. bei Sprints, Ausreißversuchen oder in Bahnwettbewerben. Die anaerob-laktazide Energiegewinnung mit Milchsäurebildung steht im Vordergrund. Im Schnelligkeitsausdauertraining werden z. B. Strecken von etwa 400 bis 1000 m in gleichbleibend hohem Tempo mit hoher Tretgeschwindigkeit (110 bis 120 U/min) gefahren. Das Tempo liegt in der Nähe der Wettkampfgeschwindigkeit.

Ausdauer-Trainingsmethoden

Trainingsmethoden	*Trainingsinhalte*	*Intensitätsbereiche*
Dauerleistungsmethode	gleichmäßiges Tempo über lange Strecken	I–III
	leichter Tempowechsel oder Fahrtspiel je nach Gelände	II–III
Intervallmethode	Langzeitintervalle (über 10 Minuten)	IV
	Mittelzeitintervalle (2 bis 10 Minuten)	V
	Kurzzeitintervalle (45 Sekunden bis 2 Minuten)	VI
Wiederholungsmethode	Tempofahrten mit Wettkampfgeschwindigkeit oder schneller	VI
Wettkampfmethode	Wettkämpfe	IV–V

Ausdauertrainingsmethoden

Wie der Name bereits ausdrückt, ist die Grundlagenausdauer die wichtigste Form der Ausdauer. Sie wird nach der Dauerleistungsmethode mit geringer bis mittlerer Intensität und ausreichendem Umfang erworben. Diese Form der Ausdauer ist völlig ausreichend für den Gesundheits- und Breitensport.
Der leistungsbetonte Freizeitsportler sowie der Leistungs- und Hochleistungssportler wird auf dieser Grundlagenausdauer eine mehr oder minder stark ausgeprägte wettkampfspezifische Ausdauer aufbauen, wozu auch das Training der Kraftausdauer und der Schnelligkeitsausdauer gehören. Trotzdem muß auch in diesen Kategorien der größte Teil der Trainingsarbeit für die Entwicklung der Grundlagenausdauer mit einer möglichst großen Sauerstoffaufnahmefähigkeit und einer optimalen Entwicklung des Fettstoffwechsels aufgewendet werden. Im wesentlichen unterscheidet man folgende Formen von Ausdauer-Trainingsmethoden:

- Dauerleistungsmethode: Kontinuierliche Methode, Fahrtspiel, Bergtraining
- Intervallmethoden: Langzeitintervalle, Mittelzeitintervalle, Kurzzeitintervalle
- Wiederholungsmethode: Wettkampfmethode.

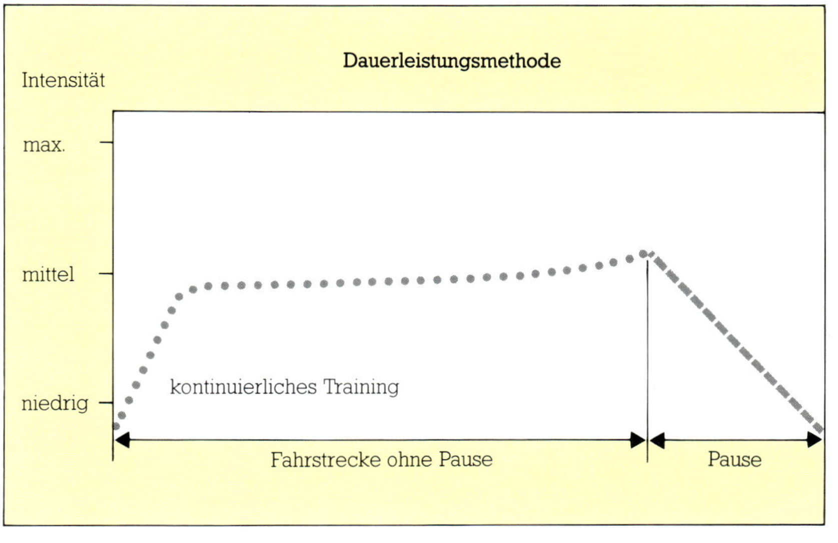

Kontinuierliches Training nach der Dauerleistungsmethode.

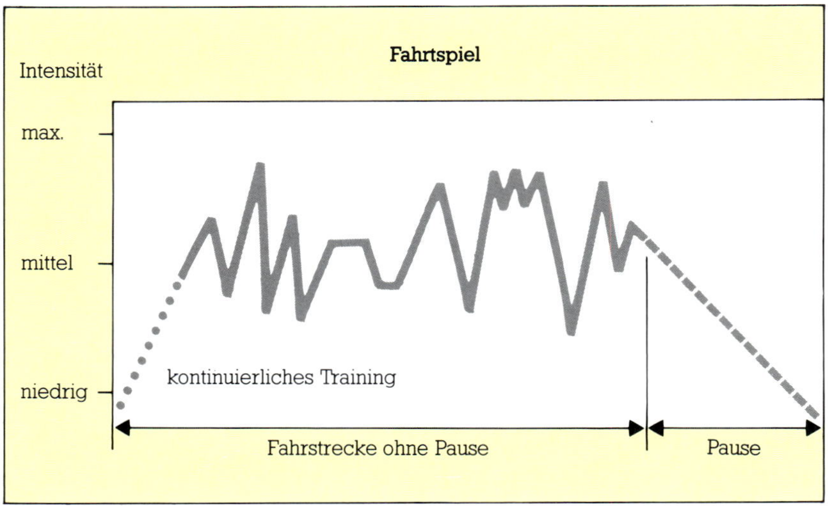

Kontinuierliches Training nach der Fahrtspiel-Methode.

Dauerleistungsmethode

Die Zweckmäßigkeit kontinuierlicher Dauerbelastungen mit geringer bis mittlerer Intensität wurden durch moderne Untersuchungen erneut bestätigt. Sie trainieren insbesondere die Grundlagenausdauer, den Bewegungsablauf und die psychische Gewöhnung an eine in gleichmäßigem Tempo zurückgelegte Strecke. Die Belastungsdauer soll nicht kürzer als 30 Minuten sein, besser aber bei 1 bis 2 Stunden liegen. Fortgeschrittene Radsportler trainieren mit der Dauerleistungsmethode mehrere Stunden. Dabei werden kleine bis mittlere Übersetzungen (42/18 bis 42/16) mit hoher Tretgeschwindigkeit gefahren. Auf diese Weise wird die maximale Sauerstoffaufnahmefähigkeit verbessert, biochemisch der Fettstoffwechsel trainiert.

Bei der kontinuierlichen Methode wird die Geschwindigkeit über längere Zeit gleichmäßig beibehalten. Beim sog. schwedischen Fahrtspiel handelt es sich um ein Spiel mit der Geschwindigkeit. Beim Radsport ergibt sich dieses Spiel von selbst durch das Gelände. So kann man locker bei Steigungen oder vor Ortstafeln oder anderen landschaftlichen Merkmalen die Geschwindigkeit erhöhen und danach wieder eine ruhigere Gangart einschlagen. Der Gesamtumfang des Trainings entspricht dem des Dauertrainings.

Ein Spezialtraining ist das Bergtraining, bei dem innerhalb der Trainingseinheit größere Bergstrecken zurückzulegen sind. Das ist bereits ein Training mit größerem Krafteinsatz, der außer der Beinmuskulatur auch die Rücken- und Rumpfmuskulatur kräftigt. Vor allem Paßfahrten verlangen ein solches Training. Man sollte jedoch darauf achten, nach Bergtraining ein lockeres Training in der Ebene einzuschalten, damit die Beine nicht zu »schwer« werden – und der lockere Tritt nicht verloren geht.

Intervallmethode: Belastungsserien mit Serienpausen. Innerhalb der Serien nur unvollständige Erholung.

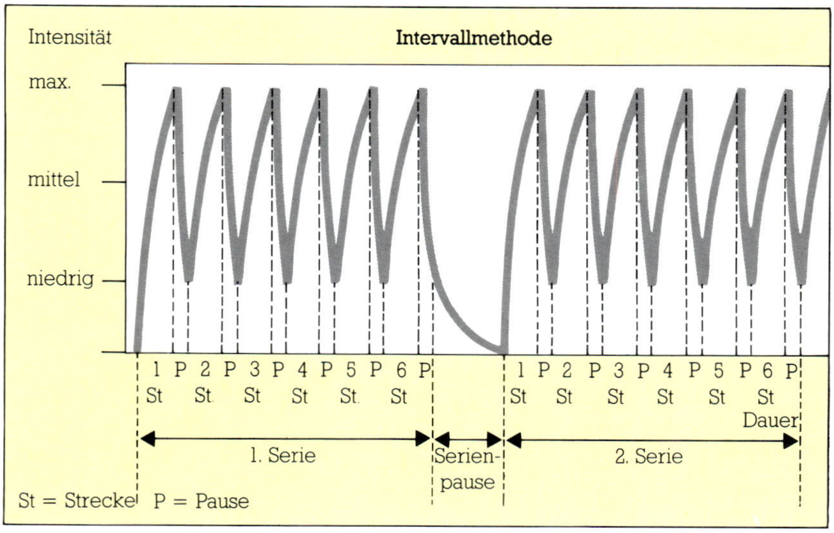

Intervallmethoden

Bei den Intervallmethoden wird planmäßig zwischen Belastung und Erholung gewechselt, wobei die Pausen jedoch so kurz sind, daß sich der Organismus nicht vollständig von der Belastung erholt. Die neue Belastung setzt bereits im Stadium der unvollständigen Erholung ein, wobei die Pulsfrequenz meist nicht unter 130 Schläge pro Minute absinkt. Bei der Kurzzeitintervallmethode dauert die Einzelbelastung etwa 45 Sekunden bis 2 Minuten, bei der Mittelzeitintervallmethode etwa 2 bis 10 Minuten und bei der Langzeitintervallmethode über 10 Minuten. Je kürzer die Belastungsdauer, desto größer wird die Belastungsintensität. Durch die Kurzzeitintervallmethode kann man vor allem die Schnelligkeitsausdauer entwickeln, durch die Langzeitintervallmethode insbesondere die Grundlagen- und wettkampfspezifische Ausdauer.

Werden die Intervallbelastungen mit hoher Intensität, d. h. mit hoher Geschwindigkeit, absolviert, spricht man von einer intensiven Intervallbelastung, werden sie mit geringerer Intensität, also geringerer Geschwindigkeit, zurücklegt, spricht man von

Wiederholungsmethode (Tempotraining): Pausenlänge führt zur vollständigen Erholung.

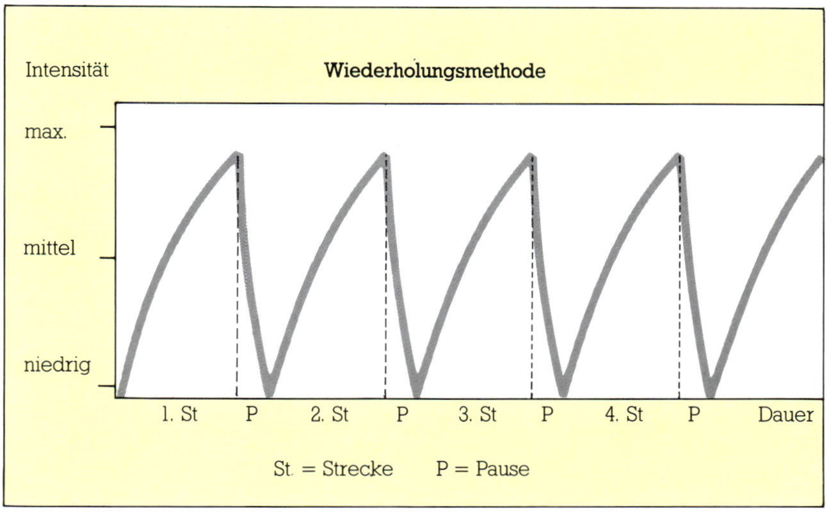

einer extensiven Intervallbelastung. Prinzipiell führen Intervallbelastungen zu einer vermehrten Füllung des Herzens in den Pausen. Diese vermehrte Füllung stellt einen Dehnungsreiz für das Herz dar und fördert die Ausbildung eines Sportherzens.
Gut trainierte Radsportler benutzen das Intervalltraining nach Trainingspausen, um relativ schnell wieder in Form zu kommen. Jedoch muß man berücksichtigen, daß jedes Intervalltraining große Nervenkraft erfordert, so daß die Erholungszeit nach Intervallbelastungen meist mindestens 72 Stunden beträgt, da sich das Nervensystem langsamer regeneriert als die anderen Organsysteme. Das gilt insbesondere bei Jugendlichen und jungen Athleten.

Wiederholungsmethode

Bei dieser Methode werden die im Wettkampf erforderlichen Belastungen in solchen Abständen wiederholt, daß sich der Organismus in den Pausen vollständig erholen kann. Die Geschwindigkeit liegt in der Nähe der Wettkampfgeschwindigkeit oder darüber. Die Länge dieser Tempofahrten ist variabel, sie kann etwa bei 2 bis 5 Minuten liegen. Übersetzung und Tretfrequenz entsprechen den Verhältnissen im Wettkampf. Neben Tempohärte werden wettkampfspezifische Ausdauer, Kraftausdauer und Schnelligkeitsausdauer trainiert.

Wettkampfmethode

Im Trainingsprozeß ist es in gewissen Zeitabständen notwendig, den Leistungszuwachs zu kontrollieren und die Belastungsanforderungen neu festzulegen. Wettkampf- und Kontrollmethoden sind Methoden, die sich an der Wettkampfstrecke orientieren. Leistungs- und Hochleistungssportler holen sich durch Teilnahme an Wettkämpfen den letzten Trainings-Schliff. Innerhalb des Trainingsplanes müssen zunächst einige Aufbau-Wettkämpfe einkalkuliert werden, um allmählich auf den Leistungshöhepunkt des Jahres hinzuarbeiten. Die Analyse der Wettkampfergebnisse deckt Leistungsschwächen auf und wird so richtungsweisend für den zukünftigen Trainingsablauf.

Kraftvoller Antritt im Wettkampf, das Ziel vor Augen.

Kraft und Krafttraining

Der Radsportler muß im wesentlichen zwischen zwei Typen des Krafttrainings unterscheiden:

- Radsportspezifisches Training der Arbeitsmuskulatur
- Ausgleichs-Krafttraining der übrigen Skelettmuskulatur

Diese beiden Typen des Krafttrainings müssen voneinander getrennt und auf völlig verschiedene Weise trainiert werden.

Radsportspezifisches Krafttraining der Arbeitsmuskulatur

Man unterscheidet zwischen Maximalkraft, Schnellkraft und Kraftausdauer.
Unter Maximalkraft versteht man die Kraft, die maximal entwickelt werden kann.

Unter Schnellkraft versteht man die Fähigkeit, hohe Widerstände mit hoher Bewegungsgeschwindigkeit zu überwinden.
Unter Kraftausdauer versteht man die Ermüdungswiderstandsfähigkeit bei lang dauernden Kraftleistungen. Kraftausdauer ist eine Spezialform der Ausdauer und wurde weiter vorne besprochen. Vor allem bei Antritten wird vom Radsportler eine hohe Maximal- und Schnellkraft gefordert. So werden z. B. im Bahnsprint auf die Pedale Kräfte von 350 bis 380 kg ausgeübt – bei sehr hoher Schnelligkeit. Schnellkraft ist außerdem bei jedem Sport notwendig.
Die Zunahme von Maximal- und Schnellkraft soll beim Radsportler möglichst ohne wesentliche Dickenzunahme der einzelnen Muskelfasern erreicht werden. Außerdem muß sie sportartspezifisch trainiert werden, damit sie in Leistung umgewandelt werden kann. Das Training der Beinmuskulatur im Kraftraum hat sich daher für den Radsportler nicht bewährt. Man trainiert sie besser radsportspezifisch, auf dem Fahrrad oder auf dem Hometrainer. Dabei werden kleine bis mittlere Widerstände benutzt, die mit möglichst hoher Tretfrequenz bewegt werden.

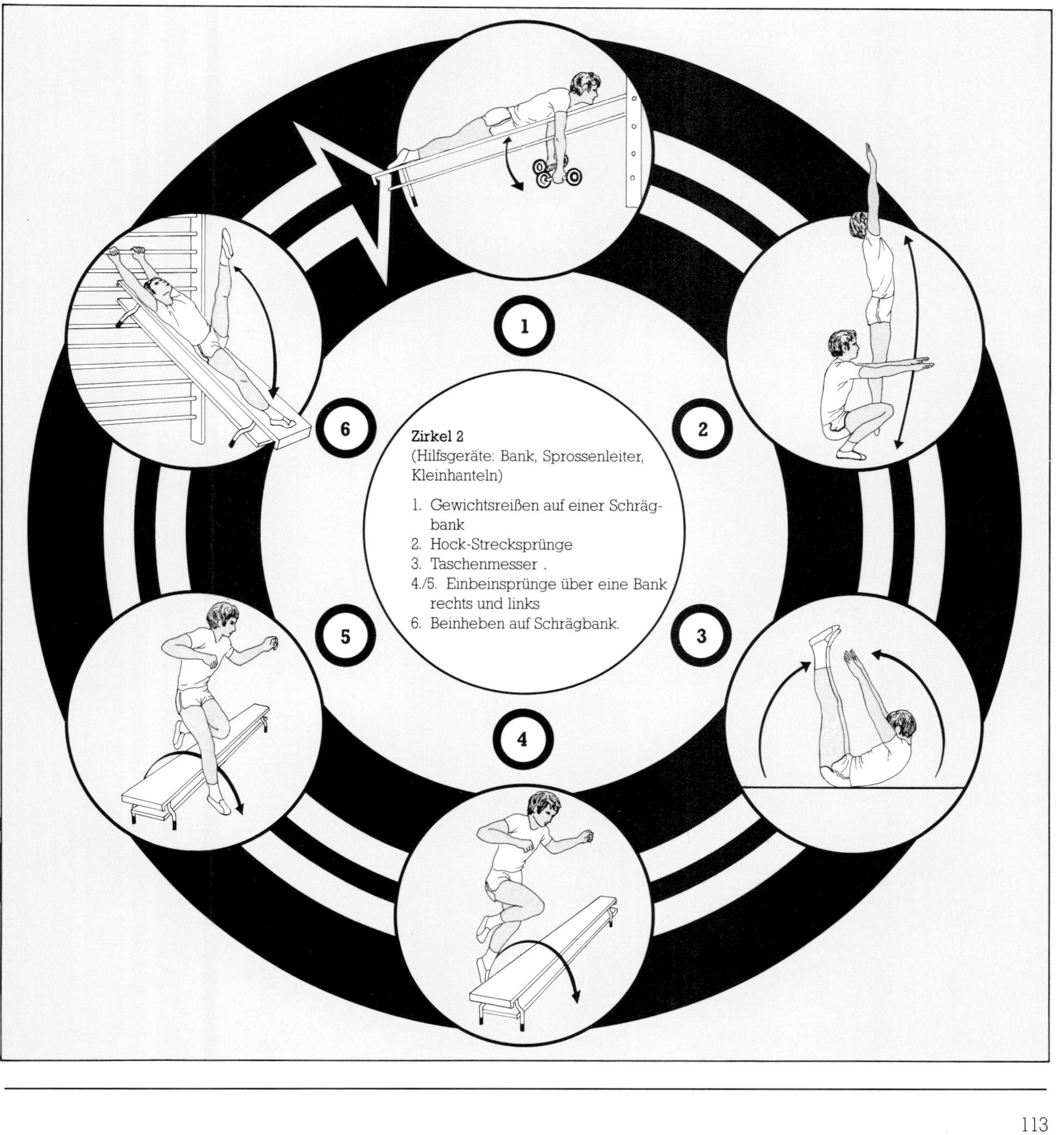

Methoden des sportartspezifischen Krafttrainings

Die Maximalkraft wird gesteigert, wenn man mittlere bis hohe Übersetzungen mit 80 bis 100 % der maximalen Kraft bewegt. Man trainiert diese Belastungen durch Sprints von 20 bis 30 Sekunden Dauer. 2 bis 8 derartige Sprints bilden eine Serie. Zwischen den Serien soll man sich vollkommen erholen. Derartig hohe Kraftbelastungen erfordern maximale Konzentration. Daher sind diese Trainingsformen an den Anfang einer Trainingseinheit zu setzen.
Im Schnellkrafttraining sollen einerseits die Tretfrequenz gesteigert, andererseits die Maximalkraft verbessert werden. Die Schwierigkeit dabei ist: Je mehr man die Maximalkraft trainiert, desto langsamer wird die dabei mögliche Tretfrequenz und umgekehrt, je mehr man Schnelligkeit trainiert, desto weniger wird gleichzeitig Maximalkraft entwickelt. Auch Schnellkrafttraining wird in Serien trainiert. Während der Belastung konzentriert man sich darauf, eine möglichst maximale Tretfrequenz zu erreichen.
Die Belastungen bei Maximalkraft- und Schnellkrafttraining sollen nicht so hoch sein, daß der Bewegungsablauf leidet. Wenn der runde Tritt ekkig wird, muß man mit der Belastung zurückgehen – entweder mit dem Krafteinsatz oder der Tretfrequenz.

Ausgleichs-Krafttraining für den Radsportler

Unter Aussparung der Beine, die sportartspezifisch auf dem Ergometer oder dem Fahrrad trainiert weden, sollte die übrige Skelettmuskulatur durch spezielle Kraftübungen gestärkt werden, vor allem die Rücken-, Bauch- und Oberkörpermuskulatur. Dabei kommt es ebenfalls nicht darauf an, eine hohe Muskelmasse zu er-

Rückenlage auf der Bank, Füße aufgestellt, Arme in Seithalte; Arme gestreckt nach oben führen, bis die Hände etwa schulterbreiten Abstand haben.

Größeres Gewicht liegt auf einer »schiefen Ebene«; im Sitzen wird das Gewicht möglichst weit zur Brust gezogen, Ellbogen dazu in Schulterhöhe. Der Oberkörper soll dabei nicht zurückgeneigt werden.

An der Zugmaschine wechselseitiges Anziehen. Oberkörper möglichst ruhig halten.

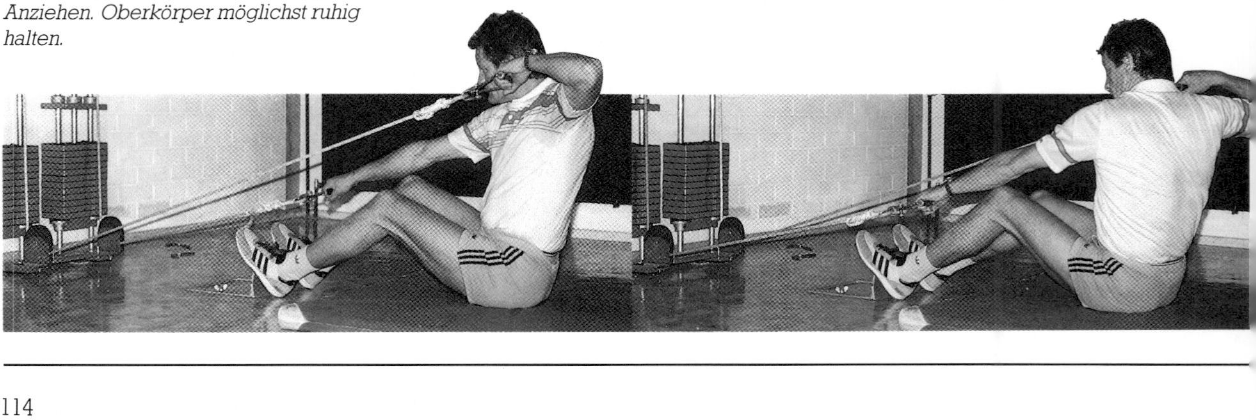

zeugen – sondern Qualität und Leistungsfähigkeit der vorhandenen Muskulatur ohne wesentliche Dickenzunahme zu steigern. Dazu dient ein Krafttraining mit geringen Widerständen oder Gewichten, so daß mindestens 10 bis 20 Wiederholungen pro Übung möglich sind. Krafttraining soll immer nur ein Ausgleichstraining bleiben – und nicht zum Selbstzweck werden. Dazu genügen ein bis zwei Kraft-Trainingseinheiten pro Woche im Winter – oder eine im Sommer, am besten noch ergänzt durch eine kraftbetonte Morgengymnastik.

Auf den Seiten 112 und 113 sind zwei Möglichkeiten eines Zirkeltrainings aufgeführt, die relativ leicht aufzubauen sind.

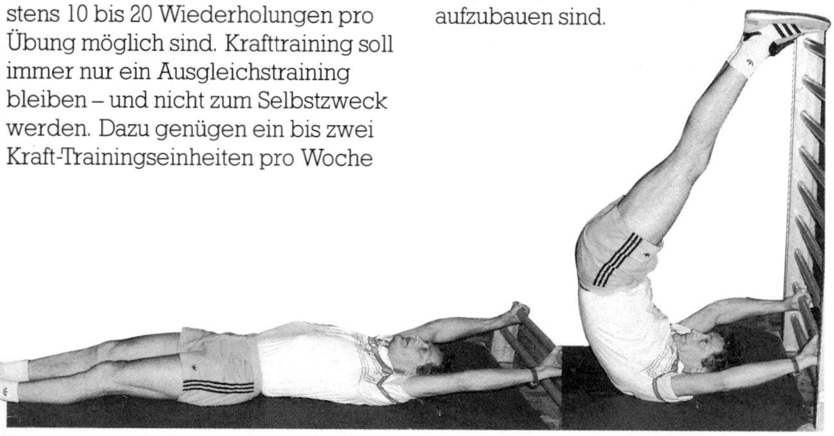

Rückenlage, Hände greifen die unterste Sprosse einer Sprossenwand (ersatzweise unter einen Schrank o. ä. fassen); zuerst die Beine und dann den ganzen Körper anheben und mit den Füßen möglichst hoch reichen.

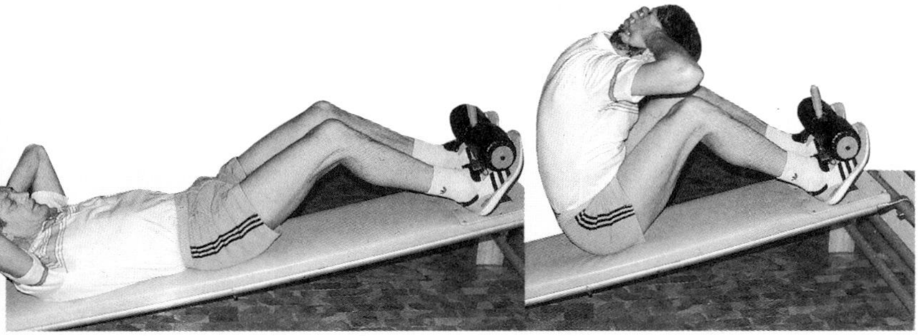

Rückenlage auf der Bank, die Füße fixiert, Beine leicht gebeugt, Hände hinter dem Kopf verschränkt; Oberkörper anheben, so daß die Brust sich den Knien möglichst weit annähert.

Rückenlage, Arme in Hochhalte, Medizinball zwischen den Händen. Aufrichten und Rumpfbeugen vorwärts, Ball zwischen den Füßen ablegen.

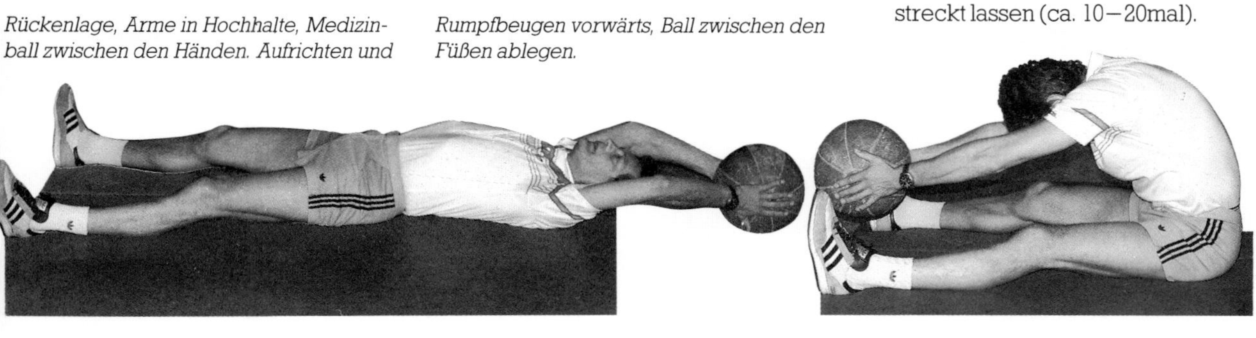

Gymnastik

Bilder auf der nächsten Doppelseite

① Kopf abwechselnd nach links und rechts senken.

② Schulter kreisen.

③ Arme kreisen.

④ Rumpfbeugen, so daß die Hände den Boden berühren. Beine bleiben möglichst gestreckt. Körper wieder strecken, Arme in Hochhalte.

⑤ Seitbeugen mit Händen unter dem Kopf verschränkt, dabei den Oberkörper nicht verdrehen. Und das gleiche zur anderen Seite.

⑥ Im Grätschstand Rumpfdrehbeugen vorwärts. Eine Hand berührt den gegenseitigen Fuß, während die andere Hand nach oben geschwungen wird.

⑦ Rumpfbeugen vorwärts im weiten Grätschstand, die Hände umfassen die Fußgelenke. Oberkörper nach unten ziehen.

⑧ Rumpfbeugen vorwärts im weiten Grätschstand; die Arme sind verschränkt; versuchen, mit den Ellbogen den Boden zu berühren. Oberkörper wieder aufrichten.

⑨ Ausfallschritt seitwärts; ein Bein vollständig strecken, die Hüfte möglichst tief senken. Und das gleiche zur anderen Seite.

⑩ Fußkreisen; einen Fuß mehrmals nach links und rechts kreisen. Und das gleiche mit dem anderen Fuß.

⑪ Rumpfdrehbeugen rückwärts: aus dem Grätschstand mit einer Hand zur gegenseitigen Ferse greifen, die andere Hand wird zur Balance nach vorne oben geführt.

⑫ Liegestütz vorlings; Arme beugen und strecken, Hüfte dabei gestreckt lassen (ca. 10–20mal).

①
②
③
④
⑤
⑥

7
8
9
10
11
12

Schnelligkeit und Schnelligkeitstraining

Die Schnelligkeit im Radsport setzt sich zusammen aus Reaktionsschnelligkeit, Tretkraft und Tretgeschwindigkeit und der sich daraus ergebenden Fortbewegungsschnelligkeit. Die Schnelligkeit ergibt sich aus dem Zusammenwirken des zentralen Nervensystems und der Muskelkraft. Die Grundschnelligkeit hängt von der Art der Muskulatur (Schnellkraftfasern), der Qualität des Bewegungsablaufes (runder Tritt), Entspannungsfähigkeit und Erwärmungszustand der Muskulatur sowie von dem Grad der zentralen Wachheit ab. Eine maximale Bewegungsgeschwindigkeit ist im ermüdeten Zustand nicht zu erreichen. Daher sollte das Schnelligkeitstraining am Anfang einer Trainingseinheit absolviert werden, am besten mit der Wiederholungsmethode, damit zwischen den Belastungen eine vollständige Erholung eintreten kann.

Die Bewegungsschnelligkeit wird im Radsport durch Sprints mit maximalen Pedalumdrehungszahlen (120 bis 160 U/min) mit kleinen bis mittleren Übersetzungen (z. B. 42/16 oder 42/15) trainiert. Jeder Sprint geht über etwa 100 bis 250 m, 3 bis 5 solcher Sprints bilden eine Serie. Erholungszeit zwischen den Sprints etwa 3 bis 4 Minuten, zwischen zwei Serien etwa 15 bis 20 Minuten bis zur vollständigen Erholung. Zwei bis vier solcher Serien bilden eine Übungseinheit. Der Krafteinsatz soll nur so groß sein, daß gerade etwas Druck auf die Pedale ausgeübt wird. Durch das Schnelligkeitstraining wird die Nervenversorgung der Muskulatur sowie die Energiebereitstellung durch die energiereichen Phosphate verbessert.

Gelenkigkeit ist für jede Sportart wichtig. Es gilt, Bewegungsreserven für die Gelenke zu schaffen und ihre Funktion zu verbessern.

Gelenkigkeit und Gelenkigkeitstraining

Gelenkigkeit oder Flexibilität ist auch für den Radsportler von größerer Bedeutung, als allgemein angenommen wird. Der Sinn des Gelenkigkeitstrainings besteht darin, Bewegungsreserven in den einzelnen Gelenken zu schaffen. Es ist leichter möglich, seine Leistung zu entfalten, wenn der Bewegungsablauf locker ist. Das ist nur möglich, wenn die beanspruchten Gelenke dabei nicht bis zu ihrem Grenzbereich arbeiten müssen. Außerdem sollte jeder Radsportler besonders die Beweglichkeit seiner Wirbelsäule erhalten und verbessern, vor allem im Bereich der Lenden- und Halswirbelsäule, da die Haltung auf dem Fahrrad – besonders auf dem Rennrad – diese Wirbelsäulenabschnitte stärker beansprucht. Beweglichkeitstraining kann auf verschiedene Weise erfolgen, z. B. durch:

- Morgengymnastik
- Stretching
- Hatha-Yoga-Übungen.

Dehnungsübungen sollen bis in den Grenzbereich der Beweglichkeit gehen, vor allem im Bereich der Wirbelsäule, der Hüftgelenke, der Knie- und Sprunggelenke. Jeder Radsportler sollte sich ein bestimmtes Programm für die Verbesserung seiner Flexibilität aufstellen; denn ein Grundsatz heißt: »Der Mensch ist so jung wie seine Gelenke.«

Der Trainingsplan

Das Training soll planvoll sein. Monotonie im Training ohne Beachtung der Trainingsgrundsätze ermöglicht auf Dauer keine optimale Leistungsentwicklung. So müssen z. B. die Belastungsanforderungen mit der zunehmenden Leistungsfähigkeit ansteigen, um wirksame Trainingsreize zu setzen. Weiterhin sollten die Trainingsreize das ganze Jahr über erfolgen und schließlich bleibt die persönliche Leistungsfähigkeit trotz re-

Einteilung eines Radsport-Trainingsjahres

<table>
<tr><td colspan="2">Nov.</td><td colspan="2">Dez.</td><td colspan="2">Jan.</td><td colspan="2">Feb.</td><td colspan="2">März</td><td colspan="2">April</td><td colspan="2">Mai</td><td colspan="2">Juni</td><td colspan="2">Juli</td><td colspan="2">Aug.</td><td colspan="2">Sept.</td><td colspan="2">Okt.</td></tr>
<tr><td colspan="3">einführender Mesozyklus</td><td colspan="3">Grundlagen-Mesozyklus 1</td><td colspan="3">Grundlagen-Mesozyklus 2</td><td colspan="3">Vorwettkampf Mesozyklus</td><td colspan="2">Wettkampf-Mesozyklus 1</td><td colspan="2">Wettkampf-Mesozyklus 2</td><td colspan="3">wiederherstellend-vorbereitender Mesozyklus</td><td colspan="2">Wettkampf-Mesozyklus 3</td><td colspan="3">Wiederherstellungs-Mesozyklus</td></tr>
<tr><td colspan="12">Vorbereitungsperiode</td><td colspan="7">Wettkampfperiode</td><td colspan="5">Übergangsper.</td></tr>
</table>

gelmäßigen Trainings nicht während des ganzen Jahres konstant. Daher müssen die Belastungsanforderungen periodisch nach bestimmten Rhythmen zyklisch gestaltet werden. Dabei spielt auch der Grad der Bewußtheit eine große Rolle, d. h., wenn man weiß, was und warum man so und nicht anders trainiert, wird der Trainingseffekt gesteigert.

Das Prinzip der Allmählichkeit

Von Anfang an sollte man sich jedoch klar darüber sein, daß ein Trainingsprozeß ein biologischer Entwicklungsvorgang ist, der eine gewisse Zeit benötigt. Denn nur ein Trainingszustand, der nach dem Prinzip der Allmählichkeit systematisch, geduldig und langfristig aufgebaut wurde, ist dauerhaft und stabil. Vorausgesetzt, daß das Training regelmäßig, ganzjährig und mehrjährig ist, sollte ein Anfänger die Geduld haben, seine Leistungen konsequent in etwa 3 bis 5 Jahren aufzubauen. Wer zu ungeduldig ist, zu früh mit zu hoher Intensität trainiert und sich mehrfach überfordert, dessen Leistungsentwicklung stagniert – oder geht sogar zurück. Auch ist zu bedenken, daß Trainingspausen von einer Woche und mehr den Verlust der Anpassung zur Folge haben. Man muß also fast wieder von vorne beginnen. Da nur ein kontinuierliches ganzjähriges Training die persönliche Bestform aufbaut, sollte man bei schlechter Witterung und auch im Winter zusätzliche Trainingsmittel einsetzen.

Der Trainingsprozeß eines Jugendlichen, der es bis zum Hochleistungssportler bringen will, muß noch langfristiger sein. In der Entwicklung eines Radrennfahrers unterscheidet man folgende Etappen:

- Etappe der Vorbereitung (Alter 12 bis 15 Jahre)
- Etappe des Aufbaus (Alter 16 bis 18 Jahre)
- Etappe der Spezialisierung (ab 19 Jahre)
- Zone der ersten internationalen Erfolge (19 bis 21 Jahre)
- Zone der optimalen Leistung (22 bis 26 Jahre)
- Stabilisierung der Höchstleistung (27 bis 30 Jahre).

Für die Entwicklung eines Radrennfahrers ist also ein Trainingsprozeß von 10 bis 12 Jahren einzuplanen. Wie lange ein Radrennfahrer nach dem 30. Lebensjahr seine Höchstleistung aufrechtzuerhalten vermag, hängt im wesentlichen von seiner gesunden Lebensweise, dem richtigen Training mit eingeplanten Regenerationsphasen und der richtigen Ernährung ab. Dann können Radrennfahrer auch bis über das 40. Lebensjahr hinaus im Hochleistungssport erfolgreich sein. Auf einer niedrigeren Stufe, der Stufe des Leistungssportes, gibt es genügend Beweise dafür, daß man auch jenseits des 30. Lebensjahres mit dem Radsport beginnen und nach einer Aufbauzeit von 4 bis 5 Jahren erfolgreich Seniorenrennen bestreiten kann – bis weit jenseits des 50. oder 60. Lebensjahres.

Yoga-Übungsreihe

Hatha-Yoga ist ein ideales Beweglichkeitstraining für die Wirbelsäule. Konzentration und Atemtechnik verstärken die Wirkung der Übungen. Beispiel für eine Übungsreihe (Bilder nächste Doppelseite):

(1) Dreieckspose: Eine Hand gleitet das Bein seitlich hinunter, der andere Arm wird nach oben gestreckt.
(2) Kerze: Hände am Rücken einstützen, Körper ganz gestreckt.
(3) Pflughaltung: Die Füße berühren möglichst weit hinter dem Kopf den Boden, die Beine sind gestreckt.
(4) Knie-Stirn-Haltung: Die Fußsohle des einen Fußes berührt die des anderen Beines, so daß die Ferse ganz oben im Schritt anliegt. Die Hände fassen den vorgestreckten Fuß, die Stirn berührt das Knie.
(5) Zangenhaltung: Im Strecksitz fassen beide Hände um die Füße, die Stirn berührt die Knie.
(6) Fischhaltung: Mit verschränkten Beinen den Oberkörper zurückneigen, bis der Hinterkopf den Boden berührt.
(7) Schlangenhaltung: Aus der Bauchlage Oberkörper aufrichten, mit leicht gebeugten Armen die Haltung stabilisieren.
(8) Heuschreckenhaltung: In Bauchlage die Hände unter den Hüften mit den Handflächen nach unten abstützen, die Beine anheben und halten.
(9) Bogenhaltung: In Bauchlage, die Hände ergreifen die Fußgelenke, die Wirbelsäule wird durchgestreckt.
(10) Drehsitz: Einen Fuß über das andere angezogene Bein setzen. Die Hand hinter dem Rücken sollte die andere unter dem Knie durchgeführte Hand ergreifen.
(11) Kopfstand: Kopf und Unterarme bilden ein etwa gleichschenkeliges Dreieck. Der Körper ruht auf Stirn und Unterarmen.
(12) Toter Mann: Entspannung in Rückenlage. Augen geschlossen halten.

1
2
3
4
5

11
10
9
12
8
6
7

Trainingsbeispiel für Ergometertraining (auf dem Hometrainer)

Minuten	*Trainingsaufgabe*	*Pedalumdrehungen (U/min)*	*Tretwiderstand*	*Intensitätsbereich*
1.–5.	Warmfahren	100–110	gering	gering (I–II)
6.	Serie I	100	mittel	mittel
7.		105		bis
8.		110		intensiv
9.		115		(III–IV)
10.		120		
11.–15.	Serie II	wie Serie I	wie Serie I	wie Serie I
16.–20.	Serie III	wie Serie I	wie Serie I	wie Serie I
21.–25.	Serie IV	wie Serie I	wie Serie I	wie Serie I
26.–30.	Ausklang	100–110	gering	gering

Anforderungen an ein gutes Trainingsergometer (Hometrainer): Großes Schwungrad, Stabilität, individuell einstellbare Sitzposition, Meßgerät für Pedalumdrehungszahl/Minute, Meßgerät für Herzfrequenz/Minute.
Empfehlenswertes Zubehör: Ventilator, Kassettenrekorder, Uhr, Spiegel (zur Beobachtung des Fahrstils).

Die zyklische Gestaltung des Trainingsplanes

Die Aneignung einer höheren Leistungsfähigkeit verläuft im Trainingsprozeß in folgenden Phasen:

- ○ Phase der Aneignung der sportlichen Leistungsfähigkeit
- ○ Phase der Festigung der Leistungsfähigkeit (Stabilisierung)
- ○ Phase des zeitweiligen Verlustes der sportlichen Form.

Daher sollte nicht das ganze Jahr über gleichförmig mit der gleichen Trainingsbelastung trainiert werden, sondern die Belastungsanforderungen nach Intensität, Umfang und Belastungsart über bestimmte Zeiträume (Zyklen) festgelegt werden.

- ○ Makrozyklen: meistens Jahreszyklen – aber auch Halbjahres- und Mehrjahreszyklen
- ○ Mesozyklen: auch Etappen genannt, Planungszeitraum 3 bis 6 Wochen
- ○ Mikrozyklen: Zyklen von einer Woche oder weniger – bis hinab zur Gestaltung der einzelnen Trainingseinheit.

Trainingshinweise für eine Woche Wintertraining

Trainingsmittel	*Trainingsziel*	*Hinweise zur Durchführung*	*Häufigkeit pro Woche*
Radfahren (Straßentraining)	aerobe Grundlagenausdauer runder Tritt Techniktraining	ca. 1–2 Stunden je nach Witterung, warme Kleidung	1–2×
Ergometer (Hometrainer)	aerobe Grundlagenausdauer runder Tritt	ca. 30–40 Minuten hohe Tretfrequenz	2–3×
Waldlauf	aerobe Grundlagenausdauer	ca. 30–60 Minuten	2–3×
Circuittraining Ballspiele	allgemeine Kondition	ca. 1 Stunde	1×
Krafttraining	Ausgleichs-Krafttraining für Bauch-, Rücken-, Schulter- u. Brustmuskulatur	geringe Gewichte bzw. Widerstände, keine Überkopfarbeit (Wirbelsäule!) je 10–20 Wiederholungen	1×

Langfristige Periodisierung (Makrozyklus)

Ein Makrozyklus (Periodenzyklus) umfaßt gewöhnlich die Planung eines Trainingsjahres. Innerhalb dieses Makrozyklus werden die Belastungen in Mikro- und Mesozyklen derart planvoll aneinandergereiht, daß man einen oder mehrere Leistungshöhepunkte erreicht. Man spricht dann von einer einfachen oder mehrfachen Periodisierung. Im Radsport wird das Trainingsjahr in folgende Perioden und Etappen eingeteilt:

- ○ Vorbereitungsperiode:
  1. Etappe: Wintertraining
  2. Etappe: Frühjahrstraining
- ○ Wettkampfperiode:
  1. Mesozyklus
  Phase der Stabilisierung I
  2. Mesozyklus
  Phase der Stabilisierung II
  3. Mesozyklus
- ○ Übergangsperiode.

Vorbereitungsperiode (November bis April)

In der Vorbereitungsperiode, die volle sechs Monate dauert, wird die konditionelle Grundlage für die Sommerform gelegt. Im Radsport werden die Trainingsmittel in dieser Jahreszeit allerdings sehr wesentlich durch die Witterungsverhältnisse mitbestimmt.

Home-Training auf Rollen, deren Widerstand verändert werden kann.

Modell eines für Radsporttraining geeigneten Home-Trainers (Ergometer) mit großem Schwungrad.

Wochentrainingsplan für leistungsorientierte Radsportler (z. B. Trainingslager im Frühjahr)

Montag	vormittags: Lockeres Ausdauertraining (kleine Gänge) Nachmittags: 2–3 Std. Regenerationstraining
Dienstag	vormittags: Anaerobes Training (Stehvermögen), 1½–2 Std. Nachmittags: Lockeres Ausdauertraining 2–3 Std. (aerob)
Mittwoch	langes Dauertraining (180–220 km) aerob mit Rennverpflegung
Donnerstag	intensives Dauertraining mit Rhythmuswechsel (aerob-anaerobe Schwelle)
Freitag	vormittags: Lockeres Regenerationstraining 2 Std. Nachmittags: Lockeres Dauertraining 2–3 Std. (kleine Gänge)
Samstag	lockeres Spazierenfahren 1–2 Std. Rennvorbereitung, Materialüberprüfung

Daher ist es wichtig, mehrere verschiedene Trainingsmittel zur Verfügung zu haben und den Trainingsplan flexibel zu gestalten.

1. Etappe: Wintertraining (November bis Februar)
Trainingsziel ist die Verbesserung der allgemeinen Kondition, Ausgleich von Schwachpunkten des Körpers, Aufbau der Grundlagenausdauer und Schulung des lockeren runden Trittes. Als Trainingsmittel dienen radsportspezifisches Training (Straßentraining, Hometrainer, Cross-Rennen, Mountain-Bike), allgemein-athletisches Training (Waldlauf, Skilanglauf, Circuit-Training, Ballspiele, Schwimmen u. a.), Krafttraining und Gelenkigkeitstraining (Gymnastik, Stretching, Yoga).

2. Etappe: Frühjahrstraining (Februar bis April)
Das Frühjahr beginnt in unseren Breiten nach dem Kalender am 21. März – nach dem Wetter aber meist viel später. Trotzdem heißt diese Periode Frühjahrstraining, weil sich viele Radsportler in dieser Zeit – meist im Februar oder März – in südliche Länder (Italien, Südfrankreich, Südspanien, Mallorca u. a.) begeben, um dort unter Frühlingsbedingungen ihre Grundlagenausdauer zu verbessern. Nicht zu unterschätzen ist für die Trainingswirkung die jodhaltige Luft durch die Nähe des Meeres und die psychisch-anregende Wirkung der fremdartigen Landschaft mit ihrem Blütenduft – während es zu Hause meist regnet, stürmt oder schneit. Bei gleichbleibend geringer bis mittlerer Trainingsintensität – Stundenmittel 25–30 km/Stunde – wird allmählich der Trainingsumfang gesteigert, wobei lange Trainingsfahrten mit kleinen Übersetzungen – 42/18 bis 42/16 – physiologisch die Grundlagenausdauer und biochemisch den Fettstoffwechsel trainieren.
Zu Hause wird dieses Training fortgesetzt, wobei man sich wegen der abrupten Wetterumstellung durch entsprechende Kleidung gegen Erkältungen schützen muß.
Wettkampf-Radsportler erhöhen gegen Ende des Frühjahrstrainings die Trainingsintensität und trainieren zeitweise mit größeren Gängen ihre Kraftausdauer, um sich allmählich an das Wettkampftempo zu gewöhnen.

Wettkampfperiode (Sommertraining)
Der Gesundheits- und Breitensportler setzt das Training der Grundlagenausdauer mit geringer bis mittlerer Intensität fort und steigert von Zeit zu Zeit den Trainingsumfang, das heißt, er fährt ab und zu auch längere Strek-

Im Lauf des Trainingsprozesses zunehmende Ausnutzbarkeit der maximalen Sauerstoffaufnahme (nach Astrand und Rodahl).

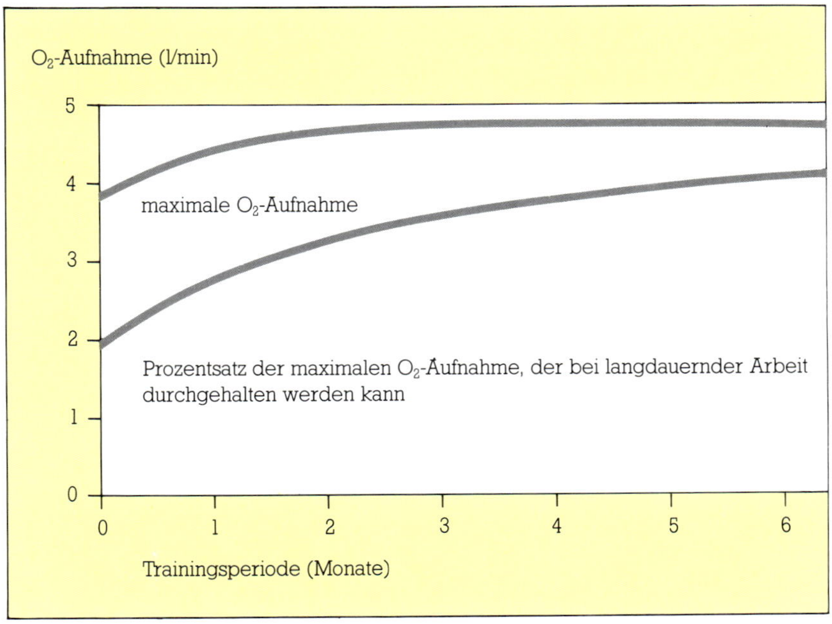

MAVIC
SIDI
malvor

PDM

ken, z. B. am Wochenende. Nach anstrengenden Touren oder Trainingseinheiten sollte man jedoch bewußt regenerative Trainingseinheiten von geringer Intensität einschalten.
Der leistungsbetonte Freizeitsportler und auf jeden Fall der Leistungs- und Hochleistungssportler muß auf ein höheres Tempo hinarbeiten, das heißt auf eine weitere Steigerung und höhere Ausnutzung der vorhandenen maximalen Sauerstoffaufnahmefähigkeit. Dazu wird die Wettkampfperiode in zwei bis drei Mesozyklen zu vier bis sechs Wochen eingeteilt. Im ersten Mesozyklus (Mai/Juni) wird mit leichteren Aufbau-Wettbewerben begonnen. Wegen der höheren Intensität kann der Gesamtumfang des Trainings leicht zurückgenommen werden. Danach folgt eine Phase der Stabilisierung. Im zweiten und dritten Mesozyklus (Juli/September) werden zunehmend und zielbewußt Wettkämpfe bestritten, damit die Höchstform zeitgerecht erreicht wird. Der Trainingsumfang wird weiter zurückgenommen.
Wettkampfspezifische Trainingsmittel gewinnen an Bedeutung. Radrennfahrer, die an nationalen und internationalen Wettkämpfen teilnehmen, bereiten sich meist durch harte Etappenrennen darauf vor, um tatsächlich die bestmögliche Höchstleistung zur Entfaltung zu bringen.

Übergangsperiode (Regenerationsperiode)
Den Monaten der Höchstbelastung in der Wettkampfphase müssen mindestens vier bis sechs Wochen der Regeneration folgen, um den Organismus aufnahmebereit für das Wintertraining zu machen.

Mittelfristige Periodisierung (Mesozyklus)

Da sich die Leistung teils gleichmäßig, teils sprunghaft entwickelt, muß man die Trainingsbelastungen in drei- bis sechswöchigen Zyklen an die aktuelle Leistungsfähigkeit anpassen. Ein bewährter Trainingsgrundsatz heißt: Immer zuerst den Umfang und dann die Intensität des Trainings steigern. Außerdem sollen Phasen der höheren Belastung mit Phasen geringerer Belastung abwechseln. Im Leistungs- und Hochleistungssport ist es zeitweise notwendig, die Belastungsintensität innerhalb eines Mesozyklus so zu steigern, daß die Grenzen der aktuellen Leistungsfähigkeit erreicht werden, um weitere Anpassungsprozesse auszulösen. Besonders ausgeprägt sind diese Maßnahmen in einem Wettkampfmesozyklus vor einem Hauptwettkampf.

Wochentrainingsplan für leistungsorientierte Radsportler (in der Wettkampfphase)

Montag	regeneratives Training (aktive Erholung): mittlerer Umfang, geringe Intensität, Technikschulung.
Dienstag	intensives Dauertraining mit Langzeitintervallen: Training von Grundlagenausdauer, Kraftausdauer und Schnelligkeit.
Mittwoch	Grundlagenausdauer-Training: hoher Trainingsumfang, geringe Intensität, Technikschulung.
Donnerstag	intensives Dauertraining mit Schnelligkeitstraining: hoher Umfang, hohe Intensität, Langzeit- und Mittelzeitintervalle, mittlere Gänge mit hoher Tretgeschwindigkeit.
Freitag	regeneratives Training (aktive Erholung): hoher Umfang, geringe Intensität, Technikschulung.
Samstag	Grundlagenausdauertraining mit Kraftausdauertraining: mittlerer Umfang, hohe Intensität, mittlere bis große Übersetzungen, hohe Tretfrequenz.
Sonntag	intensives Dauertraining: hoher Umfang, hohe Intensität.

Kurzfristige Periodisierung (Mikrozyklus)

Ein Mikrozyklus umfaßt die Trainingsplanung von etwa einer Woche bis herunter zur einzelnen Trainingseinheit. Diese kurzfristige Planung ist von großer Wichtigkeit, da die langfristige Planung nur gelingt, wenn sie in überschaubare Abschnitte gegliedert ist. Die Summe der einzelnen Trainingseinheiten bestimmt die Qualität des gesamten Trainingsprozesses. Auch sollte man nie gedankenlos, sondern immer voll bewußt trainieren, das heißt sich auf das Trainingsziel einer jeden Trainingseinheit konzentrieren. Denn bei gleichen Trainingsbelastungen erhöht der Bewußtheitsgrad des Athleten die Wirksamkeit des Trainingsreizes.
Jede Trainingseinheit sollte aus folgenden drei Teilen bestehen:
- Vorbereitung
- Hauptteil
- Ausklang.

Im ersten Abschnitt der Trainingseinheit, der Vorbereitung, Dauer etwa 15–20 Minuten, wird der Organismus psychisch und physisch auf die eigentliche Trainingsaufgabe vorbereitet. Dazu fährt man locker mit kleinen Gängen, um Kreislauf und Stoffwechsel in Schwung zu bringen. Die kleinen Blutgefäße (Kapillaren) öffnen sich, die Muskeln werden elastischer, der Bewegungsablauf wird flüssiger, die Körpertemperatur erhöht sich auf „Betriebstemperatur". Die Voraussetzungen für den eigentlichen Trainingsreiz werden verbessert.
Im Hauptteil wird die Trainingsaufgabe entsprechend dem Trainingsplan erfüllt. Prinzipiell sollen Aufgaben, die geistige Frische und Konzentration verlangen – Schnelligkeitstraining, Sprints, Intervalle u. a. – in der ersten Hälfte des Hauptteiles eingeplant werden, das kontinuierliche Ausdauertraining kann in der zweiten Hälfte folgen.
Im Ausklang der Trainingseinheit beginnt bereits die Regeneration durch aktive Erholung. Daher ist dieser Teil genauso wichtig wie das Aufwärmen in der Vorbereitung. Man fährt mit

kleinen bis mittleren Gängen in lockerem Tritt, lockert den gesamten Körper – und freut sich, die Trainingsaufgabe optimal gelöst zu haben. Es ist sehr wichtig, jede Trainingseinheit in freudiger Stimmung ausklingen zu lassen.

Trainings-Tagebuch

Fast alle Athleten im Leistungs- und Hochleistungssport führen ein Trainings-Tagebuch, das individuell verschieden mehr oder minder umfangreich sein kann. Regelmäßige Aufzeichnungen fördern die Trainingsdisziplin und vermitteln das Bewußtsein, konsequent dem richtigen Plan zu folgen. Auch dienen sie der Trainingssteuerung und der Selbsterfahrung. Aus vergangenen Verläufen und Fehlern kann man für die Zukunft lernen, um individuelle Trainingsmaßnahmen gezielter einzusetzen. Wer einmal mit einem bestimmten Trainingsprogramm gute Erfolge hatte, wird gerne darauf zurückgreifen. Einfache Trainingsaufzeichnungen sollen zumindest die Zahl der gefahrenen Kilometer und die Trainingsaufgabe enthalten. Weitere nützliche Angaben sind der morgendliche Ruhepuls, Angaben über das eigene Befinden, die gefahrene Durchschnittsgeschwindigkeit und die vorwiegend gefahrene Übersetzung. Nur schriftliche Aufzeichnungen lassen erkennen, ob der Trainingsplan erfüllt wurde – und ob man überhaupt planvoll trainiert. Nur durch Aufzeichnungen werden Schwachpunkte über längere Fristen sichtbar – und nur so kann man sie in Zukunft vermeiden. Schließlich dient ein Trainings-Tagebuch der Disziplinierung der gesamten Lebensweise.

Aufbau der Wettkampfperiode in Zyklen

Zyklus	*Gestaltung*	*Hauptziele*
1. Zyklus (etwa 4 bis 8 Wochen)	allmählicher Übergang zu optimaler Wettkampfhäufigkeit; Aufbauwettkämpfe mit ansteigendem Schwierigkeitsgrad; ein bis zwei Hauptwettkämpfe am Ende des Zyklus; Belastungsumfang im Training je nach Wettkampfhäufigkeit und Belastungsverträglichkeit etwas reduziert	schnelles Steigern der Wettkampfleistung; Erziehung zur Wettkampfhärte; Erkennen von Schwächen und Reserven; Sammeln von Wettkampferfahrungen und Überprüfen taktischer Grundeinstellungen; Festigung der Technik unter Wettkampfbedingungen
1. Phase der Stabilisierung (1 bis 2 Wochen)	regeneratives Training	Festigung des Trainingszustandes
2. Zyklus (etwa 4 Wochen)	Schwerpunkt liegt im Training; Erhöhen des Belastungsumfanges und der Trainingshäufigkeit; nur einzelne Wettkämpfe, keine Einschränkung des Trainings	Beseitigung der in den Wettkämpfen erkannten Schwächen
2. Phase der Stabilisierung (1 bis 2 Wochen)	regeneratives Training	Festigung des Trainingszustandes
3. Zyklus (etwa 4 Wochen)	Wettkämpfe mit höherem Schwierigkeitsgrad als im ersten Zyklus über Aufbauwettkämpfe zu Qualifikations- bzw. Ausscheidungswettkämpfen; allmähliche Reduzierung des Belastungsumfanges im Training	Stabilisierung des Wettkampfzustandes; Vorbereitung auf Qualifikations- oder Ausscheidungswettkämpfe; Bewährung unter besonders schwierigen Wettkampfbedingungen

Auch im Winter kann man mit der richtigen Kleidung radsportspezifisch im Freien trainieren (hier Bild von einem Cross-Wettbewerb im Winter).

Die gute Form

Prinzipiell kommt es im Trainingsprozeß darauf an, durch geeignete Trainingsbelastungen seine persönliche Best-Form zu erreichen – und wenn man sie erreicht hat, sie durch die richtigen Trainingsbelastungen zu erhalten. Das formaufbauende und formerhaltende Training wird sich nach den unterschiedlichen Zielen der Breiten- und Gesundheitssportler sowie der Leistungs- und Hochleistungssportler, der Frauen und Mädchen, der Jugendlichen und älteren Radsportler richten. Deswegen sollen im folgenden formaufbauende Trainingspläne für drei graduell voneinander verschiedene Leistungsgruppen als Beispiele gezeigt werden:

Trainingsplan I für Jugendliche (16 bis 18 Jahre), Frauen und Mädchen, Senioren, auch für Touristikfahrer, mit dem gemeinsamen Ziel, Belastungsprüfungen oder Wettkämpfe zwischen 60 bis 80 bis 100 km zu absolvieren.

Trainingsplan II für Amateure, die Radrennen von 150 bis 220 km bestreiten wollen.

Trainingsplan III für fortgeschrittene Amateure oder Profis, die schwere Radrennen von 160 bis 180 km oder mehr durchstehen wollen.

Die Übersetzungsangaben beziehen sich auf die durchschnittliche Übersetzung. Man kann vorne mit dem üblichen kleinen Kettenblatt (42 Zähne) fahren oder zum Trainingsaufbau bis zum Beginn der Saison das große Kettenblatt kleiner wählen (statt 53 Zähne nur 48 Zähne).

Trainingsplan I
(nach G. Ambrosini)

Woche	*Tag*	*Strecke*	*Übersetzung*	*Fahrweise*
1	Montag	15 km flach	42/20 oder	Tempo 20 km/h
	Dienstag	20 km flach	49/22	Kontrolle der Sitzposition
	Donnerstag	20 km flach	starre Nabe	Üben des Fahrstiles
	Sonntag	30 km flach		Spazierenfahren
2	Montag	20 km flach	dto.	Tempo 21 bis 23 km/h
	Dienstag	25 km flach	dto.	Üben des Fahrstiles
	Donnerstag	25 km flach	dto.	
	Sonntag	40 km flach	dto.	Spazierenfahren
3	Montag	25 km flach	42/19 oder	Tempo 24 bis 26 km/h
	Dienstag	30 km flach	48/21	Üben des Fahrstiles
	Donnerstag	30 km flach	starre Nabe	kurze Sprints, Endspurt
	Sonntag	50 km flach		Spazierenfahren
4	Montag	30 km mit leichten, nicht zu langen Steigungen	dto.	Tempo 26 bis 28 km/h
	Dienstag		dto.	Üben des Fahrstiles Häufigere Sprints, Endspurt
	Donnerstag	35 km "	dto.	
	Sonntag	60 km "	Freilauf	Spazierenfahren
5	Montag	35 km mit Steigung bis 5 %	42/17 oder 48/19	Tempo 27 bis 29 km/h schneller Start, häufigere Sprints
	Dienstag	40 km "	42/18 oder 48/20	Zwischenspurt, Endspurt
	Donnerstag	40 km "	42/19 oder 48/21	
	Sonntag	80 km "	dto.	Spazierenfahren
6	Montag	40 km mit Steigung bis 7 %	42/16 oder 48/18	Tempo 30 km/h Trainingsaufgaben wie in 5. Woche
	Dienstag	45 km "	42/17 oder 48/19	
	Donnerstag	45 km "	42/19 oder 48/21	
	Sonntag	90 km "	42/20 oder 48/22	Spazierenfahren
7	Montag	45 km mit verschiedenen Steigungen	42/15 oder 48/17	Tempo 31 bis 32 km/h Trainingsaufgaben wie oben
	Dienstag	50 km "	42/16 oder 48/18	
	Donnerstag	50 km "	42/18 oder 48/20	
	Sonntag	100 km "	42/19 oder 48/21	Spazierenfahren
8	Montag	50 km mit verschiedenen Steigungen	42/15 oder 48/16	Tempo 33 bis 34 km/h Trainingsaufgaben wie oben
	Dienstag	50 km "	42/15 oder 48/17	
	Donnerstag	50 km "	42/17 oder 48/19	
	Sonntag	100 km "	42/19 oder 48/21	Spazierenfahren
9	Montag	50 km mit leichter Steigung	wie 8. Woche	intensives bis maximales Tempo
	Dienstag	30 km flach		dto.
	Donnerstag	20 km flach		dto.
	Sonntag	Wettkampf		dto.

Prüfsteine der guten Form

Durch Selbstbeobachtung sollte jeder Radsportler erkennen können, wann er seine persönliche Bestform erreicht. Es gibt bestimmte Anzeichen der guten Form – Anzeichen, die bestätigen, daß man richtig trainiert hat:

- ○ Leichtigkeit und Korrektheit des Pedalierens; Bereitschaft und Fähigkeit zum raschen Antritt
- ○ Gefühl des Wohlbefindens und der Energie, guter Appetit, gute Verdauung, ruhiger Schlaf, Frische nach dem Aufwachen, ruhige gute Stimmung, Selbstvertrauen.
- ○ Gewichtsverlust von nicht mehr als 1 kg auch nach intensiver Trainingsbelastung.
- ○ Das Körpergewicht, mit dem man die besten Leistungen erreicht, ist das ideale Wettkampfgewicht. Man sollte es sich merken und jedes Jahr aufs Neue anstreben.
- ○ Dünnes Unterhautfettgewebe, vor allem über dem M. triceps und über dem Schulterblatt (Hautfalten dünner als 6 mm).
- ○ Niedriger Ruhepuls (im Breiten- und Gesundheitssport um oder unter 60 Schläge/min; im Leistungssport um oder unter 50 Schläge/min; im Hochleistungssport um oder unter 40 Schläge/min); schnelle Pulsberuhigung nach Trainingsbelastungen.
- ○ Niedriger Blutdruck (bei Leistungs- und Hochleistungs-Radsportlern meistens zwischen 120/70 mmHg und 100/60 mmHg).
- ○ Ruhige Atmung.
- ○ Fähigkeit, viel und leistungsentsprechend zu schwitzen; gute Hitzeverträglichkeit.
- ○ Gefühl der Leichtigkeit beim Training; als ob es von selbst rollt – und man nur noch lenken muß.

Trainingsplan II
(nach G. Ambrosini)

Woche	*Tag*	*Strecke*	*Übersetzung*	*Fahrweise*
1	Montag	25 km flach	42/20 oder	Tempo 20 km/h
	Dienstag	30 km flach	48/22	Kontrolle der Sitzposition
	Donnerstag	30 km flach	starre Nabe	Üben des Fahrstiles
	Sonntag	40 km flach		Spazierenfahren
2	Montag	30 km flach	dto.	21 bis 23 km/h
	Dienstag	35 km flach	dto.	Üben des Fahrstiles
	Donnerstag	35 km flach	dto.	
	Sonntag	50 km flach	dto.	Spazierenfahren
3	Montag	35 km flach	42/19 oder	Tempo 24 bis 26 km/h
	Dienstag	40 km flach	48/21	Üben des Fahrstiles
	Donnerstag	40 km flach	starre Nabe	kurze Sprints, Endspurt
	Sonntag	60 km flach		Spazierenfahren
4	Montag	40 km mit leichter Steigung	dto.	Tempo 27 bis 28 km/h häufigere Sprints, Endspurt
	Dienstag	50 km "	dto.	
	Donnerstag	50 km "	dto.	
	Sonntag	80 km "	dto.	Spazierenfahren
5	Montag	50 km mit Steigung bis 5%	Freilauf 42/17 oder 48/19	Tempo 29 bis 30 km/h Sprints, Zwischenspurts, Endspurt
	Dienstag	60 km "	42/18 oder 48/20	
	Donnerstag	60 km "	42/19 oder 48/21	
	Sonntag	100 km "	dto.	Spazierenfahren
6	Montag	60 km mit Steigung bis 7%	42/16 oder 48/18	Tempo 31 bis 32 km/h Trainingsaufgaben wie oben
	Dienstag	70 km "	42/17 oder 48/19	
	Donnerstag	70 km "	42/19 oder 48/21	
	Sonntag	120 km "	42/20 oder 48/22	Spazierenfahren
7	Montag	70 km mit verschiedenen Steigungen	42/15 oder 48/17	Tempo 33 bis 34 km/h Trainingsaufgaben wie oben
	Dienstag	80 km "	42/16 oder 48/18	
	Donnerstag	80 km "	42/18 oder 48/20	
	Sonntag	120 km "	42/19 oder 48/21	Spazierenfahren
8	Montag	80 km dto.	42/16 oder 48/18	Tempo 33 bis 34 km/h
	Dienstag	100 km dto.	42/15 oder 48/17	Trainingsaufgaben wie oben
	Donnerstag	80 km dto.	42/17 oder 48/19	
	Sonntag	80 km dto.	42/19 oder 48/21	Spazierenfahren
9	Montag	80 km dto.	dto.	Tempo intensiv oder maximal
	Dienstag	50 km dto.	dto.	Trianingsaufgaben wie oben
	Donnerstag	30 km dto.	dto.	
	Sonntag	Wettkampf		

Trainingsplan III
(nach G. AMBROSINI)

Woche	*Tag*	*Strecke*	*Übersetzung*	*Fahrweise*
1	Montag	30 km flach	42/19 oder	Tempo 23 km/h
	Dienstag	35 km flach	49/22	Kontrolle der Sitzposition und des Fahrstiles
	Donnerstag	35 km flach	starre Nabe	
	Sonntag	50 km flach		Spazierenfahren
2	Montag	35 km flach	dto.	Tempo 25 bis 26 km/h
	Dienstag	40 km flach	dto.	Training von Technik und Stil
	Donnerstag	40 km flach	dto.	
	Sonntag	70 km flach	dto.	Spazierenfahren
3	Montag	45 km flach	42/18 oder 49/21	27 bis 28 km/h
	Dienstag	60 km flach	42/18 oder 49/21	Training von Technik und Stil
	Donnerstag	60 km flach	42/18 oder 49/21	kurze Sprints
	Sonntag	100 km flach	42/18 oder 49/21	Spazierenfahren
4	Montag	60 km leichte Steigungen	42/17 oder 49/20	Tempo 29 bis 30 km/h Training des Fahrstiles
	Dienstag	80 km "	42/17 oder 49/20	häufigere Sprints, Endspurt
	Donnerstag	80 km "	42/17 oder 49/20	
	Sonntag	120 km "	42/17 oder 49/20	Spazierenfahren
5	Montag	80 km mit Steigung bis 5%	Freilauf 42/16 oder 49/19	Tempo 30 km/h schneller Start häufigere Sprints
	Dienstag	90 km "	42/17 oder 49/20	Zwischenspurt Endspurt
	Donnerstag	90 km "	42/18 oder 49/21	
	Sonntag	140 km "	42/19 oder 49/22	Spazierenfahren
6	Montag	90 km mit Steigung bis 7%	42/15 oder 49/18	Tempo 31 bis 32 km/h schneller Start häufigere Sprints
	Dienstag	100 km "	42/16 oder 49/19	Zwischenspurt Endspurt
	Donnerstag	100 km "	42/18 oder 49/21	
	Sonntag	150 km "	42/19 oder 49/22	Spazierenfahren
7	Montag	100 km mit Steigungen bis 10%	53/18 oder 49/17	Tempo 33 bis 34 km/h schneller Start häufigere Sprints
	Dienstag	120 km "	42/16 oder 49/19	Zwischenspurt Endspurt
	Donnerstag	120 km "	42/18 oder 49/21	
	Sonntag	150 km "	42/19 oder 49/22	Spazierenfahren
8	Montag	120 km mit verschiedenen Steigungen	53/17 oder 49/16	Tempo 33 bis 36 km/h schneller Start häufigere Sprints Zwischenspurt
	Dienstag	150 km "	53/18 oder 49/17	Endspurt
	Donnerstag	120 km "	42/16 oder 49/19	
	Sonntag	150 km "	42/18 oder 49/21	Spazierenfahren
9	Montag	120 km dto.	dto.	Tempo intensiv bis maximal
	Dienstag	80 km dto.		Trainingsaufgaben wie oben
	Donnerstag	40 km dto.		
	Sonntag	Wettkampf		

Wettkämpfe geben der Form den letzten Schliff und sind gleichzeitig ein Gradmesser der erreichten Leistungsfähigkeit.

Erhaltung der guten Form – formerhaltendes Training

Wer seine gute Form erreicht hat, sollte sie konservieren. Das Training zur Formerhaltung kann in Intensität und Umfang geringer sein als das zum Aufbau der Form. Zudem erfordert jeder Wettkampf den totalen Einsatz aller Kräfte, so daß regeneratives Training im Sinne einer aktiven Erholung sogar notwendig ist.
Am Tag nach dem Wettkampf sollte man ruhen, vielleicht ein warmes Bad nehmen und sich massieren lassen. Am zweiten Tag kann ein leichtes lockeres Training mit kleinen Übersetzungen zur weiteren Regeneration beitragen. Die drei folgenden Tage kann man mit mäßiger Intensität trainieren, dabei soll das subjektive Gefühl der Belastungsverträglichkeit beachtet werden. Am Tag vor dem nächsten Wettkampf soll man wieder ruhen, sich selbst und sein Rennrad pflegen sowie das gesamte Material in Ordnung bringen

Frauen und Mädchen im Radsport

Der Anteil von Frauen und Mädchen im Radsport wird ständig größer. Es ist auch nicht einzusehen, warum Frauen in dieser schönen Sportart zurückstehen sollten. Wenn Ehemänner, Kinder und Jugendliche Radsport betreiben, gehört auch die Frau dazu – damit die Familie komplett ist. Zunächst sind aber einige Fehlvorstellungen zu beseitigen und dann bestimmte Grundprinzipien darzulegen, welche die Trainierbarkeit der Frau betreffen.

Zur Geschichte

Das erste Straßenrennen unter Beteiligung von Damen wurde schon 1869 auf 50 kg schweren eisenbeschlagenen Rädern (»Michaulinen«) ausgetragen. Bei dem ersten internationalen Radrennen von Paris nach Rouen über 123 km belegte die damalige Miss Amerika den 29. Platz. 1897 fand die erste Radweltmeisterschaft für Damen in Belgien statt. Eine besondere Langstreckenleistung vollbrachte die Amerikanerin Annie Londonderry 1895, als sie mit dem Fahrrad rund um die Welt fuhr und dabei 28 000 englische Meilen zurücklegte. Ab 1895 gab es sogar Sechstagerennen für Damen in England und USA. Es kam vor, daß Damen-Teams in gemischten Rennen manchmal ihre männlichen Kollegen besiegten. Offizielle Weltmeisterschaften im Straßenradsport für Frauen gibt es wieder seit 1958. Seit Aufnahme des Straßenradsportes für Frauen in das Olympische Programm 1984 nimmt die Zahl der Radsportlerinnen weiter zu. Auch für den Marathon-Lauf erfolgte die Zulassung der Frau erst vor wenigen Jahren. Im Vergleich dazu wurde im Radsport schon sehr frühzeitig bewiesen, daß auch Frauen durchaus fähig sind, lange und intensive Ausdauerbelastungen zu vollbringen.

Biologische Voraussetzungen

Da Frauen durchschnittlich kleiner sind als Männer und einen leichteren Körperbau haben, weisen sie meistens auch ein geringeres Körpergewicht auf. Die Körperzusammensetzung unterscheidet sich vom männlichen Organismus darin, daß der Anteil an Körperfett bei Frauen höher, der Anteil an Muskulatur geringer ist.

Frauen im Radsport.
Die biologischen Voraussetzungen sind gut.

Die maximale Sauerstoffaufnahmefähigkeit pro Kilogramm Körpergewicht liegt bei der Frau wegen des relativ höheren Fettanteils um ca. 20 % unter der des Mannes. Da es bei gleichen Belastungsstufen keine Geschlechtsunterschiede in bezug auf die notwendige Sauerstoffaufnahme gibt, sind Frauen bei hoher Intensität, also bei hohem Tempo, dem Mann gegenüber im Nachteil. Infolge ihres leichteren Körperbaus sind sie jedoch für lange Strecken mit geringer bis mittlerer Intensität prädestiniert. Auch in bergigem Gelände sind sie dadurch manchmal den schwereren Männern ebenbürtig.
Da die Muskelmasse der Frau im Vergleich zum Mann auch prozentual geringer ist, ist auch die Kraftleistung der Frau geringer. Das gilt auch für die Fähigkeit zur Kraftausdauer. Das bedeutet im Radsport: Sie sind Männern gegenüber im Nachteil, wenn es darum geht, mit großer Kraft große Übersetzungen zu treten, z. B. im Zeitfahren und bei schnellem Tempo in der Ebene. Diesen Nachteil in bezug auf den möglichen Krafteinsatz kann die Frau jedoch teilweise ausgleichen, wenn sie die Tretgeschwindigkeit erhöht. Daher sind die gefahrenen Übersetzungen im Frauen-Radsport geringer als die bei den Männern. So liegen die Maximalübersetzungen im Frauen-Straßenradsport bei etwa 52/15 in der Ebene.

Aufgrund der angegebenen anatomischen Besonderheiten sind Frauen durchaus zu langen Ausdauerleistungen mit geringer bis mittlerer Intensität fähig. Im Leistungssport sind Frauen und Mädchen vom maskulinen Typ mit dünnem Unterhautfettgewebe und relativ großer Muskelmasse im Vorteil – ob sie aber auch ästhetischer sind?

Trainingsanpassungen

Die Anpassungsfähigkeit der Frau im Ausdauertraining liegt grundsätzlich in der gleichen Größenordnung wie die bei Männern: Maximale Sauerstoffaufnahme und Herzvolumen können sich gegenüber ihrem Ausgangswert durch entsprechendes Training durchaus verdoppeln. Da die Leistungsentwicklung der Frau im Radsport erst begonnen hat, sind in Zukunft weitere Leistungssteigerungen zu erwarten. Im Breiten- und Gesundheitssport gibt das Radfahren der Frau die Möglichkeit, eine gute körperliche Fitness aufzubauen, leichte Störungen wie Kopfschmerzen, Wetterfühligkeit und Verstimmungszustände zu beseitigen sowie Fettgewebe dort abzubauen, wo es nicht erwünscht ist; denn über einer aktiven Muskulatur schmilzt das Fettgewebe wie Butter an der Sonne …

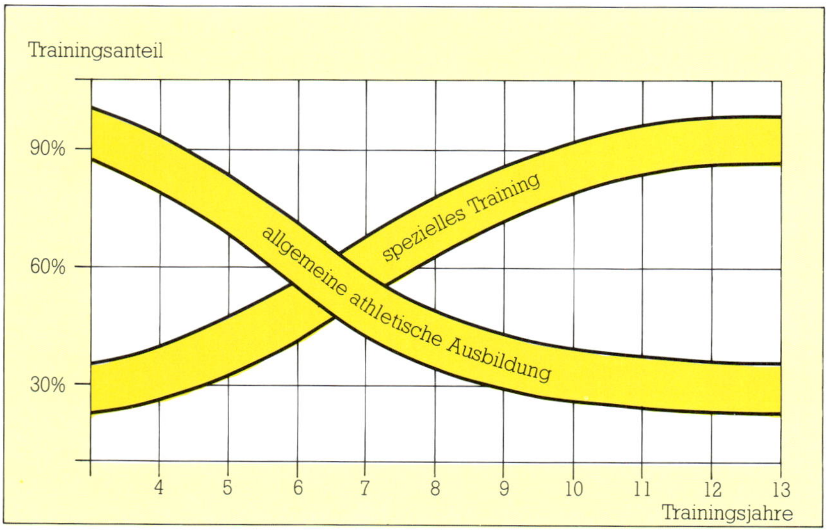

Training im Kindes- und Jugendalter

Zahlreiche Untersuchungen der letzten Jahrzehnte haben übereinstimmend gezeigt, daß das Wachstum Jugendlicher nicht kontinuierlich vor sich geht, sondern Perioden schnellen Wachstums (Streckung) und solche langsameren Wachstums (Füllung) einander ablösen. Hinzu kommt die in allen zivilisierten Ländern bekannte »Akzeleration«, die nicht nur zu schnellerem Wachstum, sondern auch zu früherer körperlicher Reife und höherem Wuchs führt. Leistungsfähigkeit und Wachstum sind dabei eng miteinander verknüpft. Nach dem heutigen Wissensstand ergeben sich folgende Konsequenzen:

- Die Schulung von Bewegungsabläufen und Gelenkigkeit sollte schon vom 6. Lebensjahr an beginnen.
- Die konditionellen Fähigkeiten – vor allem Ausdauer und allgemein-athletische Ausbildung – sollte bei Neun- bis Elfjährigen stärker im Vordergrund sein, da sie notwendige Reize für die Entwicklung darstellen.
- Ausdauerleistungen können Jugendlichen schon vom 9. Lebensjahr an bedenkenlos zugemutet werden, wahrscheinlich sogar noch früher.
- Für maximale Kraftbelastungen dagegen sollte das Ende der Pubertät abgewartet werden.

Prinzipiell haben ausdauertrainierte Jugendliche die gleichen Anpassungsmechanismen wie Erwachsene zur Verfügung. Die Trainierbarkeit von Jugendlichen in präpuberalem und puberalem Alter ist sogar prozentual größer als die von Erwachsenen bei vergleichbaren Trainingsbelastungen.

Anteile von allgemein-athletischem Training und speziellem Radsporttraining bei Kindern und Jugendlichen mit zunehmendem Trainingsalter (nach D. Junker, H. Weisbrod u. D. Mickein).

Der Radsport erfüllt als Ausdauersportart eine besonders dankbare Aufgabe. Gerade durch den Radsport können die dem jugendlichen Organismus innewohnenden Entwicklungsmöglichkeiten zur vollen Entfaltung gebracht werden, bereits vorhandene Haltungsschwächen und Übergewicht können beseitigt werden. Jedoch sollten einige Gesichtspunkte beachtet werden:
Kinder und Jugendliche sollten nicht zu früh zu speziell trainieren, sondern vielseitige Bewegungsabläufe lernen und verschiedene allgemein-athletische Sportarten ausüben. Das spezielle Radtraining sollte auf ein bis zwei Trainingseinheiten pro Woche beschränkt bleiben. Dabei sind kleine Gänge mit hoher Tretfrequenz zu bevorzugen und große Gänge mit zu hohem Krafteinsatz zu vermeiden.
Die beste Trainierbarkeit der maximalen Sauerstoffaufnahmefähigkeit ist während der Pubertät gegeben. Falls der Aufbau zum Radrennfahrer vorgesehen ist, sollten hier Akzente für den späteren Hochleistungssport gesetzt werden. Die aerobe Kapazität wird bei Jugendlichen im Radsport am besten mit den drei Formen der Dauerleistungsmethode entwickelt: Kontinuierliches Dauertraining, Wechseltraining und Fahrtspiel. Die Intensität sollte etwa in den Bereichen I bis III liegen. Zu warnen ist vor zu großem Ehrgeiz der Eltern: Niemals sollten Kinder und Jugendliche zu Leistungen gezwungen werden, die sie nicht selbst erreichen wollen!
Die Streckenlänge kann entsprechend dem Alter zunehmen. Sie kann durchschnittlich betragen:

- Bei Zehnjährigen: ca. 20 km
- Bei Elfjährigen: ca. 30 km
- Bei Zwölfjährigen: ca. 40 bis 50 km
- Bei Dreizehnjährigen: ca. 50 bis 60 km.

Einmal in der Woche, vielleicht am Wochenende, kann man einen längeren Ausflug als Dauertraining mit längeren Strecken unternehmen, allerdings nur mit geringer bis mittlerer Intensität.

Aus diesem Grund schreibt das Reglement des Bundes Deutscher Radfahrer e. V. für den Radsport von Kindern und Jugendlichen eine Übersetzungsbeschränkung vor (siehe S. 92). Kinder und Jugendliche sollten im Training immer mit kleinen Übersetzungen unter 60 Zoll, mit hoher Tretfrequenz und geringem Krafteinsatz fahren. Auf diese Weise werden Herz-Kreislauf-Atmungssystem, Stoffwechsel und die Zusammensetzung der Muskelfasern optimal ausgebildet.

Auch Kinder und Jugendliche wollen im Wettbewerb ihre Kräfte messen – es sollte aber spielerisch und ohne zu großen Ehrgeiz geschehen!

Radsport im Alter

Die Alterung des menschlichen Organismus ist durch folgende Vorgänge gekennzeichnet:

- ○ Verlangsamte und verminderte Anpassungsfähigkeit an Belastungen.
- ○ Allgemein herabgesetzte Leistungsfähigkeit.
- ○ Abnahme der maximalen Sauerstoffaufnahmefähigkeit.

Ein Abfall der körperlichen Leistungsfähigkeit in späteren Lebensabschnitten ist jedoch öfter Trainingsmangel als biologische Gesetzmäßigkeit. Das läßt sich aber in jedem Lebensalter ändern. Wissenschaftliche Untersuchungen haben nämlich bewiesen, daß ältere Menschen auch jenseits des 70. Lebensjahres noch recht gut im Ausdauerbereich trainierbar sind. Die maximale Sauerstoffaufnahmefähigkeit kann auch in diesem Alter noch auf Werte angehoben werden, die 20 bis 30 Jahre jüngeren Personen entsprechen! Außerdem bietet das Radfahren die Möglichkeit, Herz-Kreislauf und Stoffwechsel zu trainieren und auf diese Weise viele Risikofaktoren abzubauen, die bei körperlich untätigen Menschen im Laufe der Zeit zu Krankheiten führen.

Zunächst ist allen älteren Menschen, die mit dem Radfahren beginnen, eine ärztliche Untersuchung und Beratung zu empfehlen. Danach ist ein allmähliches schonendes Training im Breiten- und Gesundheitsbereich durchzuführen. Allein schon dadurch werden alle erwünschten gesundheitlichen Anpassungsvorgänge erreicht.

Wem der Breiten- und Gesundheitssport jedoch nicht genügt, der kann auch in höherem Alter leistungsmäßig Radsport betreiben – wenn er völlig gesund ist und mindestens ein Aufbautraining von 5 Jahren absolviert hat. Die Seniorenklasse I im Radsport beginnt mit 35 Jahren, also »im besten Mannesalter«. Von 45 bis 55 Jahren gehört man zur Seniorenklasse II, von 55 bis 65 Jahren zur Seniorenklasse III und darüber zur Seniorenklasse IV. Jedoch muß man die »Alten« fast noch mehr bremsen als die Jungen. In den Seniorenklassen wird nämlich fast zu ehrgeizig trainiert und gekämpft.

Man sollte sich überlegen, worin der Sinn von Seniorenrennen liegt. Senioren-Rennen gehen meistens über eine Distanz von 40 bis 80 km. Dabei ist wegen der relativ kurzen Wettkampfzeit die gefahrene Geschwindigkeit relativ hoch. Sie liegt meistens bei 40 km/h oder darüber. Fahrweise und Taktik sind etwas anders als bei Amateurrennen. So sind die Leistungsunterschiede oftmals so gering, daß es zur Massenankunft und am Ziel zum Sprint kommt. Ein Sprint in der Altersklasse ist aber nicht ganz ungefährlich und erfordert große Konzentration. Man sollte sich überlegen, ob man in diesem Alter das Risiko von Stürzen eingehen möchte.

Wer jedoch leistungsfähig genug ist, an Senioren-Radrennen teilzunehmen, wird unter Umständen viele Jahre große Freude daran finden. Er wird stabil und gesund bleiben bis ins hohe Alter. Ohne Disziplin und Askese – und zwar über das ganze Jahr hinweg – ist ein Erfolg in den Seniorenklassen jedoch nicht möglich.

Trotzdem soll an dieser Stelle betont werden, daß Leistungssport nicht das allgemeine Ziel des Radsporttrainings in höherem Alter sein sollte. Aber jeder kann sich glücklich schätzen, der in seinem Alter aus eigener Kraft längere Strecken mit geringer bis mittlerer Geschwindigkeit ohne große Ermüdung zurücklegen kann. Radsport im Alter vermittelt das Gefühl, den Alterungsvorgängen nicht hilflos ausgeliefert zu sein. So ist Radfahren eine echte Bereicherung des Lebens und dient der Erhöhung der Lebensqualität. Außerdem ist Radsport wirklich eine Sportart, die man das ganze Leben betreiben kann.

Radsport ist auch in hohem Alter möglich – wie der Gewinner des Senioren-Welt-Cups in St. Johann (Österreich) in der Altersklasse der über 70jährigen beweist!

Möbel Märkl
radar

Regeneration

Das Grundprinzip der Leistungssteigerung ist der Zyklus der Superkompensation: Der regelmäßige Wechsel zwischen Belastung, Ermüdung, Wiederherstellung (Regeneration) und Überkompensation. Durch Ausdauertraining erreicht man nicht nur direkte Adaptationen, sondern auch eine Verbesserung der Regenerationsfähigkeit. Durch Unterstützung der Erholungsprozesse kann man die Leistung ganz entscheidend fördern.

Bedeutung der Regeneration

Trainingsbelastungen rufen im Organismus Veränderungen hervor, die subjektiv als Ermüdung empfunden werden und eine vorübergehende Leistungsminderung verursachen. Dabei unterscheidet man zwischen geringer, optimaler und starker Ermüdung sowie einer Grenzbelastung mit extremer Ermüdung bis Erschöpfung, die eine viel längere Regenerationszeit benötigt als die geringeren Grade der Ermüdung. Durch Trainingsbelastungen – aber auch Wettkampfbelastungen – werden zwei Prozesse in Gang gesetzt, die teilweise schon während der Belastung ablaufen:

- Erholungsprozesse, die zur Wiederherstellung der vollen Funktionsfähigkeit führen.
- Anpassungsprozesse, die eine funktionelle Leistungssteigerung und qualitative Verbesserung der belasteten Funktionssysteme zur Folge haben.

Schon lange bemüht man sich, Methoden zur Beschleunigung der Regeneration zu entwickeln. Durch eine schnelle Wiederherstellung könnte die Belastungsverträglichkeit des Radsportlers verbessert werden, so daß häufiger trainingswirksame Reize gesetzt werden können. Prinzipiell sollte eine neue belastende Trainingseinheit erst nach Wiederherstellung der wichtigsten Funktionssysteme erfolgen. Treffen die gleichen Reize immer wieder auf einen

Gesicht eines erschöpften Radrennfahrers (Francesco Moser): Tiefe Stirn- und Mundfalten, eingefallene Wangen, dunkle Schatten um die Augen.

noch nicht erholten Organismus, werden Anpassungsprozesse gestört oder können sich nicht entwickeln. Schließlich kommt es zur dauernden Übermüdung, die Wirkung von Trainingsreizen wird vollständig aufgehoben – und die Leistungsfähigkeit nimmt ab.

Mit zunehmendem Trainingszustand und häufigeren Trainingsreizen bestimmt dann nicht mehr die Belastung selbst, sondern die Geschwindigkeit der Erholungsprozesse den möglichen weiteren Leistungszuwachs. Daher ist es wichtig, alle Maßnahmen der Regeneration zu kennen und sie alle gleichzeitig anzuwenden.

Physiologische Vorgänge

Man sollte wissen, daß der Zeitbedarf für die Wiederherstellung einzelner ermüdeter Funktionssysteme recht unterschiedlich ist. Man unterscheidet eine schnelle und langsame Phase der Regeneration.

Schnelle Phase der Regeneration

In den ersten 4 bis 6 Stunden nach der Belastung werden Milchsäure und andere Stoffwechselprodukte abgebaut, die erhöhte Körpertemperatur wird normalisiert. Der Mineralstoff- und Flüssigkeitshaushalt wird ausgeglichen. Die mehr oder minder stark entleerten Glykogenspeicher werden zum größten Teil wieder aufgefüllt. Der Prozeß des Eiweißaufbaus in den Muskelfasern beginnt allerdings erst anzulaufen.

<u>Unterstützende Maßnahmen:</u> Einsatz aller Maßnahmen zur aktiven und passiven Erholung. Angebot von Flüssigkeit, Mineralstoffen (besonders von Kalium und Magnesium) und kohlenhydratreicher Ernährung.

Langsame Phase der Regeneration

Diese Phase rechnet man nach der 6. Stunde bis zu den folgenden 2 bis 3 Tagen. In dieser Zeit werden die Glykogenspeicher vollständig aufgefüllt. Es beginnt die langsame Eiweißregeneration der stoffwechselaktiven Zellorganellen (Mitochondrien), die über 7 Tage zur vollständigen Regeneration benötigen! Auch das vegetative Nervensystem, besonders das von Jugendlichen (!), braucht nach intensiven Belastungen meistens mehr als 3 bis 4 Tage bis zur vollständigen Regeneration.

<u>Unterstützende Maßnahmen:</u> Weiter kohlenhydratreiche Ernährung, erhöhtes Eiweißangebot in der Nahrung. Außerdem alle Methoden der Entspannung.

Regeneratives Training

Das gesamte Netz regenerativer Maßnahmen umfaßt folgende Hauptpunkte:

- ○ Richtiger Trainingsaufbau
- ○ Richtige Ernährung
- ○ Physikalische Maßnahmen
- ○ Entspannung

Schon während der Belastung, im Ausklang der Trainingseinheit, beginnen Erholungsprozesse. Die Gestaltung der Trainingseinheit muß das berücksichtigen. Im Verlaufe eines Mikrozyklus ist es aber nicht notwendig, immer die vollständige Wiederherstellung vor Beginn einer neuen Trainingseinheit abzuwarten. Durch einen Wechsel der Trainingsaufgabe kann auch durch Belastungen niedrigerer Intensität – z. B. regenerative Trainingseinheit – durch aktive Erholung der Regenerationsprozeß beschleunigt werden. Innerhalb eines Mesozyklus sollen regelmäßig Wiederherstellungszyklen eingeplant werden. Ganz besondes wichtig ist ein ausreichender Nachtschlaf, eine vollwertige, bedarfsangepaßte Ernährung, eine gesundheitsfördernde sportgerechte Lebensweise und die regelmäßige Anwendung physikalischer Maßnahmen (Massagen, Selbstmassagen, Regenerationsbäder mit Badezusätzen, tägliche Wechselduschen, Einreibungen, Sauna-Besuche und Höhensonne). Autogenes Training und Yoga-Übungen können die Fähigkeit zur Entspannung verbessern.

Trainingsaufbau und Regeneration müssen aufeinander abgestimmt sein. Zusätzlich sollte der Radsportler ein Gefühl für den Grad der Belastungen, der Ermüdung oder Erschöpfung bekommen, um ganz bewußt den Vorgang der Regeneration zu erleben. Nur wenn man ein Gespür für den Erholungsprozeß bekommt, kann

Verschiedene Grade der Ermüdung nach unterschiedlich großen Belastungen
(nach H. Harre)

	Geringe Ermüdung (geringe Belastung)	*Starke Ermüdung (optimale Belastung)*	*Sehr starke Ermüdung (Grenzbelastung)*	*Symptome nach Grenzbelastungen*
Hautfärbung	leichte Rötung	starke Rötung	sehr starke Rötung oder auffallende Blässe	anhaltende Blässe über mehrere Tage
Schweißabsonderung	je nach Temperatur leicht bis mittel	starke Absonderung	sehr stark	Nachtschweiß
Bewegungsausführung	sicheres Beherrschen	beginnende Häufung von Fehlern	starke Störung der Koordination, kraftlose Bewegungsausführung	Bewegungsstörungen und Kraftlosigkeit beim folgenden Training
Konzentration	normal	Unaufmerksamkeit bei Erklärungen, verringerte Aufnahmefähigkeit beim Erarbeiten technischer und taktischer Fertigkeiten	erheblich verringerte Konzentration, Nervosität, Zerfahrenheit	Unaufmerksamkeit, Unfähigkeit für Bewegungskorrekturen, Unfähigkeit, sich auf geistige Arbeit zu konzentrieren
Allgemeines Befinden	keine Beschwerden	Schwäche in den Muskeln, Atmungsschwierigkeiten, Kraftlosigkeit, verringerte Leistungsfähigkeit	bleischwere Muskeln, Muskel- und Gelenkschmerz, Schwindelgefühl, Übelkeit, »Brennen« in der Brust	Störung beim Einschlafen, unruhiger Nachtschlaf, anhaltende Muskel- und Gelenkschmerzen, Kraftlosigkeit
Leistungsbereitschaft	ungebrochen	verringerte Aktivität, Wunsch nach längeren Pausen	Wunsch nach absoluter Ruhe und Einstellen des Trainings	Unlust für Wiederaufnahme des Trainings am nächsten Tag. Gleichgültigkeit, Widerstand gegenüber Forderungen des Trainers
Stimmung	gehobene, freudige, lebhafte Stimmung	etwas gedämpfte, aber freudige Stimmung	Trotz- und Sperreaktionen: Aggressivität	niedergedrückt, anhaltende Zweifel über den Wert des Trainings, Suche nach Gründen, dem Training fernzubleiben.

Regeneration

Aktive und passive Methoden der Regeneration

Trainingsaufbau	*Ernährung*	*Physikalische Maßnahmen*	*Entspannung*
Ausdauer Kraft Schnelligkeit Koordination (Technik) Flexibilität (Gelenkigkeit)	Kohlenhydrate Eiweiß Fett Vitamine Mineralstoffe und Spurenelemente Flüssigkeit	Massagen Bäder Sauna Klima(wechsel) Höhe UV-Licht	Schlaf Autogenes Training, Yoga Milieuwechsel sportfreundliche Umgebung (Familie, Beruf) sportgerechte Lebensweise

man erfühlen, wann man sich wieder intensiv belasten darf. Von ganz besonderer Bedeutung ist dabei eine gute Grundlagenausdauer, da sie die Belastungsverträglichkeit und die Regenerationsfähigkeit insgesamt verbessert.

Geheimrezept: Ruhetag

Mehrere starke Grenz-Belastungen hintereinander treffen auf einen noch ermüdeten Organismus, dessen Erholungsprozesse noch nicht abgeschlossen sind. Dadurch werden diese gestört – und die Leistung sinkt weiter ab. Diesen Fehler machen oft Anfänger, die wegen der noch fehlenden Grundlagenausdauer eine zu geringe Belastbarkeit haben. Dadurch erleiden sie immer wieder Leistungseinbrüche. Der Trainingsprozeß wird unregelmäßig, planlos – und oft auch zur Plage. Es gibt nun zwei Möglichkeiten: Entweder die Intensität der Trainingsbelastungen vermindern, also im regenerativen Bereich zu trainieren, oder nach zwei oder drei solcher Grenz-Belastungen einen oder zwei Ruhetage einzuschalten. Dadurch können die Erholungsprozesse ungestört bis zum Ende ablaufen, so daß sich dann die Phase der Superkompensation einstellt. Berufsradrennfahrer und fortgeschrittene Radsportler setzen diese »Aufstockung der Ermüdung« absichtlich als Trainingsmittel ein, um über den Umweg einer stärkeren Ausschöpfung der Leistungsreserven anschließend durch Einschaltung eines Ruhetages einen höheren Leistungsstand zu erreichen. Das können sich aber nur Radsportler erlauben, die über einen guten Trainingszustand mit hoher Belastungsverträglichkeit verfügen. Auf diese Weise ist manchmal sogar ein sprunghafter Leistungszuwachs (»verspätete Transformation«) möglich. Die Summe stärkerer Belastungen mit stärkerer Ermüdung und Leistungsabfall gibt indirekt dazu den Anstoß – aufgebaut wird die Leistungsfähigkeit aber durch einen Ruhetag. So gesehen ist ein Ruhetag sowohl für den leistungsbetonten Breitensportler mit hoher Trainingshäufigkeit wie für den Leistungs- und Hochleistungssportler manchmal recht nützlich, besonders wenn man sich innerlich »leer« fühlt, und eine gewisse Trainingsunlust aufkommt.

Das Phänomen des Ruhetages: Nach Trainingsbelastungen mit zunehmender Ermüdung (Aufstockung der Ermüdung) vermag ein Ruhetag die Regeneration bis zur Superkompensation zu bringen - eine Trainingsvariante bei Hochleistungs-Radsportlern (nach H. Harre).

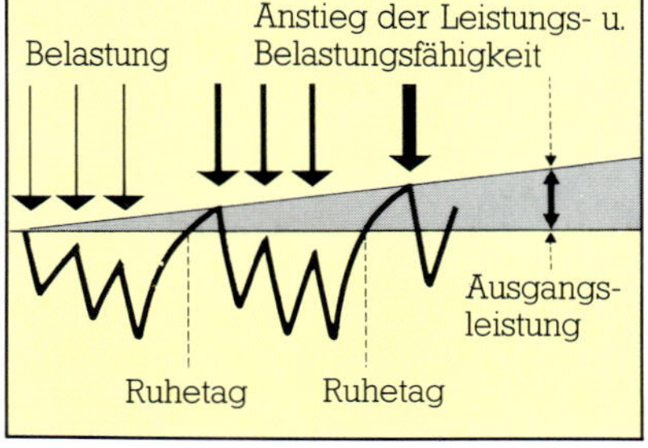

Körperpflege, Abhärtung und sportgerechte Lebensweise

Radsportler gehören zu den gepflegtesten Sportlern überhaupt. Es ist selbstverständlich, daß man sich nach jedem Training vollständig duscht. Danach sollte man seine Haut leicht einölen, z. B. mit Baby-Öl. Besonders wichtig ist die Pflege der Sitzfläche, um Entzündungen, Haarbalgeiterungen und Abszessen vorzubeugen. Daher sollte man die Sitzfläche nach jedem Training gründlich waschen.

Das Sitzleder der Rennhose sollte stets sauber und weich sein. Vor jedem Training werden Sitzfläche und Sitzleder der Radsporthose mit Sitzcreme (spezielle Sitzcreme oder Kamill-Glyzerin-Creme) bestrichen. Sollte das Sitzleder durch Waschen und Trocknen hart geworden sein, feuchtet man es vor dem Eincremen etwas mit Wasser an, bis es wieder weich ist.
Wichtig ist auch die Pflege und Massage der Beine. Viele Radsportler, auf jeden Fall aber fast alle Radrennfahrer, rasieren sich die Beine, weil man sie so besser massieren kann. Außerdem sehen sie dann ästhetischer aus. Auch eine Selbstmassage der Beine erfüllt ihren Zweck. Dazu werden sie leicht mit Öl eingerieben. Die Verwendung von Ölen und Salben mit durchblutungssteigernden Substanzen sollte man nicht übertreiben, da zwar die Hautgefäße erweitert werden, aber nicht die der darunterliegenden Muskulatur. Es ist sogar das Gegenteil möglich, nämlich daß infolge vermehrter Hautdurchblutung der Muskulatur Blut entzogen wird. Bei Kälte genügt es, die Haut dick mit einem neutralen Öl einzureiben. Bei Hitze wirkt die Verwendung eines pfefferminz- oder mentholhaltigen Öles erfrischend.

Da besonders der Radsportler Wind und Wetter ausgesetzt ist, sollte er jede Gelegenheit benutzen, seinen Körper abzuhärten. Er muß Wind und Regen, Kälte und Hitze ertragen können. Dazu sollte er auch im Winter im Freien trainieren und nicht nur auf dem Home-Trainer. Auch kaltes Wasser fördert die Abhärtung, z. B. in Form der morgendlichen Dusche. Danach hat es sich bewährt, den ganzen Körper mit einer rauhen Wurzelbürste von der Peripherie in Richtung Herz zu bürsten, bis die ganze Haut gerötet ist. So stärkt man die Abwehrkraft des Körpers gegen Infekte. Prinzipiell sollte man seinen Körper mindestens genauso sorgfältig pflegen wie seine Rennmaschine.
Wer seine Leistungsziele im Radsport höher ansetzt, kommt nicht um die Erfahrungen von Weltklasse-Straßenradrennfahrern herum, die ihre großen Leistungen nicht nur durch regelmäßiges, zielstrebiges Training über lange Jahre hinweg aufgebaut haben, sondern auch durch strenge Einhaltung einer sportgerechten Lebensweise. Wer raucht, Alkohol trinkt und zu wenig schläft, kann trotz großer Trainingsleistungen und Leistungskost niemals langfristig große Erfolge erreichen. Zu einer sportgerechten Lebensweise gehören neben ausreichendem Schlaf feste Lebensgewohnheiten mit regelmäßigem Tagesablauf, einer richtigen Ernährung und der Vermeidung aller leistungsmindernden Faktoren. Immer sind alle Maßnahmen der Regeneration (siehe S. 137) gleichzeitig anzuwenden, damit die Trainingsreize immer auf optimale Voraussetzungen im Organismus treffen.

Erfahrene Radsportathleten, die lange Jahre in vielen Rennen dominiert haben (von rechts: Freddy Maertens, Walter Godefrot, Jan Raas).

Ernährung

Die wissenschaftliche Forschung hat in den letzten Jahren eine Reihe neuer Erkenntnisse über den Einfluß der Ernährung auf die körperliche Leistungsfähigkeit gebracht. Die Nahrungsstoffe haben im Organismus folgende drei Aufgaben:

- Aufbau und Erhaltung von Zellen und Geweben
- Stoffwechselregulation und Aufbau von Enzymen
- Energielieferung.

Während für die Energielieferung Kohlenhydrate und Fette verantwortlich sind, dient Eiweiß vorwiegend dem Zell- und Gewebsaufbau. Vitamine, Mineralstoffe und Spurenelemente ermöglichen eine optimale Stoffwechselregulation. Flüssigkeit wird für alle Stoffe und alle Stoffwechselregulationen benötigt.

Die Ernährungsbilanzen

Eine leistungsfördernde Kost muß dem tatsächlichen Bedarf angepaßt und gleichzeitig so vollständig sein, daß alle Ernährungsbilanzen ausgeglichen sind:

- die Energiebilanz
- die Nährstoffbilanz
- die Vitaminbilanz
- die Bilanz der Mineralstoffe und Spurenelemente
- die Flüssigkeitsbilanz

Da es in der gesamten Natur kein einzelnes Nahrungsmittel gibt, das alle wichtigen Stoffe in der richtigen Zusammensetzung enthält, muß die Nahrung schon deswegen aus verschiedenen Nahrungsmitteln zusammengesetzt sein, die sich gegenseitig ergänzen. Der leistungsbewußte Radsportler muß möglichst hochwertige Nahrungsmittel verwenden, da es heute sehr viele industriell verarbeitete Nahrungsmittel gibt, deren Nährstoffgehalt künstlich oft so verändert ist, daß die notwendige Nährstoffdichte und das natürliche Verhältnis der Nährstoffe zueinander verlorengegangen ist. Diese Nahrungsmittel der modernen Zivilisationskost bezeichnet man als »leere Kalorienträger«. Der erste Schritt für eine gesunde Leistungskost besteht daher darin, solche minderwertigen Nahrungsmittel möglichst zu meiden (siehe Tabelle). Der zweite Schritt besteht darin, möglichst viele vollwertige Nahrungsmittel mit dem richtigen Nährstoffgehalt, möglichst genau dem tatsächlichen Bedarf angepaßt, auszuwählen.

Getreidekörner, Weizenkeime, Trockenfrüchte, Obst und Milch – die wichtigsten Grundnahrungsmittel für den Radsportler.

»Leere Kalorienträger« – minderwertige Nahrungsmittel für den Radsportler

Zucker, zuckerhaltige Speisen und Getränke
– Monosaccharide (Traubenzucker) – Disaccharide (Rübenzucker, Rohrzucker) – Süßwaren (Bonbons, Pralinen, Schokolade, Nougatcreme, Marmelade, Torte) – Zuckerhaltige Getränke (Limonaden, Coca-Cola)
Produkte aus stark ausgemahlenen Mehlen (Weißmehlprodukte) – Weißbrot, Brötchen, Toast, Kuchen, Kekse u. a.
Polierter Reis
Fett, stark fetthaltige und mit viel Fett zubereitete Speisen – Panierte Speisen (Schnitzel u. a.) – Rohrnudeln – Pfannkuchen – Wurst, fetter Schinken – Eigelb (Fett, Cholesterin!) u. a.
Alkohol

Durchschnittlicher Energiebedarf pro Kilogramm Körpergewicht und Tag

Kategorie	*kcal*	*kJ*
Breiten- und Gesundheitssport	40–50	170–210
Leistungssport	60–70	250–290
Hochleistungssport	70–80	290–340

Energieverbrauch im Training pro Stunde: Abhängigkeit von Leistungskategorie und Trainingsintensität

Kategorie	*Max. Sauerstoffaufnahme*) (l/min)*	*Intensitätsstufen des Trainings*			
		I	*II*	*III*	*IV*
Breiten- und Gesundheitssport	2–4	240–480	360–720	420–840	X**)
Leistungssport	4–5	480–600	720–900	840–1050	960–1200
Hochleistungssport	5–6	600–720	900–1080	1050–1260	1200–1440

*) Geschätzte Durchschnittswerte
**) Intensitätsstufe IV und mehr sind im Breiten- und Gesundheitssport nicht angebracht

Energiebilanz

Die sportliche Leistungsfähigkeit wird sowohl durch Über- wie durch Unterernährung vermindert. Der Energieverbrauch eines Radsportlers ist um so höher, je länger und vor allem je intensiver er trainiert. Dabei steht die verbrauchte Energie in einem bestimmten Verhältnis zur verbrauchten Sauerstoffmenge. Denn pro Liter Sauerstoff werden durchschnittlich 5 kcal (21 kJ) an Energie gewonnen. Da die Intensität der maßgebende Faktor für den Energieverbrauch ist, verbraucht der Breiten- und Gesundheitssportler im Training pro Stunde etwa 500 (2100) bis 800 kcal (3300 kJ) – mehr nicht. Der Leistungs- und Hochleistungssportler dagegen verbraucht bei intensivem Training oder im Wettkampf pro Stunde 1200 (5000) bis 1500 kcal (6300 kJ). Das bedeutet für ein Radrennen von 4 bis 6 Stunden einen Energieverbrauch von 5000 (21 000 kJ) bis 7500 kcal (31 500 kJ) – also viel mehr als man im Breiten- und Gesundheitssport verbrauchen kann. Der durchschnittliche tägliche Energiebedarf liegt für Breiten- und Gesundheitssportler im Bereich zwischen 2500 bis 3500 kcal (10 500 bis 14 700 kJ) und für Leistungs- und Hochleistungssportler meist über 5000 kcal (21 000 kJ). Die ausgeglichene Energiebilanz kann man am besten durch regelmäßige Kontrolle des Körpergewichtes erkennen. Die Energiebilanz ist ausgeglichen, wenn das Körpergewicht langfristig konstant bleibt. Das beste Gewicht, mit dem man die besten Leistungen erreicht, ist das »Wettkampfgewicht«, das der Leistungs- und Hochleistungssportler meist aber nur kurzfristig halten kann.

Nährstoffbilanz

Die übliche Zivilisationskost ist keine gute Grundlage für eine leistungsfördernde, gesunde Ernährung des Radsportlers. Der Anteil an Kohlenhydraten ist mit 35 % der zugeführten Kalorien viel zu niedrig. Er muß auf mindestens 50 bis 60 % der Kalorien angehoben werden – außerdem müssen die »leeren« Kohlenhydrate durch vollwertige ersetzt werden, da es sonst zu Vitamin- und Mineralstoffmangel kommt. Der Eiweißanteil ist mit 12 kcal% fast ausreichend. Er sollte aber auf etwa 15 kcal% erhöht werden, wobei man sich unbedingt biologisch hochwertige, möglichst fettarme Eiweißspender aussuchen sollte. Am stärksten hemmt der hohe Fettanteil der Zivilisationskost (40–45 kcal%!) die Leistungsentfaltung; denn fettreiche Nahrung vermindert eindeutig die Leistung. In der Sporternährung muß daher der Fettanteil drastisch, möglichst auf 30 kcal% oder darunter, gesenkt werden. Schließlich stammen bei der üblichen Zivilisationskost durchschnittlich 10 % der Kalorien aus Alkohol. In der Sporternährung hat Alkohol eigentlich überhaupt keinen Platz, da er die Regenerationsfähigkeit des Athleten blokkiert. Ab 30 g reinen Alkohol pro Tag kann man ein Absinken der Keimdrüsenhormone im Blut feststellen. Hier sollte daher die obere Grenze des Alkoholgenusses überhaupt liegen, wobei 30 g Alkohol etwa in 1 l Bier oder in 0,375 l Wein enthalten sind.

Kohlenhydrate

Die wichtigsten Energielieferanten für intensive Ausdauerbelastungen sind die Kohlenhydrate, aus denen auch der Körper seine Kohlenhydratdepots – Muskel- und Leberglykogen – aufbaut. Die Bedeutung der Kohlenhydrate liegt vor allem darin, daß sie wichtige Träger und Lieferanten von Vitaminen (B-Komplex), Mineralstoffen, Spurenelementen und Ballaststoffen sind. Für den Sportler, dessen maximales Ausdauertempo durch die maximale Sauerstoffaufnahmefähigkeit limitiert ist, ist jedoch die Tatsache wichtig, daß von den 24 Atomen eines Kohlenhydrat-Moleküls sechs Atome – also 25 %! – aus Sauerstoff bestehen. Daher gewinnen Kohlenhydrate und die Kohlenhydratspeicher des Organismus mit zunehmender Intensität der Belastung zunehmend an Bedeutung, also besonders für den Leistungs- und Hochleistungssportler.

Hochwertige kohlenhydratreiche Nahrungsmittel

Getreidevollkorn und Vollkornprodukte: Vollkornbrot, Vollkornkekse (Haferkekse!), Vollkornteigwaren, Frühstücksflocken (Haferflocken, Weizenflocken, Hirseflocken, Corn Flakes)
Naturreis oder Parboiled-Reis
Kartoffeln
Obst, Obstsäfte, Trockenobst
Hülsenfrüchte (Erbsen, Bohnen, Linsen)
Zur Aufwertung minderwertiger Kohlenhydrate: Weizenkeime Hefeflocken, Bierhefe

Ernährung

Hochwertige Fette und Öle

Fischöle in Makrelen, Lachs und Hering
Distelöl, Sonnenblumenöl, Maiskeimöl, Sojaöl, Leinöl
Butter

Fette

Im Bereich der Fette und des Fettstoffwechsels müssen zwei Aspekte beachtet werden:

- Die Nahrung des Sportlers sollte möglichst fettarm sein, da fettreiche Nahrung die Leistung mindert. Daher sollte der Anteil der Nahrungsmittel mit sichtbaren und unsichtbaren Fetten möglichst gering gehalten werden. Man sollte nur wenig, dann aber hochwertige Fette und Öle verwenden, die die lebensnotwendigen Fettsäuren liefern (siehe Tabelle).
- Davon zu unterscheiden ist die Notwendigkeit, daß man in Ausdauersportarten den Fettstoffwechsel im Körper selbst gut trainieren muß; denn er ist das biochemische Qualitätsmerkmal einer guten Grundlagenausdauer. Nur wer den Fettstoffwechsel mit sauerstoffreichem Training – also mit geringer bis mittlerer Intensität und hohem Umfang – trainiert hat, kann diese hochwertige und fast unerschöpfliche Energiereserve benutzen – und so die wertvollen, in ihren Vorräten begrenzten Kohlenhydrate für intensive Leistungen als sauerstoffreiche Energieträger aufsparen.

Eiweiß

Eiweiß dient überwiegend als Baustoff, vor allem für Muskelfasern, Enzyme und Hormone. Nach intensiven Belastungen braucht der Radsportler etwa doppelt so viel Eiweiß als sonst, etwa 1,5 bis 2,5 g Eiweiß pro Kilogramm Körpergewicht. Dieses Eiweiß sollte biologisch hochwertig sein – und möglichst wenig Fett als unerwünschten Begleitstoff liefern. Man sollte daher in der Nahrung fettarme Eiweißspender (siehe Tabelle) und Nahrungsmittel, die sich in der biologischen Wertigkeit ihres Eiweißes gegenseitig aufwerten, bevorzugen.

Vitaminbilanz

Ausdauersportler haben einen besonders hohen Bedarf an Vitaminen des B-Komplexes (B_1, B_2, B_6, B_{12}) sowie an Vitamin C und E. Hier liegen auch die möglichen Schwachpunkte in der Vitaminversorgung des Sportlers. Daher sollte er die Nahrungsmittel kennen, in denen diese Vitamine besonders reichlich vorkommen.

Hochwertige eiweißreiche und gleichzeitig fettarme Nahrungsmittel

Fettarme Milch und fettarme Milchprodukte: Magermilch, Joghurt, Käse, Quark, Hüttenkäse
Magerer Fisch: Kabeljau, Flunder, Scholle, Seezunge, Forelle, Makrele, Lachs, Hering
Mageres Fleisch: Geflügel, Rind, Kalb, Hase, Reh, anderes Wild
Eiweiß (Eiklar) des Volleies (Eigelb fettreich!)
Hülsenfrüchte: Erbsen, Bohnen, Sojabohnen, Linsen

Merke:
Die Ergänzungsaufwertung der Eiweißbausteine reicht über vier bis sechs Stunden, so daß man diese günstigen Eiweißkombinationen nicht gleichzeitig zu sich nehmen muß, sondern über diesen Zeitraum verteilen kann.

Günstige Nahrungsmittelkombinationen mit Ergänzungswert für Eiweiß

Getreide oder Getreideprodukte mit Milch oder mit Hülsenfrüchten oder mit Eiern
Kartoffeln mit Ei oder mit Milch oder Milchprodukten

Nahrungsmittel mit hohem Gehalt an Vitamin B_1 und B_2

Weizenkeime, Haferflocken, Bierhefe
Getreidevollkorn und Vollkornprodukte
Getreideflocken
Naturreis oder Parboiled-Reis
Fleisch, Herz, Leber
Eigelb

Nahrungsmittel mit hohem Gehalt an Vitamin C

Acerola-Kirschen, Hagebutten
Orangen, Mandarinen, Grapefruit, Zitronen, Kiwi
Beeren (schwarze Johannisbeeren, Sanddornbeeren, Erdbeeren u. a.) Obst und Obstsäfte (Zitrussäfte, Sanddornsaft, schwarzer Johannisbeersaft, Traubensaft, Apfelsaft u. a.)
Gemüse (Brokkoli, Grünkohl u. a.)
Blatt-Salate
Kartoffeln
Petersilie
Meerrettich
Paprika

Nahrungsmittel mit hohem Gehalt an Vitamin E

Keimöle (Weizenkeimöl, Maiskeimöl, Sojaöl u. a.)
Keime (Weizenkeime, Sojakeime u. a.)
Sojabohnen, Erbsen
Nüsse
Getreidevollkorn und Vollkornprodukte
Getreideflocken
Naturreis oder Parboiled-Reis

Während eines Radrennens in der Hitze ist Trinken noch wichtiger als Essen.

Reynolds
KRUPS

Ernährung

Bilanz der Mineralstoffe und Spurenelemente

Der Bedarf wird zum größten Teil durch die Verluste im Schweiß bestimmt. Er kann bei Sportlern bis auf das Zwei- bis Dreifache des normalen Bedarfes ansteigen. Die Verluste an Kochsalz werden aber durch die normale Zivilisationskost gedeckt, während es meist schwieriger ist, die auftretenden Verluste an Kalium, Magnesium und Eisen durch die normale Kost zuzuführen. Kalium wird außerdem zusammen mit den Kohlenhydraten (Glykogen) in den Muskelzellen gespeichert und muß daher gleichzeitig mit aufgenommen werden. Ein weiteres wichtiges Spurenelement für den oxidativen Stoffwechsel des Sportlers scheint das Selen zu sein.

Nahrungsmittel mit hohem Gehalt an Kalium

Fleischextrakt, Tomatenmark, Kakaopulver
Trockenfrüchte (Aprikosen, Feigen, Rosinen, Pflaumen u. a.)
Kartoffeln
Obst (Bananen, Aprikosen, Avocado u. a.)
Gemüse (Tomaten, Fenchel, Spinat u. a.)
Hülsenfrüchte (weiße Bohnen, Erbsen, Linsen)
Bierhefe
Nüsse (Pistazien, Mandeln, Haselnüsse u. a.)

Nahrungsmittel mit hohem Gehalt an Magnesium

Kakaopulver, Fleischextrakt, Bierhefe
Nüsse (Erdnuß, Erdußbutter, Haselnuß, Cashewnuß, Mandeln, Marzipan u. a.)
Hülsenfrüchte (Sojabohnen, Erbsen u. a.)
Naturreis und Parboiled-Reis
Getreidevollkorn und Vollkornprodukte
Getreideflocken (Haferflocken, Corn Flakes u. a.)
Weizenkeime
Fisch (Seezunge, Makrele, Forelle u. a.)
Fleisch (Rind, Kalb u. a.)
Käse (Edamer, Gouda)

Nahrungsmittel mit hohem Gehalt an Eisen

Leber
Hülsenfrüchte (Sojabohnen, Linsen, weiße Bohnen)
Nüsse (Pistazien, Sonnenblumenkerne, Mandeln, Haselnuß)
Hirse, Weizenkeime, Haferflocken
Bierhefe
Kakaopulver
Petersilie, Spinat, Kresse
Trockenfrüchte (Aprikosen, Feigen)
Getreidevollkorn und Vollkornprodukte
Fleisch (Rind, Kalb u. a.)

Nahrungsmittel mit hohem Gehalt an Selen

Sesamsamen, Weizenkeime
Weizenvollkorn, Hafer
Steinpilze, Champignons
Melasse
Eier
Fisch, Fischöl
Leber
Datteln
Spargel

Flüssigkeitsbilanz

Der Radsportler sollte unbedingt wissen, daß Flüssigkeitsverluste immer gleichzeitig zusammen mit Verlusten an Mineralstoffen und Spurenelementen auftreten. Daher sollte man auch Flüssigkeitsverluste immer gleichzeitig zusammen mit Mineralstoffen ersetzen. Schon Flüssigkeitsverluste

Nach dem Wettkampf sollte man den Flüssigkeitshaushalt langsam ausgleichen.

von 2 % des Körpergewichtes – bei 70 kg sind das 1,4 l – mindern die Ausdauerleistungsfähigkeit und ein Flüssigkeitsverlust von 4 % des Körpergewichtes – bei 70 kg sind das 2,8 l – setzen zusätzlich auch die Kraftleistungsfähigkeit herab. Häufig wird der Fehler gemacht, die verlorene Flüssigkeit mit weitgehend mineralstofffreien Lösungen zu ersetzen – z. B. mit Limonaden, Coca Cola, Tee, u. a.; dadurch kann es allmählich zu einem Mineralstoffmangelsyndrom mit Müdigkeit, Leistungsunlust und Muskelkrämpfen kommen. Auch die sog. »Mineralwasser« enthalten viel zu wenig Mineralstoffe, meist nur in Spuren, so daß sie für den Ausgleich des Verlustes von Mineralstoffen im Schweiß nicht ausreichen. Obst und Obstsäfte dagegen liefern neben der Flüssigkeit auch reichlich Kalium und Magnesium. Ein sehr gutes, in Radsportkreisen sehr bewährtes Getränk ist z. B. die Mischung von Apfelsaft mit Mineralwasser im Verhältnis 1:1 (»Apfelsaftschorle«). Ein möglicher Ausweg ist auch die Verwendung von Trockenfrüchten, die sehr viel Mineralstoffe und Spurenelemente enthalten (Aprikosen, Feigen, Rosinen u. a.). Sehr gute Dienste leisten für den Ersatz verlorener Flüssigkeit die von der Industrie entwickelten Mineralstoffgetränke.

Ernährungsphasen

Um die Ernährung besser in den Trainingsprozeß integrieren zu können, unterscheidet man folgende Ernährungsphasen:
- Trainingsaufbauphase
- Vorwettkampfphase
- Wettkampfphase
- Nachwettkampfphase.

Dabei müssen jeweils verschiedene Schwerpunkte gesetzt werden, um die Ernährung vollwertig und bedarfsangepaßt zu gestalten.

Trainingsaufbauphase

Wer in der Vorbereitungsphase Grundlagenausdauer trainiert und dabei biochemisch den Fettstoffwechsel in Schwung bringen möchte, wird den Trainingseffekt steigern, wenn er sich in dieser Zeit knapp ernährt. Je knapper man sich aber ernährt, desto vollwertiger und qualitativ hochwertiger müssen die einzelnen Nahrungsmittel sein, damit keine Mangelzustände auftreten. Auch sollte man in dieser Phase seinen Körper dazu bringen, auf seine Fettreserven zurückzugreifen und Gewicht abzunehmen. Denn allein durch Gewichtsabnahme erhöht sich die maximale Sauerstoffaufnahmefähigkeit pro Kilogramm Körpergewicht. Vermeiden sollte man in dieser Zeit vor allem Süßigkeiten sowie Nahrungsmittel und Getränke mit hohem Zuckergehalt und Alkohol. In der nachfolgenden zweiten Etappe der Vorbereitungsphase und auch in der Wettkampfphase sollte man sich die Nahrung aus folgenden Nahrungsmittelgruppen zusammenstellen:
- Kohlenhydratreiche Nahrungsmittel, die vorwiegend aus Polysacchariden (Stärke) bestehen und gleichzeitig die zu ihrer Verarbeitung im Körper notwendigen Vitamine, Mineralstoffe und Spurenelemente enthalten (siehe Tabelle).
- Eiweißreiche Nahrungsmittel, biologisch hochwertig und fettarm (siehe Tabelle).
- Hochwertige Fette in möglichst geringer Menge, mit hohem Anteil an mehrfach ungesättigten Fettsäuren (siehe Tabelle).
- Gemüse, Obst, Trockenobst und Obstsäfte, die reichlich Vitamine, Mineralstoffe und Spurenelemente enthalten.

Merke: Prinzipiell nur ungeschwefelte Trockenfrüchte verwenden, da das zur Konservierung verwendete Schwefeldioxyd wichtige Enzyme blockiert, Vitamin B_1 zerstört und bei empfindlichen Personen Kopfschmerzen auslösen kann.

Abschließend die einfachsten Ernährungsrichtlinien für die Basisernährung zusammengefaßt:
- Immer auf fettarme Ernährung achten!
- Vor und nach intensiven Ausdauerbelastungen den Kohlenhydratanteil in der Nahrung erhöhen!
- Vor und nach kraftbetonten Trainingsabschnitten zusätzlich auch den Eiweißanteil erhöhen!
- Flüssigkeitsverluste möglichst weitgehend durch Obstsäfte, durch wasserreiche Früchte (Äpfel, Orangen usw.) oder durch Trockenfrüchte mit Flüssigkeit kombiniert ersetzen!

Übersicht über die qualitativ hochwertigsten Nahrungsmittel mit hoher Nährstoffdichte

Getreide: Vollkornprodukte (Brot, Teigwaren, Reis) Haferflocken, Hirseflocken
Früchte: Bananen Äpfel, Zitrusfrüchte Trockenfrüchte (Aprikosen, Feigen, Rosinen)
Nüsse und Samen: Haselnüsse, Sonnenblumenkerne, Pistazien, Mandeln Sesamsamen
Säfte: Apfelsaft, Zitrussäfte Traubensaft, Johannisbeersaft
Milch und Milchprodukte: Joghurt Milch, Käse, Quark
Fisch: Makrele, Hering, Lachs Seezunge, Forelle, Scholle u. a.
Zur Nahrungsaufwertung: Weizenkeime, Sojakeime Hefe, Hefeflocken, Bierhefe Kakaopulver Blütenpollen Fleischextrakt

Vorwettkampfphase

In den letzten 3 bis 4 Tagen vor einem Wettkampf sollen die ökonomischen, sauerstoffreichen Kohlenhydratreserven des Organismus – Muskel- und Leberglykogen – aufgebaut werden. Dazu macht man sich das Grundprinzip der Superkompensation zunutze: Zunächst setzt man 3 bis 4 Tage vor dem Wettkampf eine Belastung, die durch hohe Intensität und entsprechenden Umfang geeignet ist, die Glykogenreserven zu entleeren. Danach ernährt man sich reichlich mit vollwertigen Kohlenhydraten. Im Zuge der Regeneration der entleerten Glykogenspeicher baut sie dann der Körper stärker auf als ohne diese glykogenentleerende Belastung. Man sieht: Training und Ernährung greifen immer eng ineinander.

Wettkampfphase

Am Wettkampftag geht es darum, die aufgebaute Leistung ohne Störungen zu entfalten. Daher sollte man jetzt keine Fehler begehen, auch nicht in der Ernährung. Vor allem sollte man keine unerprobten und ungewohnten Ernährungsmethoden einsetzen. Man unterscheidet die Verpflegung vor dem Wettkampf und während des Wettkampfes (Renn-Verpflegung).

Verpflegung vor dem Wettkampf

Bei langen Rennen oder Tagesfahrten sollte man etwa 1½ bis 2 Stunden,

Verweildauer der Speisen im Magen

Verweildauer im Magen	*Speisen*
1–2 Stunden	Wasser, Kaffee, Tee, Kakao, Fleischbrühe, Bier, weiche Eier, gekochter Reis, Süßwasserfische
2–3 Stunden	gekochte Milch, Kaffee mit Sahne, Kakao mit Milch, Kartoffeln, Kartoffelbrei, zarte Gemüse, Obst, Weißbrot, rohe Eier, hartgekochte Eier, Rührei, Omelette, Seefisch, Kalb
3–4 Stunden	Schwarzbrot, Schrotbrot, Kartoffelgemüse, Bratkartoffeln, Kohlrabi, Möhren, Radieschen, Spinat, Gurkensalat, Äpfel, Kalbsbraten, Beefsteak (roh oder gekocht), Schinken, gekochte junge Hühner
4–5 Stunden	Hülsenfrüchte, grüne Schnittbohnen, gebratenes Geflügel und Wild, Rauchfleisch, Rindsfilet (gebraten), Salzheringe
6–7 Stunden	Speck, Heringssalat, Pilze
7–8 Stunden	Gänsebraten, Ölsardinen

bei kürzeren Rennen muß man schon 2 bis 3 Stunden vor dem Start die letzte Mahlzeit einnehmen. Da die Glykogenspeicher bereits in den Vortagen aufgefüllt wurden, kann diese letzte Mahlzeit völlig normal sein, z. B. ein gegrilltes mageres Steak (ca. 200 g) mit Kartoffeln oder Reis und etwas Salat. Manche Radsportler essen vor dem Start ihr gewohntes Müsli – andere bevorzugen ein Tartar (etwa 150 g). Jedoch sollte man sich nicht überladen, sondern nur soviel essen, daß noch etwas Hunger bestehen bleibt. Prinzipiell sollte man nur leicht verdauliche Nahrungsmittel auswählen, deren Verweildauer im Magen kurz ist.

Rennverpflegung

Grundsätzlich sollte jeder Straßenradsportler durch entsprechendes Training gewöhnt und auch fähig sein, den Wettkampf mit möglichst geringer Nahrungsaufnahme durchzustehen. Ein entsprechendes Grundlagenausdauer-Training, das ein optimales Training des Fettstoffwechsels bedeutet, sowie eine hochgradige Auffüllung der Kohlenhydratspeicher in der Vorwettkampfphase ermöglichen auch tatsächlich eine lange Ausdauerleistung ohne große Nahrungsaufnahme. Bei Straßenrennen oder Tagesfahrten, die über 80 bis 100 km hinausgehen, ist jedoch eine Nahrungszufuhr empfehlenswert. Man sollte damit 1 bis 2 Stunden nach dem Start beginnen. Als kohlenhydratreiche Rennverpflegung haben sich bewährt:
Bananen, Fruchtschnitten, Trockenobst, Reiskuchen, Müsli-Riegel, Vollkornkekse, Haferkekse, Apfelscheiben, Orangenstücke.
Besonders wichtig sind solche Nahrungsmittel für unterwegs bei Trainingsfahrten in der Kälte, bei Paßfahrten und bei den ersten langen Rennen der Saison. Zusätzlich sollte man in der Trinkflasche Nährstoffkonzentrate mitführen, die außer Mineralstoffen auch Kohlenhydrate enthalten. Diese Mischungen haben sich besonders bei heißer Witterung bewährt, da man dabei ohne weiteres 1,5 bis 2 l Schweiß pro Stunde verlieren kann. Flüssigkeitsmangel jedoch erhöht die Körpertemperatur, mindert die Leistung und fördert zusammen mit Mineralstoffmangel die Krampfbereitschaft der Muskulatur. Bei der Nahrungsaufnahme während der Belastung sollte man Disziplin halten und nicht zuviel Nahrung auf einmal zu sich nehmen, da die gebeugte Haltung auf dem Fahrrad keinen großen Mageninhalt zuläßt, ohne die Atmung und die Leistungsentfaltung zu behindern.

In den Trikottaschen dürfen auf Touren sinnvolle Nahrungsmittel nicht fehlen.

Nachwettkampfphase

Nicht immer wird es möglich sein, durch Rennverpflegung und Flüssigkeitsaufnahme den durch Belastung und Witterung entstandenen Bedarf vollständig auszugleichen. Nach schweren Radrennen bleibt trotz Flüssigkeitszufuhr manchmal ein Flüssigkeitsdefizit von 3 bis 4 l bestehen, was im Gewichtsverlust zu erkennen ist. Den auftretenden Durst sollte man nach der Belastung mit Disziplin nur langsam löschen und möglichst nicht mit kalten Getränken, da jetzt Magen und Darm besonders empfindlich sind. Die erste Mahlzeit nach dem Wettkampf – und auch nach den Trainingsbelastungen – sollte etwa 1½ bis 2 Stunden nach Belastungsende eingenommen werden. Sie sollte sehr kohlenhydratreich, eiweißreich und fettarm sein. Der Flüssigkeitshaushalt sollte erst im Lauf der nächsten Stunden allmählich ausgeglichen werden.

Nährstoffkonzentrate

Sie dienen dazu, Engpässe in der Ernährung des Sportlers auszugleichen. Sie sollen jedoch niemals die gesunde Basisernährung ersetzen, sondern sie allenfalls ergänzen. Am besten bewährt haben sich Mineralstoff-Kohlenhydrat-Gemische, Eiweißpräparate (meistens aus Milcheiweiß und/oder Sojaeiweiß) sowie Regenerations-Konzentrate, die Kohlenhydrate, Eiweiß, Mineralstoffe und Vitamine gleichzeitig enthalten. Der gezielte und sparsame Einsatz von Nährstoffkonzentraten sollte sich am tatsächlichen Bedarf orientieren, der durch eine entsprechende Trainings- oder Wettkampfbelastung entstanden ist.

Wettkampfplanung

Im Gegensatz zu anderen Ausdauersportarten haben Radrennfahrer schon immer eine viel größere Wettkampfhäufigkeit aufzuweisen. In manchen Ländern (z. B. in Belgien) werden pro Woche 2 bis 3 Radrennen gefahren! Es ist nicht so, daß eine hohe Wettkampfhäufigkeit die Form vermindert – im Gegenteil: Es ist häufig genug praktisch nachgewiesen, daß gerade eine Wettkampfserie, wie ein Etappenrennen, in der Lage ist, hochtrainierte Radrennfahrer für den Saisonhöhepunkt – Nationale Meisterschaften, Weltmeisterschaft – in Form zu bringen. Die Wettkampfhäufigkeit kann mit zunehmendem Trainingsalter zunehmen. Die Wettkampfplanung ist Bestandteil des langfristigen Jahres-Trainingsplanes (siehe S. 119).

Physische Wettkampfvorbereitung

Innerhalb eines Wettkampf-Mesozyklus (siehe S. 126) wird der Trainingsumfang rechtzeitig soweit reduziert, daß man trotz intensiveren Trainings in der Phase der Superkompensation an den Start geht. Nach dem langfristigen formaufbauenden Training (siehe S. 122) sollte die Grundlage für intensive Wettkampfbelastungen gelegt sein. Manche Radsportler verleihen ihrer Form in den letzten 1 bis 2 Wochen vor dem Wettkampf die erforderliche Tempohärte, indem sie Serien von Kurzzeitintervallen oder Sprints trainieren, um zusätzlich zur aeroben Kapazität, insbesondere den Gehalt der Muskulatur an energiereichen Phosphaten, verbessern. In den letzten 2 bis 3 Tagen vor dem Wettkampf wird meistens nur noch locker spazierengefahren.

Wettkämpfe erfordern vollen physischen und mentalen Einsatz.

Wettkampf

Mentale Wettkampfvorbereitung

Alle Trainingsbelastungen trainieren gleichzeitig auch die geistigen Eigenschaften des Radsportlers. Zusätzlich ist eine starke leistungsmotivierte, wettkampfbejahende Grundeinstellung, gesundes Selbstbewußtsein und Selbstvertrauen notwendig. Die geistige Einstellung auf das kommende Radrennen beeinflußt auch die körperliche Leistungsbereitschaft. Der Organismus wird insgesamt auf »Leistung« programmiert. Durch Vorstellen von zu erwartenden Wettkampfsituationen kann man sich auf das bevorstehende Rennen einstellen. Strategie und Taktik an markanten Abschnitten der Rennstrecke kann man sich immer wieder vor Augen führen, um sie dann am Wettkampftag leichter in die Tat umsetzen zu können. Das positive Denken und Methoden der Imagination sind wertvolle geistige Techniken für den Wettkampferfolg.

Verhalten am Wettkampftag

Die meisten Radrennen starten in den frühen Morgenstunden zwischen 7.00 und 8.00 Uhr. Daher beginnt der Wettkampftag eigentlich schon am Vortag, an dem man sich noch betont kohlenhydratreich ernährt und früh zu Bett geht. Man sollte mindestens 3 bis 4 Stunden vor dem Start aufstehen, weil der Organismus Zeit braucht, um leistungsbereit zu werden. Nach den üblichen Zeremonien der Morgentoilette, Morgengymnastik, des Trockenbürstens und der Körperpflege nimmt man sein gewohntes Müsli zu sich, um sich dann noch etwas warm zu fahren. Es ist üblich, etwa eine Stunde vor dem Start im Startbereich zu erscheinen, um sich die Rückennummer abzuholen und diese am Trikot zu befestigen. Außerdem sind noch andere Vorbereitungen (Massage, Einölen der Beine, Inspektion der Rennmaschine, Überprüfung des Proviants, Füllung der Trinkflasche u. a.) notwendig, die man mit Ruhe und ohne Zeitnot ausführen sollte. Das eigentliche Aufwärmprogramm mit Warmfahren beginnt man etwa 30 bis 40 Minuten vor dem Start. Erfahrungsgemäß besteht bei manchen Rennen, besonders in der C-Klasse und Seniorenklasse, etwas Nervosität und Hektik in den ersten Minuten nach dem Start. Diesen Symptomen sollte man mit Ruhe und Konzentration begegnen.

Strategie und Taktik

Aus Platzgründen ist es an dieser Stelle nicht möglich, ausführlich auf diese Thematik einzugehen. Jedoch sollen einige Grundsätze erwähnt werden.
Zunächst soll vor einem Radrennen das Streckenprofil studiert und danach die zu fahrende Übersetzung zusammengestellt werden. Man soll immer mit so kleinen Übersetzungen fahren wie dem Rennverlauf nach möglich, damit die Lockerheit des runden Trittes erhalten bleibt. Nur so kann man bei Tempowechsel mithalten.
Im Rennen sollte versucht werden, immer im vorderen Drittel des Fahrerfeldes zu fahren. Nur so kann man erkennen, wie sich das Rennen entwickelt und kann auf Angriffe besser reagieren. Außerdem ist das Tempo vorne gleichmäßiger als hinten, da infolge eines »Ziehharmonika-Effektes« hinten stärker beschleunigt und gebremst werden muß.
Wenn sich bei schräger Windrichtung Windstaffeln bilden, soll man immer versuchen, in die erste Staffel vorzufahren, da man ansonsten an der »Windkante« fahrend Kräfte verliert und vielleicht sogar zurückfällt. Wenn sich die Fahrer einer Windstaffel

Start beim Zeitfahren: Diese Disziplin des Straßenrennsports verlangt besondere physische und psychische Anstrengung.

Im sog. Tigersprung versuchen die beiden Fahrer die notwendigen Zentimeter zum Sieg zu gewinnen.

einig sind, können sie die hinten fahrenden Fahrer auf die »Windkante nehmen« und u. U. abschütteln (siehe S. 82).
Ein guter Radrennfahrer fährt aktiv, soweit es seine Kräfte zulassen. Wer Erfolg haben will, muß bereit sein, anzugreifen und Angriffe mitzufahren. Ein Radrennfahrer muß auch den Mut zum Vorstoß und zum Ausreißen haben. Da aber sinnlose Vorstöße nichts einbringen und nur Kräfte verschleudern, muß er sich diese recht gut überlegen. Am besten fährt er dann ab, wenn die anderen Fahrer sich erholen wollen oder keinen Vorstoß vermuten.
Ein Angriff wird folgendermaßen gefahren: Man legt einen Spurtgang ein, begibt sich auf die Windkantenseite und tritt bereits 10 bis 15 m vor der ersten Staffelreihe an, damit kein Fahrer im eigenen Windschatten mitfahren kann. Die ersten 1000 m werden mit höchster Geschwindigkeit gefahren, ohne sich umzublicken. Erst dann schaut man zurück, um zu sehen, ob der Versuch gelungen ist. Falls man vom Feld nicht eindeutig loskommt, schaltet man herunter, atmet gut durch und läßt sich in die erste Staffel zurückfallen. Jedoch faßt man den Entschluß, bei nächster Gelegenheit den Ausreißversuch zu wiederholen – bis er gelingt, am besten mit Hilfe einiger Gleichgesinnter.
Nach der ersten Stunde des Radrennens sollte man beginnen, regelmäßig zu essen, aber nicht kurz vor Steigungen oder wenn man sich an der Spitze des Feldes oder einer Gruppe befindet.
Berge müssen immer mit voller Kraft und Konzentration gefahren werden, da hier die meisten Ausreißversuche gestartet werden, meistens im letzten Drittel des Berges oder erst auf der Bergkuppe.
Bei einer Massenankunft am Ziel muß man sich auf den Endspurt vorbereiten. Es ist anzustreben, sich in den letzten Kilometern vor dem Ziel unter den ersten 10 bis 15 Fahrern des Feldes aufzuhalten. Etwa 1000 m vor dem Ziel sucht man sich die günstigste Ausgangsposition für den Sprint. Man fährt im Windschatten eines Vordermannes, doch so daß seitlich genügend Platz besteht, um an ihm vorbeifahren zu können. Doch jeder Endspurt ist anders. Die Endspurt-Taktik wechselt je nach Endkampfsituation.
Typisch am Ziel ist das Vorstoßen des Lenkers über den Zielstrich.
Es gibt sicher noch weitere taktische Grundregeln für den Straßenradrennfahrer, jedoch dürften dies die wichtigsten sein. Wie überall macht auch hier Übung den Meister: Man muß möglichst viele Wettkämpfe fahren, um die wettkampfspezifischen Grundregeln aus eigener Erfahrung zu lernen.

Wettkampf

Verhalten nach dem Wettkampf

Verlauf und Ausgang des Rennens beeinflussen ganz wesentlich das seelische und körperliche Befinden des Radrennfahrers nach dem Zieleinlauf. Sieger sind überglücklich und frisch, Verlierer und Enttäuschte sind schwach, erschöpft und gereizt. Die Belastung war für alle dieselbe, für die Sieger vielleicht sogar größer als für die Verlierer – und trotzdem sind die Sieger ungleich frischer als die Verlierer. Das ist eine übliche Erfahrung in allen Sportarten und ein deutlicher Beweis für den Einfluß der Psyche auf das körperliche Befinden. Trainer und Begleiter sollten diese Stimmungen übergehen. Der Radsportler sollte nicht viel reden und diskutieren, sondern einfach das tun, was notwendig ist: Rückennummern zurückgeben, duschen, essen und trinken. Vor allem beim Trinken sollte er jedoch Disziplin halten und nicht zu viel und zu rasch kalte Getränke in sich hineinschütten, sondern mit langsamen Schlucken den Durst stillen, um nicht den in dieser Phase besonders anfälligen Magen-Darm-Trakt zu schädigen. Eine leichte kohlenhydrat- und eiweißreiche Mahlzeit leitet wieder in die Ernährung der Trainingsaufbauphase über. Die psychische Regeneration wird durch aktive Erholung und regenerative Trainingseinheiten beschleunigt.

Sicher, nicht jeder kann ein Star werden wie Claude Criquielion (links) und Greg Lemond (Mitte). Aber irgendwie eifern wir doch den großen Profis nach, jeder nach seinen Möglichkeiten.

Radfahren und Medizin

Radfahren ist eine ideale Alternative zum Jogging, wenn es darum geht, durch Ausdauertraining die Gesundheit zu stabilisieren, Krankheiten vorzubeugen oder eingetretene Krankheiten durch aktive Langzeittherapie und therapeutischen Sport besser in den Griff zu bekommen.

Vorsorge-untersuchungen

Jeder, der nach dem 35. Lebensjahr wieder mit einem körperlichen Training beginnen möchte, sollte sich ärztlich untersuchen lassen. Dazu gehört neben der körperlichen Untersuchung die Untersuchung bestimmter Risikofaktoren (Blutdruck, Blutuntersuchungen, Ausschluß von Krankheiten, welche körperliche Belastungen verbieten), ein Ruhe- und Belastungs-Elektrokardiogramm. Diese Vorsorgeuntersuchungen können von jedem Hausarzt durchgeführt werden.

Radfahren bei bestehenden Erkrankungen

Die Zahl der chronischen Krankheiten nimmt zu. Im Gegensatz zu früher können heute akute Kranheiten meistens überwunden werden. Die Folge aber ist, daß viele Menschen am Restzustand einer nicht ganz überwundenen Krankheit leiden, also chronisch krank sind. Erfahrungen im therapeutischen Sport zeigen, daß vielen von diesen Menschen durch eine aktive Langzeittherapie geholfen werden kann.

Gegenanzeigen gegen körperliche Belastungen

Prinzipiell gibt es gar nicht so viele Gegenanzeigen gegen richtig dosierte und kontrollierte Bewegungstherapie. Im wesentlichen sind es: Zu hoher Blutdruck, gefährliche Herzrhythmusstörungen, zu geringe Belastbarkeit (unter 1 Watt pro kg Körpergewicht), höhergradige durch die Grundkrankheit bedingte Schäden, akute Infektionen.

Radfahren als aktive Langzeittherapie

»Sport als Medikament« hat sich bei folgenden Krankheiten bewährt: Erkrankung der Herzkranzgefäße, zur Wiederherstellung nach Herzinfarkt, bei hohem und niedrigem Blutdruck, bei Durchblutungsstörungen, Venenleiden, bei Asthma bronchiale und chronischer Bronchitis, bei Stoffwechselerkrankungen (Zuckerkrankheit, Gicht, Übergewicht), bei Erkrankungen des Bewegungsapparates und der Wirbelsäule (Arthrosen, rheumatische Erkrankungen u. a.), aber auch bei psychiatrisch-neurologischen Krankheitsbildern (Störungen des vegetativen Nervensystems, psychosomatischen Krankheiten, Neurosen, depressiven Verstimmungszuständen, Abhängigkeit von Medikamenten, Alkohol und Drogen), schließlich in der Geriatrie zur Besserung von Altersbeschwerden und in der Kinderheilkunde zur Förderung der körperlichen und geistigen Entwicklung von Kindern und Jugendlichen.

Dosierung der Belastung

Die im Abschnitt über die Trainingssteuerung gegebenen Richtlinien (siehe S. 94 ff.) gelten für gesunde Menschen. Die Steuerung nach der Pulsfrequenz ist für ältere, nicht gesunde Menschen und Patienten, die Medikamente einnehmen müssen, welche den Herzschlag verlangsamen, nicht geeignet. Für diese Menschen gilt die einfache Grundregel: Nur so stark belasten, daß man noch einen Satz zusammenhängend ohne Atemnot sprechen kann!

Beschwerden beim Radfahren

Trotz der großen gesundheitlich vorbeugenden und therapeutischen Bedeutung des Radfahrens, können doch einige Beschwerden auftreten, die meistens auf Fehler im Trainingsprozeß oder Fehlbelastungen des Organismus zurückgehen. Hierher gehören das Übertraining (Überforderungssyndrom), Beschwerden beim abrupten Aufhören der Trainingsbelastungen (Entlastungssyndrom), Sitzbeschwerden, Muskelkrämpfe, Muskelschmerzen, Rückenprobleme, Kopfschmerzen durch den Fahrtwind, Knieprobleme, Hand- und Unterarmprobleme sowie Erkältungen.

Sitzbeschwerden

Auf dem Sattel sitzt man nicht mit dem ganzen Gesäß, sondern eigentlich mit den Sitzknochen des Beckens. Am Anfang fühlt man hier Druckschmerzen, die jedoch mit regelmäßiger Übung verschwinden. Man muß nur wissen, daß diese Beschwerden zu Beginn ganz normal sind, ohne daß der Sattel schuld daran ist. Wer sich als Radsportler betätigt und längere Strecken zurücklegt, dessen Sitzfläche wird stärker beansprucht. Das erfordert Hygiene und Pflege. Wundsein und Furunkeln der Sitzfläche beugt man vor, indem man eine spezielle Radsporthose benutzt, die innen ein weiches Leder aufweist. Sitzfläche und/oder Sitzleder werden vor jeder Fahrt mit einer speziellen Sitzcreme oder einer neutralen Kamill-Glyzerin-Creme eingestrichen. Alle Radrennfahrer pflegen ihre Sitzfläche sehr sorgfältig.

Muskelkrämpfe

Sie können verschiedene Ursachen haben. Am häufigsten treten sie in der Wadenmuskulatur auf. Die Hauptursache ist meistens Mineralstoffmangel, vor allem an Kalium und Magnesium, der nach großen und wiederholten Schweißverlusten auftritt, zumal wenn man die Grundprinzipien einer gesunden Ernährung nicht ausreichend beachtet hat. Weitere Ursachen können zu große und zu kleine Gänge sein. Das muß jeder individuell selbst herausfinden. Schließlich sollte die Sitzposition stimmen.

Rückenschmerzen

Radsportler, die mit dem Rennrad trainieren, leiden manchmal unter Schmerzen im Bereich des unteren Rückens oder im Kreuzbeinbereich. Hier handelt es sich meistens um Muskelverspannungen, Verschiebungen der kleinen Wirbelgelenke oder um Überbeanspruchungen der Kreuzbeingelenke. Auch Unterkühlungen können Ursache von Knochenschmerzen durch Knochenhautreizungen sein. Bei der Behandlung dieser Beschwerden muß man mehrgleisig vorgehen. An der Spitze steht eine regelmäßige Wirbelsäulengymnastik. Empfehlenswert sind auch Yoga-Übungen. Auf dem Rennrad sollte man seine Sitzposition überprüfen, betont locker fahren, die obere Lenkergriffhaltung bevorzugen und jede Möglichkeit nutzen, im Stehen oder Wiegetritt zu fahren. Bei Beschwerden, die auf Unterkühlung zurückgehen, können örtliche Wärmeanwendungen (Moorpackungen, Einreibungen, Überwärmungsbäder) Abhilfe schaffen. Während des Trainings kann man in diesem Bereich ein Rheuma-Pflaster (z. B. ABC-Pflaster) tragen. Auch die Ernährung sollte überprüft, zu einseitige Fleischkost vermieden und der Schwerpunkt mehr auf lakto-vegetarische Ernährung gelegt werden.

Nackenschmerzen

Durch eine falsche, verkrampfte Haltung auf dem Rennrad, zuweit vornübergebeugt, kann es zur Verspannung der Nackenmuskulatur kommen. Die Sitzposition muß stimmen. Die Lenkerhöhe sollte nicht wesentlich unter Sattelhöhe sein. Der Fahrstil sollte betont locker werden, die obere Lenkergriffhaltung ist zu bevorzugen. Wer es kann, sollte sich während der Fahrt öfter aufrichten und freihändig fahrend die Arme ausschütteln sowie den Schultergürtel und die Nackengegend lockern. Zur Vorbeugung und Verbesserung der Beschwerden sollte unbedingt jeden Morgen eine regelmäßige Wirbelsäulengymnastik durchgeführt werden.

Kopfschmerzen

Kopfschmerzen können durch eine verspannte Nackenmuskulatur hervorgerufen werden. Typisch für das Radfahren sind jedoch Kopfschmerzen, die durch Unterkühlung der Kopfhaut durch den Fahrtwind bedingt sind. Vor allem wenn man nach einer längeren Bergauffahrt schweißdurchnäßt auf dem Gipfel ankommt, führt der Luftzug bei dem hohen Tempo des Bergabfahrens in Zusammenhang mit dem Verdunsten des Schweißes von der Kopfhaut zu derartigen Unterkühlungen, daß es tatsächlich zu starken Kopfschmerzen kommen kann. Daher sollten Radsportler sich durch eine Radsportmütze davor schützen.

Knieprobleme

Radsport ist eine sehr gelenkschonende Sportart. Trotzdem gibt es manchmal Knieprobleme, die aber

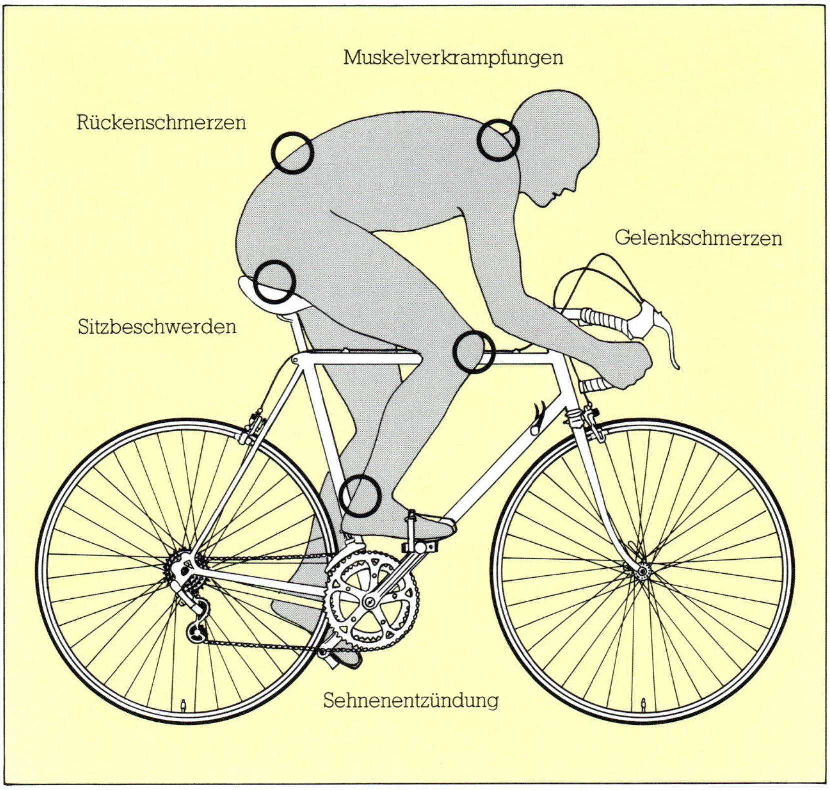

Eine ganze Anzahl von Beschwerden beim Radfahren können durch eine falsche Sitzposition hervorgerufen werden.

nichts mit dem Kniegelenk zu tun haben. Meistens sind es Überlastungsbeschwerden an der Kniescheibe, am Sehnenansatz unterhalb der Kniescheibe sowie am vorderen Schleimbeutel des Kniegelenks. Diese Überlastungsbeschwerden werden verursacht durch zu hohe Kraftbelastung infolge zu hoher Gänge, gefördert gleichzeitig, vor allem im Frühjahr, durch zu kalten Fahrtwind. Es ist notwendig, daß sich auch diese Strukturen allmählich der Trainingsbelastung anpassen können. Wenn derartige Beschwerden bereits aufgetreten sind, sollte man zu kleineren Gängen zurückgreifen, die Hebelwirkung auf die Kniescheibe und Sehnen dadurch vermindern, indem man öfter im Stehen fährt und diese Gegend vor kaltem Fahrtwind schützt, entweder durch das Tragen einer langen Hose oder durch Aufkleben eines Rheuma-Pflasters (z. B. ABC-Pflaster). Auch eine veränderte Sitzposition kann die Ursache von Kniebeschwerden sein, wie es manchmal bei Radrennfahrern der Fall ist, die während Etappenrennen zwischendurch Zeitfahrmaschinen benutzen, deren Sitzposition nicht ihrer gewohnten Rennmaschine entspricht.

Hand- und Unterarmprobleme

Durch das Halten des Lenkers wird die Unterarmmuskulatur zum Teil stark beansprucht. Daher sollte der Griff am Lenker möglichst oft bewußt gelockert werden. Ansonsten kann es auch bei Radsportlern zu einem »Tennisarm« kommen, und zwar beidseits, wenn nämlich der Zug der Unterarmsehnen am Ellbogengelenk ständig zu stark ist. Häufig gibt es auch Druckläsionen von Nerven im Handgelenkbereich, wenn man sich hier am Lenker aufstützt. Einzelne pelzige und gefühllose Finger weisen auf diese Druckschäden hin. Daher sollte man den Griff am Lenker wechseln und sich nicht zu stark an einzelnen Stellen des Handgelenkes abstützen. Auch sollten während der Fahrt öfter abwechselnd die Hände vom Lenker genommen und locker bewegt werden.

Erkältungen

Radsportler sind Wind und Wetter stärker ausgesetzt als andere Sportler, da der Fahrtwind diese Einflüsse verstärkt. Besonders im Frühjahr werden sie oft durch kaltes und regnerisches Wetter überrascht, teilweise ist sogar mit Schneefällen zu rechnen. Gegen diese Klimareize muß rechtzeitig vorgebeugt werden, da sie sonst so stark wirken, daß der Körper an Erkältungen erkrankt. In erster Linie ist es wichtig, eine disziplinierte, sportgerechte Lebensweise einzuhalten, damit der Körper immer gut erholt ist. Radsportler sollten alle Abhärtungsmaßnahmen einsetzen. So sollte man täglich morgens kalte Abwaschungen durchführen oder wenn möglich eine Wechseldusche, die immer mit einem kalten Guß endet, nehmen. Auch die Dusche nach dem Training sollte immer mit einem kalten Guß beendet werden. Dadurch werden die Blutgefäße der Haut trainiert. Eine gute abhärtende Wirkung erzielt auch die Sauna. Ein wesentlicher Vorbeugungsfaktor ist auch eine witterungsangepaßte Kleidung. Häufig ist es geradezu erschreckend, wie dabei gesündigt wird! Für den Radsportler sind Nässe und Wind die größten Feinde, da man sehr rasch auskühlt. Wichtig ist daher eine gut imprägnierte Regenschutz- oder Thermobekleidung. Im Winter sollte immer eine warme Wollmütze getragen werden. Von großer Bedeutung für die Widerstandskraft des Organismus ist auch die ausreichende Versorgung mit Vitaminen, also eine gesunde, vollwertige und abwechslungsreiche Kost mit viel Obst und Gemüse. Schließlich stabilisieren die Radsportbelastungen selbst das ganze Immunsystem.

Als Freizeit- und Gesundheitssportler kann man Natur und Landschaft genießen.

Radfahren als Gesundheits- und Freizeitsport

Bewegungsmangel gehört zu den maßgeblichen Risikofaktoren der Zivilisationskrankheiten. Über den Nutzen und die Notwendigkeit eines gewissen Maßes an sportlicher Betätigung bestehen keine ernsthaften Zweifel mehr. Die bewegungsarme, sitzende Lebensweise des heutigen Menschen ist unbiologisch. Um die Folgen des Bewegungsmangels aufzuhalten, muß kein Leistungssport betrieben werden. Aber es sind doch einige Mindest-Belastungen notwendig, um Qualität und Quantität der menschlichen Organe und Organsysteme aufrechzuerhalten. Von besonderem Nutzen sind hier Sportformen, die geeignet sind, Ausdauerqualitäten zu entwickeln. Radfahren nimmt gegenüber dem üblichen Jogging eine Sonderstellung insofern ein, als das Körpergewicht durch den Sattel getragen wird. Dadurch ist es möglich, ohne zu starke Beanspruchung des Bewegungsapparates eine ausreichende Herz-Kreislauf- und Stoffwechselanpassung zu erzielen. Das Radfahren ist entsprechend dosiert für jedes Lebensalter geeignet. Es hat den Vorteil, daß es an frischer Luft ausgeübt einen abhärtenden Effekt erzielt und das Immunsystem stabilisieren kann. Das Radfahren als Freizeit- und Erholungssport beseitigt nervöse Spannungen und kann dem heutigen Menschen als Hilfsmittel dienen, Risikofaktoren ohne Gebote und Verbote abzubauen. Für alle, die aus verschiedenen Motiven Freude am Radfahren gewonnen haben, ist es möglich, dieses Hobby weiter auszubauen. Es gibt die Möglichkeit, an Volksradfahren, Radwanderfahrten und an der Radtouristik teilzunehmen.

Durch Bildung von Gruppen und Betreuung in Vereinen und Verbänden kann man viele schöne Seiten dieser Sportart erschließen. Daher sind im folgenden die wichtigsten Adressen angegeben.

Wichtige Adressen

Bund Deutscher Radfahrer e.V.
Otto-Fleck-Schneise 4
60528 Frankfurt am Main

Österreichischer Radsportverband
Kaiser-Ebersdorfer-Straße 46b
A-1110 Wien

Nationalkomitee für Radrennsport
Industriestraße 47
CH-8152 Glattbrugg

Landesverbände:

Badischer Radsportverband e.V.
Jahnstraße 98
68794 Oberhausen

Bayer. Radsportverband e.V.
Georg-Brauchle-Ring 93
80992 München

Berliner Radsportverband e.V.
Priesterweg 3
10829 Berlin

Brandenburgischer Radsportverband e.V.
Sprembergesstraße 125
03149 Forst/Lausitz

Bremer Radsportverband e.V.
Wilhelm-Wolters-Straße 152
28309 Bremen

Hessischer Radfahrerverband e.V.
Otto-Fleck-Schneise 4
60528 Frankfurt am Main

Radsportverband Hamburg e.V.
Brummerskamp 48
22457 Hamburg

Radsportverband Mecklenburg-Vorpommern
Wittenburger Straße 116
19059 Schwerin

Radsportverband Niedersachsen e.V.
Maschstraße 20
30169 Hannover

Radsportverband Nordrhein-Westfalen e.V.
Olympiastraße 5
41564 Kaarst

Pfälzischer Radfahrerbund e.V.
Weiherstraße 18
67063 Ludwigshafen-Friesenheim

Radsportverband Rheinhessen e.V.
Rheinallee 1
55116 Mainz

Radsportverband Rheinland e.V.
Postfach 01 12 61
55702 Idar-Oberstein

Saarländischer Radfahrerbund e.V.
Saaruferstraße 16
66117 Saarbrücken

Sächsischer Radfahrerbund e.V.
Windorfer Straße 63
04229 Leipzig

Landessportverband Radsport Sachsen-Anhalt
Thietmarstraße 18
39128 Magdeburg

Radsportverband Schleswig-Holstein e.V.
Grashofweg 27
25782 Tellingstedt

Badischer Rad- und Motorfahrerbund e.V.
Ensisheimer Straße 20
79110 Freiburg

Thüringer Radsportverband e.V.
Arnstädter Hohle 1
99096 Erfurt

Württembergischer Radsportverband e.V.
Mercedesstraße 83
70372 Stuttgart

Die genannten Radsportverbände haben jeweils besondere Abteilungen für Radtourenfahren, Radwandern und Freizeitsport.

Literatur

Altig, R., K. Link: Optimale Radsporttechnik 1 und 2. Sportinform Verlag Oberhaching (1985, 1986)

Ambrosini, G.: Ciclismo, Sperling & Kupfer Ed. Milano (1979)

Baron, D. K.: Optimale Ernährung des Sportlers. perimed Fachbuch-Verlagsgesellschaft Erlangen (1986)

Berkmann, D., D. Kukla: Radsport (In: Sport – Trauma und Belastung. Pförringer, W., B. Rosemeyer, H. W. Bär (Hrsg.).) Perimed Fachbuch-Verlagsgesellschaft Erlangen (1985)

Brzank, K.-D., K. S. Pieper: Mitochondrienverteilung, Austauschstrecken und O_2-Versorgungsbedingungen im Skelettmuskel von Ausdauer-, Kraftausdauer- sowie Schnellkrafttrainierten. Medizin und Sport Berlin 27, 65 (1987)

Donath, R., K.-P. Schüler: Ernährung der Sportler. Sportverlag Berlin (1985)

Engelhardt, N., A. Kremer: Triathlon perfekt. BLV-Verlagsgesellschaft München, Wien, Zürich (1987)

Gebhart, O.: Rund um das Velo. Orell Füssli Verlag Zürich (1978)

Harre, D.: Trainingslehre. Sportverlag Berlin (1979)

Hollmann, W., Th. Hettinger: Sportmedizin – Arbeits- und Trainingsgrundlagen. Schattauer-Verlag Stuttgart (1990)

Hollmann, W., R. Rost, A. Mader, H. Liesen, H. Heck: Zur kardio-pulmonalen Trainierbarkeit unter besonderer Berücksichtigung der präpuberalen Phase. Leistungssport, 13, 11 (1983)

Hollmann, W.: Zentrale Themen der Sportmedizin. Springer-Verlag Berlin, Heidelberg, New York (1986)

Hollmann, H., P. Schürch, H. Heck, H. Liesen, A. Mader, R. Rost, W. Hollmann: Kardiopulmonale Reaktionen und aerob-anaerobe Schwelle bei verschiedenen Belastungsformen. Deutsche Zeitschrift für Sportmedizin, (1987)

Howald, H.: Training-induced morphological and functional changes in sceletal muscle. International Journal of Sports medicine 3, 1 (1982)

Howald, H.: Morphologische und funktionelle Veränderungen der Muskelfasern durch Training. Schweiz. Zschr. Sportmed. (1984), S. 5

Howald, H., H. Hoppeler, H. Claassen, O. Mathieu, R. Straub: Influences of endurance training on the ultrastructural composition of the different muscle fiber types in the humans. Pflügers Archiv 403, 369 (1985)

Israel, S., J. Weber: Probleme der Langzeitausdauer im Sport. Joh. Ambrosius Barth Verlag Leipzig (1972)

Israel, S., D. Junker, D. Mickein: Die Energiemobilisation bei unterschiedlichen Tretfrequenzen bei der Fahrradergometrie. Medizin und Sport Berlin, 4, 272 (1976)

Jonath, U.: Circuit-Training. Bartels und Wernitz Verlag Berlin (1978)

Junker, D., H. Weisbrod u. D. Mickein: Radsport. Sportverlag Berlin (1978)

Karlsson, J., B. Hulten, K. Piehl, B. Sjödin, A. Thorstensson: Das menschliche Leistungsvermögen in Abhängigkeit von Faktoren und Eigenschaften der Muskelfasern.
Medizin und Sport, Berlin, 12, 357 (1975)

Keul, J., E. Doll, D. Keppler: Muskelstoffwechsel. Joh. Ambrosius Barth Verlag München (1969)

Keul, J.: Training und Regeneration im Hochleistungssport. Leistungssport 8 (3) (1978), S. 236

Keul, J., W. Kindermann, G. Simon: Die aerobe und anaerobe Kapazität als Grundlage für die Leistungsdiagnostik. Leistungssport, 8, 22 (1978)

Keul, J., A. Berg, M. Lehmann, H. H. Dickhut, P. Schmid, E. Jakob: Erschöpfung und Regeneration des Muskels in Training und Wettkampf. Leistungssport 14, 13 (1984)

Kindermann, W.: Regeneration und Trainingsprozeß in den Ausdauersportarten aus medizinischer Sicht. Leistungssport 8 (4), 348 (1978)

Kindermann, W., G. Simon, J. Keul: Dauertraining – Ermittlung der optimalen Trainingsfrequenz und Leistungsfähigkeit. Leistungssport 8 (1), 34 (1978)

Konopka, P.: Ausdauer und Ausdauertraining. Deutsche Zeitschrift für Sportmedizin 32, Heft 1 bis 5 (1981)

Konopka, P.: Ernährung im Straßenradsport. Schweizerische Zeitschrift für Sportmedizin 31, 11 (1983)

Konopka, P.: Sporternährung. BLV-Verlagsgesellschaft München, Wien, Zürich (1994)

Konopka, P.: Radsport. (In: Sportärztliche Untersuchung und Beratung. Clasing D. u. I. Siegfried (Hrsg.).) perimed-Fachbuch-Verlagsgesellschaft Erlangen (1986)

Konopka, P.: Richtig Rennradfahren, BLV-Verlagsgesellschaft München, Wien, Zürich (1993)

Konopka, P.: Spaß am Bike. BLV-Verlagsgesellschaft München, Wien, Zürich (1991)

Liesen, H., E. Ludemann, D. Schmengler, R. Föhrenbach u. a. Mader: Trainingssteuerung im Hochleistungssport: Einige Aspekte und Beispiele. Deutsche Zeitschrift für Sportmedizin Heft 1, 8 (1985)

Link, K.: Radrennsport. CD-Verlagsgesellschaft Böblingen (1984)

Link, K., u. R. Altig: Der Radsport-Ratgeber. Sportinform Verlag Oberhaching (1987)

Lysebeth, A. van: Yoga für Menschen von heute. Mosaik Verlag München (1982)

Mader, A., H. Liesen, H. Heck, H. Philippi, R. Rost, P. Schürch, W. Hollmann: Zur Beurteilung der sportartspezifischen Ausdauerleistungsfähigkeit im Labor. Sportarzt und Sportmedizin, 5, 109 (1976)

Marillier, R. u. C. Guimard: Das große Buch vom Fahrradsport. Wilhelm Heyne Verlag München (1984)

Nöcker, J.: Die Ernährung des Sportlers. Hofmann Verlag Schorndorf (1978)

Reindell, H., H. Roskamm: Herzkrankheiten. Springer-Verlag Berlin, Heidelberg, New York (1977).

Rhyner, H.: richtig yoga. BLV Verlagsgesellschaft München (1984)

Schneider, F.: Die Ernährung des Sportlers. Medizin und Sport Berlin 11, 321 (1979)

Schürch, P. M., J. Hesch, M. D. Fotescu, W. Hollmann: Der Einfluß der Umdrehungszahl bei Fahrradergometerarbeit auf die kardiopulmonale Leistungsfähigkeit von Radrennfahrern. Sportarzt und Sportmedizin, 1, 7 (1976)

Sportordnung: Bund Deutscher Radfahrer e. V. Frankfurt/Main.

Strauzenberg. S. E.: Störungen der Anpassungsvorgänge im Vorfeld der Krankheit. Medizin und Sport Berlin, 22, 60 (1982)

Strauzenberg, S. E., H. Gürtler, D. Hannemann, K. Tittel: Sportmedizin Johann Ambrosius Barth Verlag Leipzig (1990)

tour: Sonderheft Velowerkstatt 1. Atlas-Verlag München (1987)

Ulmer, H.-V.: Die Tretgeschwindigkeit von Radsportlern bei Bahnrennen und Ergometerversuchen. Sportarzt und Sportmedizin, 4, 77 (1973)

Weineck, J.: Optimales Training. Perimed Fachbuch-Verlagsgesellschaft Erlangen (1983)

Weineck, J.: Sportbiologie. perimed Fachbuch-Verlagsgesellschaft Erlangen (1986).

Wöllzenmüller, F.: richtig radfahren. BLV-Verlagsgesellschaft München (1979)

Wolff, R.: Vergleichende Untersuchungen zur Abhängigkeit der biologischen Leistung am Fahrradergometer von der Drehzahl. Deutsche Zeitschrift für Sportmedizin, 2, 52 (1978)

Ziegler, K./ R. Lehmann: Radsport. Falken-Verlag (1981)

Zimmer, A., G. Neumann, E. Wulf, I. Schubert, L. Gülke: Der Einfluß sportlicher Ausdauerbelastungen auf das biologische Abwehrsystem des Menschen. Medizin und Sport Berlin, 22, 45 (1982)

Zollfrank, B.: Neue Schule Radsport. Limpert-Verlag (1984)

Register

Schlußwort

Durch dieses Buch sollte deutlich werden, daß jeder Radsport betreiben kann, ob Mann oder Frau, ob jung oder alt, ob mit geringer oder hoher Leistungsfähigkeit. Wer den Radsport regelmäßig und konsequent ausübt, hat eine Möglichkeit gefunden, sich körperlich und geistig zu entwickeln, sich selbst zu verwirklichen. Deswegen ist das Fahrrad ein ideales Sportgerät, das dem Menschen Aufgaben stellt, an denen er sich entfalten und vervollkommnen kann. Wer schließlich tiefer in die Geheimnisse des Radsportes eindringt, die Höhen und Tiefen eines Radsportlerlebens erfahren hat, wird vom Radsport fasziniert bleiben und von ihm nicht mehr loskommen. Er wird immer wieder zu seinem Rad greifen und in die Natur hinausfahren. So wird er gesund, leistungsfähig und geistig frisch bleiben – bis ins hohe Alter!

Technik und Training rund ums Rad

Wolfram Lindner
Erfolgreiches Radsporttraining
Vom Amateur zum Profi
Leistungsdiagnostik, Technik, Taktik, Ernährung, Physiotherapie, Materialeinsatz in den verschiedenen Disziplinen, Wettkampf, trainingsmethodische Erkenntnisse auf neuestem Stand.

Peter Konopka
Richtig Rennradfahren
Für sportliche Tourenfahrer und passionierte Straßenfahrer: Ausrüstung, Radtypen, Zubehör, Fahrtechnik, Training, Verletzungen, Ernährung, sportgerechte Lebensweise.

Bernd Gässler
Die Radinspektion
Praktische Selbsthilfe für Wartung und Reparatur
Präzise Informationen ohne Fachjargon, instruktive Fotos und einzigartige Farbzeichnungen, die technische Zusammenhänge verständlich und Reparatur, Einstell- und Wartungsarbeiten ganz leicht machen.

Greg LeMond
Greg LeMond's Rennrad-Werkstatt
On the Road
Reparatur- und Wartungsanleitungen aus der Praxis des erfolgreichen Radprofis Greg LeMond mit Tips, wie man Pannen unterwegs schnell beheben kann.

Hans-Christian Smolik
Rund ums Rennrad
Rahmen und Komponenten, Pflege und Wartung
Umfassende Darstellung der Technik von Rennrädern: Rahmen, Positionen, Komponenten, Licht, Pflege und Wartung, Werkzeug; anschauliche, detaillierte Pflege- und Reparaturanleitungen.

Martin Engelhardt/Georg Neumann
Sportmedizin
Grundlagen für alle Sportarten
Für Sportmediziner, Trainer und alle interessierten Sportler: Reaktion und Anpassung des Organismus auf sportliche Belastungen; Prävention und Sporttherapie bei Erkrankungen.

Rudolf Geser
Die großen Rad-Klassiker Europas
23 Herausforderungen für Radsportler
23 klassische Rennstrecken für ambitionierte Radsportler von Paris – Roubaix bis Trondheim – Oslo mit allen wichtigen Angaben: Strecke, Ablauf und Umfeld der Veranstaltung, exakte Streckenbeschreibung, viele Praxistips.

Peter Konopka
Sporternährung
Leistungsförderung durch vollwertige und bedarfsangepaßte Ernährung
Die wissenschaftlichen Grundlagen und die große Bedeutung der Ernährung für Leistung und Gesundheit – anhand von Beispielen leicht verständlich dargestellt.

Nancy Clark
Fit for Sports
Der Energie-Ratgeber für sportlich Aktive
Aktiver leben und im Sport erfolgreich sein durch richtige Ernährung: Programme für die Trainingsphasen und zur Gewichtskontrolle, 103 Rezepte für Gesundheit und Fitneß.

Im BLV Verlag finden Sie Bücher zu folgenden Themen: Garten und Zimmerpflanzen • Natur • Heimtiere • Jagd • Angeln • Pferde und Reiten • Sport und Fitneß • Tauchen • Reise • Wandern, Bergsteigen, Alpinismus • Essen und Trinken • Gesundheit, Wohlbefinden, Medizin

BLV

Wenn Sie ausführliche Informationen wünschen, schreiben Sie bitte an:
BLV Verlagsgesellschaft mbH • Postfach 400320 • 80703 München
Telefon 089/12705-0 • Telefax 089/12705-543